当代经济学系列丛书
Contemporary Economics Series

陈昕 主编

当代经济学译库

George J. Stigler
The Organization of Industry

产业组织

［美］乔治·J. 施蒂格勒 著

王永钦 薛峰 译

格 致 出 版 社
上 海 三 联 书 店
上 海 人 民 出 版 社

主编的话

　　上世纪 80 年代，为了全面地、系统地反映当代经济学的全貌及其进程，总结与挖掘当代经济学已有的和潜在的成果，展示当代经济学新的发展方向，我们决定出版"当代经济学系列丛书"。

　　"当代经济学系列丛书"是大型的、高层次的、综合性的经济学术理论丛书。它包括三个子系列：（1）当代经济学文库；（2）当代经济学译库；（3）当代经济学教学参考书系。本丛书在学科领域方面，不仅着眼于各传统经济学科的新成果，更注重经济学前沿学科、边缘学科和综合学科的新成就；在选题的采择上，广泛联系海内外学者，努力开掘学术功力深厚、思想新颖独到、作品水平拔尖的著作。"文库"力求达到中国经济学界当前的最高水平；"译库"翻译当代经济学的名人名著；"教学参考书系"主要出版国内外著名高等院校最新的经济学通用教材。

　　20 多年过去了，本丛书先后出版了 200 多种著作，在很大程度上推动了中国经济学的现代化和国际标准化。这主要体现在两个方面：一是从研究范围、研究内容、研究方法、分析技术等方面完成了中国经济学从传统向现代的转轨；二是培养了整整一代青年经济学人，如今他们大都成长为中国第一线的经济学

1

家，活跃在国内外的学术舞台上。

为了进一步推动中国经济学的发展，我们将继续引进翻译出版国际上经济学的最新研究成果，加强中国经济学家与世界各国经济学家之间的交流；同时，我们更鼓励中国经济学家创建自己的理论体系，在自主的理论框架内消化和吸收世界上最优秀的理论成果，并把它放到中国经济改革发展的实践中进行筛选和检验，进而寻找属于中国的又面向未来世界的经济制度和经济理论，使中国经济学真正立足于世界经济学之林。

我们渴望经济学家支持我们的追求；我们和经济学家一起瞻望中国经济学的未来。

陈昕

2014 年 1 月 1 日

前　言

　　本书的主要内容是我这20年来所写的有关产业组织的17篇论文,这些文章都是按它们当年的原貌再版的,只是给其中的不少论文增加了一些评注;这样做似乎要比将现在的一些新观点嫁接在原先的观点上更为适当。书中还包括了大量未曾出版的资料,其中有些是几年前就写好的,有些则是特地为本书准备的。

　　虽然本书述及了产业组织中的主要论题,但常常是点到即止。在所有的经济学文献中,大多数假说并没有得到有说服力的合理验证,这的确令人苦恼;但我敢说,我不是肇事者中最坏的,这就算我的辩护吧,哪怕这种辩护显得有点薄弱。

1968 年 6 月

乔治·J.施蒂格勒

CONTENTS

目 录

主编的话
前 言

1

1

什么是产业组织？

让我们以不同寻常的坦诚来开卷阅读：并不存在"产业组织"这一学科。产业组织课程的目的就是让我们理解一个经济中各产业（商品或服务的生产者）的结构和行为。该理论研究企业的规模结构（一个或多个，集中或分散），这种规模结构（除规模经济之外）的成因，以及集中对竞争的影响，竞争对价格、投资、创新的影响，等等。这正是经济理论——价格或资源配置理论——的内容，但人们现在常不恰当地称之为微观经济学。

不过，产业组织课程在经济理论之外另起炉灶，不仅合情合理，而且令人称誉：

（1）经济理论尽管非常正式，有足够的工具，但经济理论课程不能对成本曲线、集中度等进行详细深入的经验研究——而产业组织理论研究的恰恰是这些问题；

（2）出于同样的原因，经济理论也不能研究公共政策问题——特别是反托拉斯法和公共规制领域的问题——当然这些问题也就由产业组织课程来解决了。

（当然，产业组织作为一块单独领域而存在，还有一个并不值得称道的原因：它的大部分文献理论性较差，甚至有点反理论，以至于很少有经济理论家对它感兴趣。）然而，无论是公

1

共政策还是经验研究,都未能清晰地区分产业组织理论和经济理论,笔者的《价格理论》(*Theory of Price*)一书中有不少章节也完全可以出现在这里。

按照传统,经济体系中只有一小部分属于产业组织,这部分不研究劳动力市场、农业产业、零售市场、金融市场和对外贸易等领域。这些领域所包含的素材和问题足以培育出自身的专家和理论。但是这种老传统绝不能阻止我们进行大量的研究。

第 I 部分

什么是竞争和垄断？

竞争和垄断的本质,及其与一个产业中企业数量和相对规模的关系,是我们的第一个问题。跳过竞争概念的历史,*该部分内容如下:

第 2 章

竞争(*International Encyclopedia of the Social Sciences*),**以及三个新的附注。

第 3 章

价格竞争和非价格竞争(*Journal of Political Economy*,1968),以及两种类型竞争的比较。

第 4 章

集中度的测度,以及有关寡头理论的附注。

第 5 章

寡头理论(*Journal of Political Economy*,1964),试图解决价格理论中最难的问题,并有一个修正。

---

 * 参阅 " Perfect Competition, Historically Contemplated ", *Journal of Political Economy*, February 1957。

** 该章在 Crowell-Collier 和 Macmillan 公司的允许下再版。未经它们的书面许可,该章任何部分都不得复制。

2 竞 争

竞争也许是生活的调味品,但在经济学中竞争更加接近于一道主菜。在组织生产以及价格与收入的决定中,竞争已成为主要的力量,经济理论也已赋予这一概念相当的重要性。

竞争存在于人们生活中的所有主要领域,一般是指两个或两个以上的人或组织为了给定的奖金而竞赛。竞争常常就是目的本身。体育竞赛可以清楚地解释这一点:如果两个队取消了赛事或打成平局、平分奖金,我们会大失所望。事实上,奖金只是真正的体育竞赛的一个次要目标。

在经济生活中,竞争却并不是目的:它是组织经济活动以达到某个目标的手段。竞争的经济作用在于,指导经济生活中的各个参与者娴熟而又廉价地提供他们的产品和服务。

完美竞争

市场竞争

当人们问道[确切地说,古诺(Cournot)最早于 1838 年提出这个问题],是否三个商人的竞争所提供的产品和服务要优于两个商人的竞争,抑或为什么两个(或三个)商人不合并成一个垄断者,答案一定复杂得难以理解。但只需假定一个非常极端的竞争程度,即经济学家所谓的完美竞争,人们就可以部分避免这样的问题。

完美竞争的一个主要条件是,一个产业中的最大企业在该产业的销售量(或购买量)中所占的比例微不足道,由此推出该产业中存在许多企业。与竞争相容的一个企业的最大份额的确切数字迄今尚无定论;但大致而言,产业需求越有弹性且新企业越容易进入该产业,那么竞争性产业中的最大企业就可以更大些。

这样的许多企业被假定为行动彼此独立,其中没有一个或只有少数几个企业在其产业中有较大份额。这可被视为完美竞争的第二个条件,或者被视为对产业缺少法律控制时,存在大量企业的必然推论。由于私自违背协议对于个人而言是有利可图的(在经济生活中通常如此),因而在将许多人有效组织起来时,存在着不可逾越的困难。

诚然,大量企业表明(完全的)经济竞争是非人格化的。经济竞赛中,有1 000或10 000个赛跑者,每个人都获得与其努力程度相应的奖金。任何一家企业的财富均独立于其他企业的活动:一个农民在其邻居的庄稼受损时并不获益。因此,完美竞争的实质不是竞争者之间的强烈敌对,而是影响市场行为的力量的绝对分散。例如,限制销售数量和提高价格的力量在1 000个人中分摊时,这种力量就被有效分解了,正如一加仑的水洒在1 000英亩的土地上时,这一加仑水也被有效消解了。

完美竞争的第三个条件是市场的参与者对买卖的报价具有完全知识。这一条件与前一条件所起的作用正相反。交易者独立行动的假定使得他们相互分离,因此交易者的人数众多;每个卖方知道不同买方的出价,或者每个买方知道不同卖方的要价的假定又使得同一市场的买卖双方走到一起达成协议。如果卖方A只和买方B交易而忽视其他交易者,并且每一对其他买方和卖方也是如此,则每一个交易都代表双边垄断下的交换。

完美竞争的这些条件足以保证市场上只存在单一价格——事实上,完全知识足以达此目的——并且保证任何一个或者少数几个买方或卖方对这一价格的影响是微乎其微的。(有时候还假设所有卖方的产品是同质的,但这也可视作市场或产业概念中的应有之义。)因此完美竞争的定义有时候也表达成如下等价形式:面对任何一个卖方的需求曲线具有无限弹性;面对任何一个买方的供给曲线也是具有无限弹性的。

在完美竞争的这些基本条件——市场的供需双方有无数的交易者、独立行动、完全知识——之外,还有必要增加所交易商品或服务的可分性。如果不可分割,就可能出现小的非连续性,这使得个体交易者拥有一些小小的市场力量。①

完美竞争的这些条件是关于单个市场的,不管是鞋子、债券市场,还是木工的服务。就垄断力量的有无而言,没有必要考察其他市场。因此,这些条件是关于所谓市场竞争的。

然而,扩大竞争条件以便通过具体界定市场和产业中资源流动的性质来确保资源的最优配置是一种传统做法。这一扩大的概念可称为产业竞争,是我们的下一个论题。

资源的流动性(产业竞争)

如果一种生产资源要得到有效利用,那它在其所有用途中必须具有同样的生产力——显然,如果它在一种用途中的(边际)产品少于另一种用途,产出就没有最大化。因此,通常还有两个条件成为完美竞争的一部分:资源在所有的用途中是流动的;资源的所有者知道资源在各种用途中的产出。

1. 资源的流动性。古今中外已建立了大量限制资源流动性的私人和公共障碍:联合抵制、日用品和必需品证书、专利许可证、居留法、特许权、职业执照,等等。这些障碍实际上或者潜在地都是与竞争不相容的。但是竞争并不必然意味着资源的流动是免费的:即使竞争未受到干预,工人的再培训或者工具的运输也可能使成本很高。

2. 信息的充分性。我们必须扩大我们早先的完全信息条件,将资源在各种不同用途中的产出的知识也包括进来。从另一种角度来看,无知同样是资源逐利流动的一种障碍。

如果满足了这些条件,从一种生产资源中就可以获得最大可能产出(以价值衡量)。如果对于每一种资源都如此,那么经济中的产出就最大化了。这一著名定理[瓦尔拉斯(Walras)和马歇尔(Marshall)称之为"最大化满足"]和所有其他有意义的命题一样,满足以下条件:一种生产资源(其所有者拥有的数量决定其配置)的私人边际产出必须等于其社会边际产出(私人边际产出加或减对其他人的效用）。当然,最大产出值取决于收入分配(这影响到对商品的需求,因而影响到商品的价格）。

时间和竞争

我们所谓的产业竞争——包含资源流动性的竞争——显然有一个隐含的时间维度。资源流出无盈利领域需要时间,特别是在资源是专用性的耐用品因而只有通过清理折旧资金才能回收的时候。如果有人希望进入一个新产业,开一家新厂或新店也需要时间。劳动力的跨地域流动和职业变换也是一样。类似地,时间是完备的知识中的一个要素。知道哪一个产业或哪一种工作回报最高需要时间,知道不同卖方的要价(或产品和服务的质量)也需要时间。信息的搜寻越彻底,这种搜寻所基于的经验越广泛,一个人的知识也就越完整和可靠。

沉淀在专用性的耐用设备上的资本不会转换到其他用途上,除非在短期内价格差异极大;而在长期内回报上的极小差异也足以使资本金流动。相反,只有在极大的激励下,新设备才可能会在一夜之间建成,恰如我们有时在战争时期所看到的那样。

这个事实,即做事情非常迅速比以较慢速度做事成本更高,并不否定资源将被投到回报更高的地方这一命题,但我们应当提醒自己其中隐含的前提:考虑到资源转移的成本。

资源在各种用途上的收益的差异短期内可能很大,但最终会降到资源流动的最有效方式所设定的最低水平上。在经济学文献中,有一个隐含的普遍看法,即资源流动的这些最小成本相对于它们的收益来说是很小的,所以完全忽略它们对准确性没有什么影响。这或许是真的,但尚未得到证实。然而这种看法使得经济学家[比如,J.B.克拉克(J.B. Clark)]假定瞬间无成本的流动是完全产业竞争的纯粹情形。认为资源收益的最小差异只能在长期中达到的观点似乎更好。市场竞争与时间的联系没有如此紧密。当一个人更彻底地搜寻市场——这本身是一个耗费时间的过程——时,他对于买卖双方报价的信息会有所改进,但供求条件的改变会导致价格的变化,从而使得旧的信息过时。

竞争价格理论

产业的竞争结构将产生竞争价格。竞争价格有两个主要特点:出清市场的特点是有效配置现有供给;资源收益均等的特点是有效指导生产。

市场的出清

竞争价格不会受到可察觉的任何一个买方或卖方的影响。当我们说这样的价格被"供求"固定时,我们的意思是所有买方和卖方全体决定价格。

由于每个买方可以在市场价格上购买所有他希望购买的商品或服务,因而不存在排队或未满足的需求(给定价格)。由于每个卖方可以在市场价格上卖出所有他希望卖出的商品或服务,因而不存在无法处理的库存,除非是自愿为将来持有的存货。于是,竞争价格出清市场——它使卖方提供的数量和买方寻求的数量相等。

只要我们发现买方中有持续排队现象,我们就知道当时价格低于市场出清价格水平,自然我们称此市场出清价格为均衡价格。例如,当住房在租金控制下不可获得时,我们知道当时的租金低于均衡水平。只要我们发现卖方持有的库存超过存货需要,我们就知道当时价格高于均衡水平。美国政府持有农产品的大量库存就是这些产品的价格(更准确地说,政府为这些产品提供的贷款余额)高于均衡水平的证据。

市场出清价格的重要性在于这是将产品和服务配置到急需它们的人手上的方式。如果价格定得太低,一些对商品估价较低的买方就会得到该商品,而排队的估价更高的其他人得不到。如果价格定得太高,本来买方在较低价格上乐意购买的商品就卖不出去,即使(如果对一个竞争产业施加最低价格限制)卖方本来愿意在这个更低的价格上出售。

收益的均等化

每种资源在一个产业中赚得的收益与它在其他产业中本可赚得的收益一样多,这是产业竞争定义的一部分。生产性资源(当然包括最重要的资源——劳动者）的所有者受自利的驱使,将资源运用到获利最多的地方,因而他们会进入极具吸引力的领域,而避开毫无吸引力的领域。

然而这种收益的均等化意味着商品和服务的价格等于它们的（边际）生产成本。某一产业的生产性资源的成本就是将其从其他用途——放弃的其他选择——中引开所必须支付的量（这就给成本这个最基本的概念贴上了选择成本或机会成本理论的标签）。如果在这个产业中生产性资源的收益超出其成本,那么显然现在处于该产业外的其他资源单位如果进入该产业就能赚得更多。相反,如果这种生产性资源收益低于其成本或用于生产其他产品时的收益,该资源就会离开这个产业。因此,如果产品或服务价格超过成本,资源就会流入产业使价格降低（并且可能通过提升资源价格使成本上升）;如果产品或服务价格低于成本,资源就会流出产业使价格升高（并且可能使成本降低）。

正如我们所述,一种资源在其所有用途中的边际产品相等是效率生产的条件。经常用平均产品相等来代替边际产品相等,但这样做存在令人遗憾的逻辑损失:考虑当一个产业的单个工人资本装备是另一个产业单个工人资本装备的 10 倍时,两个产业具有同样的单个工人产量意味着的巨大资本浪费。但是如果一种资源在其各种用途中的边际产品相等,那么边际成本一定等于价格。多生产一单位产品 A 所必需的资源可以生产同样价值的产品 B,所以产品 A——生产产品 B 所放弃的选择——的边际成本等于产品 A 的价值。边际成本的正式定义是成本的增加量除以与成本的增加量相对应的产品的增加量,这与更容易测算的平均成本（总成本除以产量）不同。边际成本是经济学家的竞争性价格和最优价格的基本标准。

马歇尔的时期分析

一种资源的其他用途取决于可用于再配置该资源的时间（或者,更根本地说,是人们愿意在资源的流动上花费多少时间）。这一原则,加上一个实证观察,即调整工厂的生产速度要比建设新工厂或使现有工厂老化快得多,为标准的马歇尔式长期与短期竞争价格理论提供了基础。

短期被定义为人们不能显著改变工厂（有形生产单位）数量的时期。在这个时期,改变产量的唯一方式是让工厂生产得更快或更慢一些。所谓的可变生产要素(劳动、原材料、燃料等)是这个时期内唯一具有其他有效用途的资源,因而也是唯一收益进入边际成本的要素。这家工厂内生产要素的收益被称为准租金。只要准租金大于零,经营一家工厂就比关闭一家工厂更有利可图。

长期被定义为企业家能做出任何符合意愿的决策的时期,包括离开一个产业进入另一个产业的决策。在这个时期,所有资源数量都是可变的,因此所有要素的收益都进入边际成本。

我们可以使用马歇尔方法对价格理论做出非常有用的简化,但必须满足该方法的实证假设前提:企业的长期调整在短期内可以忽略不计,并且短期调整不会显著影响长期成本。当这些条件不能满足时——例如,如果这一期解雇工人将导致下一期更高的工资率,这些条件就不成立——对短期的充分分析就仍然需要明确分析短期决策的长期影响。

其他概念和政策

一些不太严格的竞争概念

完美竞争概念的严格和抽象已使得许多经济学家去寻找一个更"现实"的概念,而且美国反托拉斯法的实施也正需要这样一个竞争概念。因此,大量的概念被提了出来,但由于它们是故意编造出来迎合一个巨大经济中无限变化的环境的,因而它们缺少完美竞争的分析纯度。

这些不同概念中最为流行的当数 J.M. 克拉克(J. M. Clark)提出的可行竞争(workable competition)这一概念。这个概念的原理非常清楚:真实的产业很少有成千上万个独立企业,企业家也永远不会有完备的知识。将所有这些产业视作不完美竞争是不可取的,因为有的产业接近于垄断,而有的产业的价格、产量和发展速度只在一些微小方面不同于完美竞争产业。特别是,许多产业离完美竞争(这当然是无法达到的)并不太远,因而不需要任何反托拉斯行动或公共规制。

可行竞争自 1940 年被正式提出以来,一直是个广为接受的概念,但它严重的模糊性在这期间也一直没有减轻。一个产业应该在多大程度上接近于竞争(用我们下面将要讨论的可观察标准判断)才能成为可行竞争的问题也一直未得到解决。事实上,关于这个概念的所有应用中最重要的标准(价格、服务、产品创新性和收益率等)尚未达成共识。研究一个特定产业的两个合格学者在这个产业的可行竞争性上可以有分歧,要消除这种分歧没有任何分析性基础。

另一个主导概念——垄断竞争(monopolistic competition),是由张伯伦(E.H.Chamberlin)出于别的目的提出来的。他强调通常被认为只属于单个产业的企业的产品的多样性,这种多样性表现在质量、声誉、位置的便利性、生产者的宗教信仰以及很多其他可能影响产品满足各种买方需要的细节。张伯伦也强调不同产业所生产产品的相似性:一把椅子可以是用铝做的,也可以是用钢或木头做的。一个人可以用珠宝、仆人或出国旅行来炫耀他的财富。这样看来,每家企业都有一些独特性(垄断力),也有许多可与之相比的东西,正是这样的混合产生了垄断竞争这个概念。垄断竞争理论导致了对商品和产业的定义问题进行更加透彻的分析。但是在分析具体经济问题时,垄断竞争理论还没有表现出有用性。[②]

竞争性均衡

在竞争市场中缺少不同个体行为的自觉调节使得许多经济学家宣称不可能存在任何稳定均衡。有些人否认存在可观察的有序性:大陆卡特尔文献通常将"混乱"(chaotic)这个词作为竞争的前缀,并且许多"有序"政策的建议假定竞争系统是无序的。而有些人在竞争中发现了累积性趋势:例如,W. H.桑顿(W.H.Thornton)说"如果一个雇主成功地将工资降了下来……那么其他的雇主除了效仿他以外别无选择",[③]悉尼(Sidney)和比阿特丽斯·韦布(Beatrice Webb)将这个观点发展成他们著名的"市场上讨价还价"理论。[④]

另一方面,现代经济学分析使竞争均衡成为价格和资源配置理论的核心部分。在由许多独立行动的买方和卖方组成的市场中,有序性和连续性的存在在理论和实证方面都已不再是重要的问题。

让门外汉接受竞争均衡的主要绊脚石是认为许多独立行动的个体必定要么过高估计,要么过低估计产量、价格、投资等方面的每一个适当变化。例如,如果需求的增加要求产业生产能力增长10%,那么当大量的企业各自独立以 100 个不同的比例改变它们工厂的规模时,这 10％的总量变化如何能准确达到呢?在某种意义上,这是一个假问题:没有人能知道下一年的需求将确切地增长 10％,任何一个公共机构或私人垄断者也不能保证下一年有"合适"的生产能力。但是我们可以把这种复杂性放在一边。

那么,答案是有许多信息可以用来指导无数独立企业的决策。这部分是当前的信息,每一次交易都与各个企业的投资决策、产品或生产方式的改进同时发生。这些信息来自销售员、贸易杂志、顾客和供应商以及许多其他来源。最后,企业是由产业中过去的行为指导的:如果过去产量的增加部分是由新企业供应的,这便成为当前决策的一个考虑因素。

竞争的验证证据

关于竞争存在性的各种实证检验在不同的时代被提出过,至少有三个检验值得注意。

无数企业的存在(没有一个在规模上有优势)是直接可观察的,通常用低集中度来表示。竞争的结构检验的主要困难是,与竞争相容的最大集中度还没有确定,所以只有当集中度很低时,这种检验才清楚。问题的复杂化在于我们在概括企业规模的频率分布时没有理论指导,因此有多种概括方式。

由于在完美竞争下只有单一价格,因而价格同一性经常被作为一个竞争检验。我们已经说过,完备知识足以保证单一价格,无论市场是竞争的还是垄断的。事实上,在一个有无数卖方和买方的市场上,在一个给定的短时期内所有的价格不可能是一致的。这种不可能由于两个原因:交易很少是在完全同质的商品间发生的(在交易中,数量折扣、支付的即时性和许多其他特征几乎是变化无穷);了解市场价格的成本使得完全信息是不值得的(有无数交易者)。因此,价格的严格一致性已经被法庭恰当地视为合谋现象而不是竞争现象。

竞争的一个相关证据更为有力,即缺少系统性价格歧视。如果卖方持续地从一些买方那里比从另一些买方那里获得更高的净收益(不必与价格相等),那么我们可以自信地认为他们是行动一致的——一个真正独立的企业会把它的销售集中于那些产生更高净收益的买方。

也许对缺乏竞争现象的最传统检验是投资的高收益率。但这种检验已不太常用,因为测算利润率的困难(特别是耐用资产的估价可以隐藏垄断利润或者产生虚假的高收益率),还因为没有高利润是与各种卡特尔协议相容的。然而,在一个竞争产业中,不同寻常的高或低收益率确实不会长时期持续。更具体地说,一项最近的研究表明,在不集中的制造产业中,一年的收益率将不能说明今后 5 年的收益率(Stigler,1963,chap.iii)。

公共政策

法律,包括成文法和普通法,寻求对竞争的保护已经有数个世纪了。于1623 年通过的限制王室使用授予垄断的特权来获取税收的"垄断法",就是一个著名的例子,该法令(亚当·斯密将该法令与反对巫术的法律的理性进行了比较)也反对用抬高价格的方法垄断粮食市场,反对以垄断方式大量买进粮食和囤积粮食。

因此,《谢尔曼法》(The Sherman Act,1890)的突破性不在于其禁止限制贸易,而在于它通过查获和制裁这类行动的行政力量来实施这个政策。这个所有反垄断法中最基本的法律不仅禁止限制贸易的合谋,而且禁止垄断的企图;从更宽的角度来看,该法可以说是坚持法律规定一定要充分体现法律精神。除了对违反法律的人处以刑罚之外,受违法行为损害的私有机构还将得到三倍于损失的赔偿。

由于有人抱怨《谢尔曼法》是在竞争市场已经被破坏之后才实施的(这不是事实,但也不是完全错误的),有人认为专家组能比司法部门更有效地处理产业问题,以及改革者普遍地缺乏耐心,这一切都导致了 1914 年《克莱顿法》(Clayton Act)的产生,该法禁止通常(被认为)会导致垄断的一系列实践,同时还产生了另一部法案来建立联邦贸易委员会实施《克莱顿法》。随着法律的修正——最重要的是《鲁宾逊-帕特曼法》(Robinson-Patman Act,1936)和《塞勒-凯弗维尔反兼并法》(Celler-Kefauver Antimerger Act,1950),美国政策的立法基础已得到了发展。与一般政策的习惯做法一样,这一政策包括某些不调和的反竞争因素(《鲁宾逊-帕特曼法》,其目标是保持价格的严格一致性和维持转售价格的合法性)。

这一政策对美国经济的竞争性的贡献,难以否认或证明。然而,国际比较——特别是在加拿大和美国的同一产业(通常由相同的企业组成)间——

表明该政策产生了显著的影响。在美国,正式卡特尔的惯常做法(即联合销售机构或客户细分)相当少见的事实也说明了这一点。

限制竞争者之间达成协议的这种政策(而非防止垄断的政策)自从在美国产生以后,已经传播到许多其他国家。最常见的形式是要求同一产业的企业之间的协议进行登记,并由一个专门机构审查是否通过该协议。这是英国、德国和其他一些国家以及欧洲共同市场的做法。

参考文献

Chamberlin, E.H., 1933, *The Theory of Monopolistic Competition*, Cambridge, Mass.: Harvard University Press.

Clark, J.M., 1940, "Toward a Concept of Workable Competition", *American Economic Review*, Vol. XXX, pp. 241—256.

Edgeworth, F. Y., 1932, *Mathematical Psychics*, 1881, London School Reprints of Scarce Works in Economics.

Knight, F.H., 1933, *Risk, Uncertainty and Profit*, New York: Houghton Mifflin Co., 1921, London School Reprints of Scarce Works in Economics.

Marshall, A., 1922, *Principles of Economics*, 8th ed., New York: Macmillan Co.

Stigler, G.J., 1957, "Perfect Competition, Historically Contemplated", *Journal of Political Economy*, Vol. LXV, pp. 1—17.

Stigler, G. J., 1963, *Capital and Rates of Return in Manufacturing*, Princeton, N.J.: Princeton University Press.

附注 1:竞争的最小必要条件

竞争的充分条件在上文中已经列出:对市场竞争来说,这些条件包括无限的企业数目、完全的知识和可分性;对产业竞争来说,条件则为没有任何市场准入壁垒。这些条件比我们所需要的条件强得多,本附注将表明(但并未严格证明)大量的竞争对手足以产生竞争。

在市场竞争的情况下,相信大量的竞争对手就足够的原因很简单:常人的理智行动和对利润的渴求会导致竞争的性质。

1.现在我们知道,知识搜集是一种日常的经济活动,这种知识搜集将一直进行到增加知识的收益等于它的成本为止。当我们说一个雇主雇用了一个仆人为他工作8个小时时,我们并没有明确说明,在这段时间内,为保证仆人确实在干活,他需要在监督方面进行投资,直到增量监督的收益恰好补偿其成本;但是雇主实际上是会这样做的。关于价格的信息不具可比性吗?事实上,专门提供信息的人将会出现,因为在知识的生产中存在经济性(就如同专家制造自动计时钟来打出工人的工作记录一样)。

2.可分性与连续性是商品和经济活动更为特殊的特征。⑤不可分性会带来难题,我们回忆一下埃奇沃思的例子:每个仆人只能为一个主人干活,每个工作日的工作时间固定,低于50美元的薪酬,仆人就不愿意工作了,而高于100美元的薪酬,主人就不愿雇人了。如果仆人和主人的人数相等(即使每边都有成千上万个人),工资率就会处于50美元至100美元之间;此时若有一个仆人或主人加入或撤出,市场工资率就会取上限或下限值。

另外,交易者有经济激励来克服不可分性。考虑一下埃奇沃思的例子。如果有一组主人参与进来,可以是以企业的形式,也可以仅仅是搬进了一套公寓房,那么主人和仆人之间的固定比例就被打破了,一个仆人的撤出只是使每个主人获得的家政服务减少了很小的数量(因而仅使每个主人所获家政服务的边际效用有微小提高)。反过来,如果一个企业雇用了许多员工并出售他们的服务,那么一个企业所有者的撤出也只是使每个员工能提供的工作量有微小的减少,比如说,一年或十年中的一天。

这一论点可以作一般推广。这只是一个信念问题,即相信自然界决无飞跃(natura non facit saltum),我倒是有点怀疑这一信念缺乏坚实的理论基础。但是消除不连续性可以使经济主体获利,而正因如此,他们才试图消除不连续性。人们使用各种各样的方式来减弱不可分性的影响,从合伙制和出租到住在大城市以方便去歌剧院。

大量的交易者将会使无知和不可分性降低到这样的水平：边际改进不会增进收益。另外，提供信息和可分性的活动本身是竞争性的，这是由于存在大量的提供者。于是我们得到的不仅仅是完美竞争，而且是社会最优数量的竞争。

产业竞争也同此理。如果一个产业的企业家们享有非同寻常的资源回报，我们就必须分析形成这种情况的原因。如果是由于无知，我们就应该想到其他产业寻求利润的企业家们会投资寻找可获利的待选产业——其论述与对信息和市场竞争的论述完全相同。如果异常高回报率是由于国家授予了专营权，那么竞争就不会出现。我们认为，不是处处存在竞争，而是当竞争者的数目足够多时，竞争就会存在。另外，我们应当预期获得国家垄断权的行业中会出现竞争。

附注 2：自然垄断

经济学家已经接受了这样的结论：如果规模经济相对于产业的可能规模来说很大，该产业只能存在一家企业，那么仅有一家企业（垄断者）会存在。他们（我们）继续断言：垄断者能够在这些条件下设定一个垄断价格。但是如哈罗德·德姆塞茨（Harold Demsetz）所证明的，这一断言不一定正确。⑥

假设（1）一个城镇只能支持一个发电和配电系统；但是（2）对任何人来说，没有法律方面的市场进入壁垒（例如要求具有公用服务许可证）；并且，如果（3）与潜在电力购买者签订合同的成本不高。德姆塞茨证明电力价格将位于竞争水平。假定已经位于电力产业的公司 A 将价格定为每千瓦时 5 美分，而成本则只有 4 美分。潜在的竞争者 B 就会与消费者签订合同，以 4.9 美分的价格出售电力。许多其他的潜在竞争者也会采用类似的竞争方式，将价格降为 4 美分。产生竞争的条件是许多潜在竞争者，而不一定是现存许多竞争者（"许多"是指排除合谋的寡头垄断情形所需的数量）。

已经在产业中的公司 A，后面跟着一批行动有些迟缓的竞争者，这只是一种情形；也许考虑下面的过程更为合适：所有潜在竞争者为获得供应电力的特权同时竞价（bidding）。这一情形避免了从垄断价格转变为竞争价格的问题。

在与客户交易时的低交易成本或零交易成本的作用值得一提。如果一个潜在的竞争者不得不寻找每一个潜在客户并与其签约,那么很明显,这个竞争者除了必须得到发电和配电成本补偿外,它的交易成本也必须得到补偿。也许与客户签约的最有效率方式是提供产品出售,由客户自己提出合同。如果潜在竞争者必须采用代价更高的程序来招徕顾客并安排合同,进入该产业对他来说并不具有吸引力,除非价格超出了垄断者的成本,且超出部分能够弥补潜在竞争者的额外交易成本。经济学家对这样的不对称情形一般避而不谈,但是如果潜在的市场进入者并不需要承担更高的成本,地位并不牢固的垄断者则只能收取竞争价格。

自然垄断常常受到政府的规制。我们注意到消费者可以将出售电力的权利拍卖出去,而政府正是执行拍卖的工具,这样做可以使交易成本最小化。拍卖要求企业承诺以低廉的价格销售电力;当然,要想安安稳稳地坐在垄断者的位置上,肯定要先付出一笔钱。在后一情形下,垄断者将赢得竞争性的投资收益率并代政府收税。

附注 3:略论潜在竞争

潜在竞争对于保护社会免受托拉斯的剥削具有重要意义,J.B.克拉克就是这一观点的主要倡导者。下面是他撰写的具有代表性的一段话:

> 当价格由于某个托拉斯的掠夺性政策而畸高时,会有什么情况发生呢?产业中通常会出现新的竞争。资本在寻求投资机会,但是却很难找到。如果托拉斯中的这些联合公司不知道应该行动得保守一些的话,新的工厂就会很快,并且有时几乎是轻率地出现来与托拉斯竞争。任何生产者的联合如果提价超出了一定限度,这些生产者就会遇到这样的难题。将要出现的新工厂会压低价格;并且仅仅出于对这些新工厂的担心,而不必真正出现新工厂,就往往足以防止价格畸高。从未建造的工厂已然成为一支市场力量:如果在某些条件下工厂一定会被建造出来,那么这一确定性带来的效应就是保持低价。[7]

J.B.克拉克唯一担心的是不公平的策略手段(有选择的削价,贸易商的优先购买权,以及铁路折扣)会阻碍潜在竞争,并且他希望将公共政策的领域限制于消除这些策略手段方面。他相信托拉斯是有效率的并且有存在的必然性,他同时相信潜在的竞争者是对托拉斯的有效制约,但是他却没有将这些观点统一起来。

贝恩(Bain)的"限价"(limit-price)理论,[8] 后来由莫迪里阿尼(Modigliani)作了详细阐述,[9] 实际上是新版的潜在竞争理论。它比传统的潜在竞争理论更为精确。

莫迪里阿尼的分析强调规模经济(尽管这一分析也可以改为真正的进入壁垒)。在图 2.1 中,令 D 表示产业需求曲线,C 表示潜在进入者的平均成本曲线,P_c 为(最优规模的)现存企业的最低成本水平。向右移动成本曲线 C,直到全部成本曲线都位于需求曲线的上方,并将坐标轴移动到 T。如果现存企业(1)以价格 P_m 出售产出 OT,(2)如果潜在进入者真的进入了,现存企业将坚持出售 OT 数量;那么新进入者面临的需求曲线就是 P_mD。在这些假设前提下,如此确定的价格 P_m 就是阻止进入的最大价格。

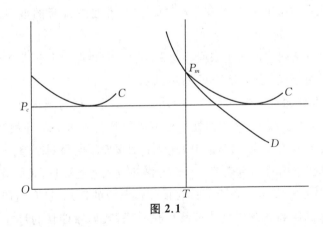

图 2.1

贝恩认为有两点原因使得这样的价格会阻止新进入者。较低的利润不太容易被发现并且不大可能吸引新企业进入。另外,这样的价格表明现存企业不欢迎新的竞争者并且可能积极地与新入企业打价格战。[10] 这样的分析并不是说现存企业一定得到低利润,而是说利润比不考虑市场进入时低。

这一理论带来问题的速度比它回答问题的速度还快。其中四个棘手问题尤为突出：

1. 为什么排斥所有的进入者比延缓它们的进入速度更有利可图？假设价格高于 P_m 10％（图 2.1），而一个新的进入者 7 年后才会出现——这会不会更有利可图？[11]

2. 为什么一个未来的进入者就相信在他进入之后产业中的合谋集团不会调整政策，使得所有人都可以获得高于竞争水平的收益？（该理论预测在一家企业进入之后不会存在超出竞争水平的收益。）

3. 如果产业需求随时间而增长，如何才能使潜在的进入者相信他得不到需求增长的任何份额？

4. 产业结构是无关的。寡头垄断者达成限制价格并监督该价格的能力明显独立于寡头垄断者的规模和数目。寡头垄断理论就这样通过"谋杀"减员而完成了。

该理论没有任何验证证据，这并不令人吃惊。

同时从寡头垄断理论和集中度衡量的角度来看，一个有意义的问题是：如何衡量潜在竞争？潜在进入者的数目必然大于实际进入者的数目（每单位时间）；实际上，在一个夕阳产业，如农业，潜在进入者的数目可能达到最大。

我们可以从两个层面上来回答这一问题。如果在一个反托拉斯案例中，由我们来决定宝洁公司是否可能进入家用漂白剂产业，我们应该考察：(1)其他肥皂公司进入漂白剂产业的情况；(2)漂白剂与肥皂公司进入的其他产品市场（产业）之间的相似性。你可以得到其中可靠的评估数据，这一评估数据随着我们对企业产品结构理解的加深而不断得到改进。[12]

但是如果要由我们来确定一个产业潜在进入者的数目，我们最终必将求助于实际进入率（如果产业十分具有投资吸引力的话）。只有当产业具有超出竞争水平的巨额利润并且能持续很长时期，我们才能认为潜在进入者会真正寻求进入。但是这样的话，我们实际使用了垄断利润的大小和持续期作为对潜在进入者数目的主要（逆向）测度。除非这一测度可由其他方式替代，潜在竞争就不能用于解释垄断价格或垄断利润。

注 释

① 埃奇沃思用下面的例子证实了需要可分性。假定每个仆人只为一个主人干活,每个主人也只雇用一个仆人。令每个仆人每单位时间至少要价 50 美元,每个主人最多出价 100 美元。如果仆人和主人的数量很大并且相同,工资率就会处于 50 美元至 100 美元之间。更重要的是,一个仆人可以通过离开市场使工资率上升到 100 美元(类似地,一个主人也可以使工资率下降到 50 美元),因此即使是 1 000 个仆人或主人中的一个也能影响工资率。参见 Edgeworth, 1881, p.46; Stigler, 1957, pp.8—9。

② 关于垄断竞争的一个更完整的讨论见本书后面的附录"垄断竞争回顾"。

③ 参见 *On Labor*(1869), p.81。

④ 参见 *Industrial Democracy*(1897), Part Ⅲ, chap. ii。

⑤ 可分性和连续性都与竞争问题相关。除非经济变量是可分的(表示数量可连续变化),否则这些变量的函数不可能是连续的。但是,连续变量的函数是非连续的则是完全可能的,尽管并没有人提出经济方面的例子。从经济学家的视角来看,可分性无疑是基本元素。

⑥ H. Demsetz, "Why Regulate Utilities?" *Journal of Law and Economics*, April 1968.

⑦ *The Control of Trusts*(1901), p.13.

⑧ "A Note on Pricing in Monopoly and Oligopoly",再版于 *Readings in Industrial Organization and Public Policy*,由 Richard B. Heflebower 和 George W. Stoching(1958)编辑; *Barriers to New Competition*(1956)。

⑨ "New Developments on the Oligopoly Front", *Journal of Political Economy*, June 1958.

⑩ 我是这样理解该句的:"(潜在进入者)可能将在位企业现在收取的价格视为一种指标,该指标部分地反映了新企业进入后将面临的竞争价格政策。" Bain, "A Note on Pricing in Monopoly and Oligopoly", p.225。

⑪ 贝恩注意到了这种可能性。Bain, "A Note on Pricing in Monopoly and Oligopoly", p.230。

⑫ 联邦贸易委员会和最高法院认为可给予市场准入,但该裁决仅仅是基于比较随意的直觉。

3

价格竞争和非价格竞争[*]

当一个产业被动地或主动地施行一个统一价格时，部分或全部其他销售条件则是不受规制的。出租车计程器的价格虽然被固定了，但在汽车质量方面仍然可以存在竞争。纽约证券交易所虽然固定了佣金，但是经纪商仍然可以在服务领域展开竞争，例如提供投资信息。

如果新企业可以进入价格受到规制的产业而没有成本方面劣势，那么得自价格规制的利润在长期均衡中将会消失。但是如果不存在自由进入，例如出租车经营牌照和纽约证券交易所的成员席位数目都是固定的，问题就产生了：非价格竞争会消除由压制价格竞争带来的任何垄断利润吗？

我们要强调：如果要求各企业出售相同产品（亦即，相同的非价格变量），但是允许它们在价格上自由竞争，这时就会产生一个对称的问题。举个例子，假定每个汽油销售商提供完全相同的产品。如果销售商们达成协议，不在汽油的质量方面展开竞争，那么由此带来的垄断利润会因自由价格竞争而消失吗？经济学家通常认为价格竞争比非价格竞争更具效

---

[*] 由 *Journal of Political Economy*，Vol.LXXII，No.1（February 1968）再版© 1968 by the University of Chicago。

力,但他们却没有对两种竞争的非对称性作出明确解释。

我们可以将广告视为一种典型的非价格变量。原本竞争的产业可以形成一个卡特尔,并且(1)共同固定广告而允许价格竞争,或者(2)共同固定价格而允许广告竞争。我们依次来考察这两种情形。

设每个企业在竞争条件下运营,产出为 Q_0,价格为 P_0(见图3.1)。如果各企业在广告方面存在合谋,那么每一企业在每一产出的边际成本(包括广

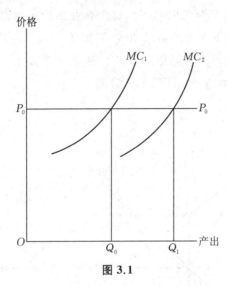

图 3.1

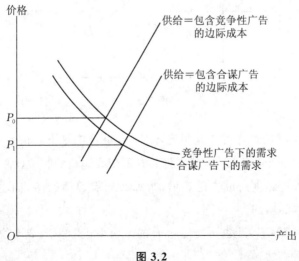

图 3.2

23

告成本)就降低了。①企业通过价格竞争而将产出扩大到 Q_1。(如果图中显示了价格的微小下降将更有助于理解。)如果边际成本曲线处于上升状态,产出的增加不足以使价格下降的水平与边际成本下降的水平相等(见图3.2)。消除利润的条件因而变为恒定的边际成本,这实际等同于自由进入,因为现有企业可以任意扩张而不会增加边际成本。②

现在来考虑这样的情形:卡特尔固定了价格,但是允许广告竞争。在共同价格条件下(给定广告支出水平),每个企业的产出为总产出的一个固定份额,因此企业有向下倾斜的需求曲线 D(见图3.3)。在其他企业的广告支出固定的情况下,我们以边际成本 MC_{a+p} 表示生产成本与企业在卡特尔设定的价格下出售每单位产品所需的广告成本之和。

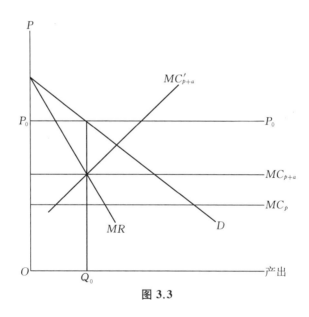

图 3.3

边际成本(MC_{a+p})可能是恒定不变的,也可能是下降的。如果边际生产成本(MC_p)是恒定不变的,且广告具有不变或递增的收益,那么 MC_{a+p} 不会上升。如果边际生产成本是递增的,那么只有递增的广告收益才能抵消边际生产成本的增加。

边际成本(MC_{a+p})也可能是上升的。如果边际生产成本恒定不变,那么广告的收益必然递减。

在前一个例子中,每个企业都寻求无限制地通过增加广告来扩大产出。竞争性广告的结果显得有些事与愿违,广告的边际成本会向上移动,直到利润消失为止(MC_{p+a} 上移至 P_0)。在后一个例子中,企业会扩大产出,直到(生产加广告的)边际成本等于价格。

价格竞争在增加产出和降低利润方面比非价格竞争更为有效是经济学家的共同看法,现在看来,这一看法是基于如下的经验判断:生产的边际成本的上升速度不及广告、质量竞争和其他非价格变量的边际成本上升速度。也许下面的重新解释含义更加深远。一单位产出的增加具有给定的边际生产成本。如果增加的产出通过降价得以售出,那么已经出售的各单位产品也要降价,这也形成了企业的成本。如果增加的产出通过提高非价格变量(广告、耐用性等)售出,那么存在由额外数量的非价格变量产生的成本。如果从垄断情形开始分析,一般较合理的观点为:边际非价格变量成本大于边际降价成本。

数学附注

假设一个产业由 m 家企业组成。产业的需求曲线为 $Qp^n = c(mA)^\beta$,其中 $Q =$ 产业产出,$p =$ 价格,$A =$ 一家企业的广告支出。如果形成了一个卡特尔,每个企业的需求将为 Q 的 $1/m$,即

$$q = \frac{Q}{m} = \frac{cp^{-n}(mA)^\beta}{m} \tag{3.1}$$

卡特尔中每个企业的利润为:

$$\pi = pq - q^r - A \tag{3.2}$$

这里 q^r 表示生产成本。为求解最大利润,我们将式(3.1)代入式(3.2),得到:

$$\frac{\partial \pi}{\partial q} = \left[\frac{c(mA)^\beta}{mq}\right]^{1/n} - \frac{q}{n}\left[\frac{c(mA)^\beta}{mq}\right]^{(1/n)-1}\frac{c(mA)^\beta}{mq^2} - rq^{r-1} = 0$$

$$\tag{3.3.a}$$

和

$$\frac{\partial \pi}{\partial A} = \frac{q}{n}\left[\frac{c(mA)^\beta}{mq}\right]^{(1/n)-1}\frac{\beta c(mA)^{\beta-1}}{mq}m - 1 = 0 \qquad (3.3.\text{b})$$

将上面的等式简化为：

$$p\left(1-\frac{1}{n}\right) = rq^{r-1} \qquad (3.3.\text{a}1)$$

$$A = \frac{\beta q p}{n} \qquad (3.3.\text{b}1)$$

这两个方程确定一个 p_0 和 A_0，使利润达到最大。

如果卡特尔规定了广告支出或价格（但不是两者同时固定），那么对于一家竞争性销售或竞争性广告的企业来说，其需求曲线为：

$$qp^k = aA^a \qquad (3.4)$$

只要企业采取竞争性定价（$k > n$）或竞争性广告（$a > \beta$），上式表示的需求函数与式(3.1)表示的顺从的卡特尔成员的需求函数就是不相同的。

如果卡特尔将广告量固定在利润最大化水平，即由式(3.3.a1)和式(3.3.b1)确定的 A_0，那么企业将展开价格竞争（或者换一种可能更好一些的说法，当 k 为无限时，企业将竞争性地决定产出）。其利润为：

$$\pi = q\left(\frac{a}{q}\right)^{1/k}(A^a)^{1/k} - q^r - A_0 \qquad (3.5)$$

利润最大化的一阶条件为：

$$\frac{\mathrm{d}\pi}{\mathrm{d}q} = A^{a/k}\left[\left(\frac{a}{q}\right)^{1/k} - \frac{q}{k}\left[\frac{a}{q}\right]^{(1/k)-1}\frac{a}{q^2}\right] - rq^{r-1} = 0$$

即

$$p\left(1-\frac{1}{k}\right) = rq^{r-1} \qquad (3.6)$$

如果 k 是无限的（同质产品），那么仅当 $r > 1$ 时，方程才有解。当 $r = 1$（边际成本恒定不变）且 k 是无限的时，企业生产和销售的产品数量将无限增加，而市场价格则一定会降到边际成本水平。

类似地，如果卡特尔将价格固定在由式(3.3.a1)和式(3.3.b1)确定的利

润最大化水平,比如说 p_0,那么企业将展开广告竞争来最大化利润。由于:

$$\pi = p_0 q - q^r - A$$
$$\pi = p_0 a p_0^{-n} A^\alpha - (a p_0^{-n} A^\alpha)^r - A$$

且

$$\frac{d\pi}{dA} = \alpha p_0 a p_0^{-n} A^{\alpha-1} - r(a p_0^{-n} A^\alpha)^{r-1} a p_0^{-n} \alpha A^{\alpha-1} - 1 \qquad (3.7)$$

上式可写为:

$$\alpha a A^{\alpha-1} p_0^{-n} \left[p_0 - r(a p_0^{-n} A^\alpha)^{r-1} \right] - 1$$

或

$$\alpha a A^{\alpha-1} p_0^{-n} (p_0 - MC_p) - 1 \qquad (3.7.a)$$

这里 MC_p 表示边际生产成本。上式会随着 A 的增长而无限增长,除非(1) MC_p 随产出增加而增加,或(2) MC_p 恒定不变,$\alpha < 1$(广告报酬递减)。

当每个企业都进行广告竞争时,其结果具有部分抵消的性质。令需求函数为:

$$q p^n = a \left(\frac{A_i}{A_0}\right)^\alpha A_0^\beta \qquad (3.4.a)$$

其中 A_i 为企业 i 的广告支出,A_0 为其他企业的平均广告支出(如果 A_0 为常数,那么上式就转化为式(3.4),只是式中常数可能不同)。那么有:

$$\frac{d\pi}{dA_i} = \alpha a \left(\frac{A_i}{A_0}\right)^{\alpha-1} p_0^{-n} A_0^{\beta-1} (p_0 - MC_p) - 1 \qquad (3.7.b)$$

在由图 3.3 显示的报酬不变情形下,且有 $\alpha = r = 1$,$A_i = A_0$,式(3.7.b)确定的最大利润条件为:

$$A_i^{\beta-1} = \frac{p_0^n}{a(p_0 - MC_p)}$$

此时 $\pi = 0$(总利润和边际利润都为零)。

注　释

① 如果有经济学家觉得在竞争产业中讨论广告不太舒服,他完全可以使用其他的非价格变量(例如产品的耐久性、投资建议或免费保修),这不影响分析,只是用语不同。

② 如果企业的需求由于产品无差异性而得到有限的弹性,那么即使边际生产成本是恒定的,产出也不会无限增加。

4

集中度的测度

我们首先讨论企业按照规模的分布情况。人们对衡量规模的单位争论不休：有些学者偏爱使用产出（实物形式或收入形式），有些则偏爱资产，还有一些则倾向于使用劳动力或增加值。衡量规模的时间单位本来也应该会引起广泛的争论，但实际却并未发生这样的争论：时间单位应该是一天、一年，还是十年？实际上，产业——特定企业的集合——具有各种不同的核算口径。这些问题将留待后面条件具备时再回答。

古典的寡头理论并不能理解企业的规模，企业很自然地被假定为具有相等规模。如此，在任一时间，企业的数目就完全描述了产业结构。如果排除外部企业进入的可能性，企业的数目也就描述了所有时间的产业结构。然后，大多数经济学家采取下面两条路径中的一条，就得出了这样的结论：竞争的程度（例如，由价格与边际成本之差的倒数来衡量）随企业数目增加而增加。

路径 1：一家企业为垄断是由垄断的定义得到的；多家企业产生竞争则是由观察得到的（也许还有实例说明）。没有人能够（或确实以任何方式做到）辩称竞争的程度应该随着企业数目的增加而上下波动——它们之间的关系无疑是具有单调性的。

路径2：按照古诺寡头理论，当企业数目增加时，价格会下降（给定成本）。

两条路线构建得都不够精确：价格竞争随企业数目增加而增加这一观察结论并没有得到统计上的证明；古诺理论也存在严重缺陷。[①] 根据我们对自然垄断的论述，我们清楚认识到竞争程度的变化与潜在竞争企业的数目更加相关，而不是实际的竞争企业数目。

衡量集中度的目的是为了预测价格（或报酬率）偏离竞争水平的程度。这一目的为我们前面提到的如何衡量企业规模的问题提供了一个答案：两家企业如果在市场中出售或购买的数量相等，那么这两家企业在该市场中就是等规模的。因此，在产品市场中以销售量衡量企业规模；在劳动力市场中，以雇员数衡量企业规模；在物料市场中，以物料数量衡量企业规模；在资本市场中则以资产来衡量。这一目的还回答了我们前面提出的关于时间段的问题。由于较高的当期价格会对未来需求产生负面影响，价格可能比短期边际成本高不了多少。在任何情况下，垄断给社会带来的所有未来损失的现值决定了垄断的经济重要性，而这一现值通常将由长期价格和成本决定。另外，社会几乎不可能针对短期存在的垄断采取任何纠正措施。

即使你接受企业数目与竞争程度之间存在正相关关系这一观点，你也无法比较企业数目从3变为4时对竞争的影响和从4变为6时对竞争的影响。我们也没有理由说两家相等规模的企业之间的竞争比另两家规模悬殊（其中一家企业规模是另一家的两倍）企业间的竞争要强。

因此，我们也不应对下面的现象感到吃惊：当产业统计调查开始对许多产业的集中度进行衡量时——美国1935年才开始这么做，对集中度的衡量方式的选择是完全任意的。美国选择四家最大企业的产量份额；英国选择的是三家最大的企业；加拿大选择占到产业产出80%的必需的企业数目。这些衡量方式之间表面上的紧密相关性——其实是似是而非的——使得精确的衡量方式选择显得并不重要。[②]

事实上，我们可以使用两条不同的但最终会聚在一点的路径来有效地形成一个集中度测度。第一条路径是构建一个理论，该理论将竞争行为的概率与企业结构的可测度方面联系起来。第二条路径是选择一个与可观察竞争行为指数具有较强相关关系的测度。但是几乎没有人沿着任一条路线开展研究。

能够在设计集中度测度方面提供指导的寡头理论是非常鲜见的。确切地说，这很大程度上是由于经济理论家没有推导出测度。不妨考虑一下古诺理论：

1. 每家企业面临的需求曲线为：

$$p = f(q_1 + q_2 + \cdots + q_n)$$

其中 q_i 表示企业 i 的产出。

2. 企业的边际收入为：

$$\frac{\mathrm{d}(q_i p)}{\mathrm{d}q_i} = q_i \frac{\mathrm{d}p}{\mathrm{d}q} + p$$

当我们假定寡头 i 认为他的产量对于竞争对手的产量没有影响$\left(\text{因此有} \dfrac{\mathrm{d}q}{\mathrm{d}q_i} = 1\right)$时。

3. 这一边际收入等于边际成本。如果我们引入边际成本函数，使得企业表现出各种不同的规模，我们也就可以推导出一个集中度测度。附注2将对这一方法进行简要讨论。

人们已经从一个寡头理论中推导出了一种集中度测度。这一理论认为寡头希望设定一个垄断价格，但是它们由于下面的原因而受到限制：它们很难发现其他各个企业的秘密竞争行动。用于发现竞争性降价的主要方法是查看每个企业的销量份额。不幸的是，产业中企业的销量份额也可能由于其他（"随机的"）原因而波动，随机波动出现的频率越高，降价被发现的可能性越低。[3]该理论提出应当使用一种各个企业份额波动的测度，并且这种测度可以由集中度的赫芬达尔测度（H）来近似得到。令 s_i 表示企业 i 的产量份额，

$$H = \sum s_i^2$$

表 4.1 给出了三个计算示例。当存在 n 家相等规模的企业时，H 的最小值为 $1/n$；最大值则为 1（垄断）。如果我们取 H 的倒数，那么我们就可以得到

相应的等规模企业数字。在表 4.1 的例子中，我们得到：

$$产业 1:N_H = 1/H = 5$$

$$产业 2:N_H = 1/H = 4.44$$

$$产业 3:N_H = 1/H = 2.82$$

我们在后面将会看到，这一指数可以方便地用于处理兼并。

表 4.1　赫芬达尔测度示例

企业排序	产业 1		产业 2		产业 3	
	份额	s^2	份额	s^2	份　　额	s^2
1	0.2	0.04	0.30	0.09	$16/31 = 0.516\ 1$	0.266 3
2	0.2	0.04	0.25	0.062 5	$8/31 = 0.258\ 1$	0.066 6
3	0.2	0.04	0.20	0.04	$4/31 = 0.129\ 0$	0.016 6
4	0.2	0.04	0.15	0.012 5	$2/31 = 0.064\ 5$	0.004 2
5	0.2	0.04	0.10	0.01	$1/31 = 0.032\ 3$	0.001 0
总和 $= H$		0.20		0.225 0		0.354 7
$N_H = \dfrac{1}{H} =$		5		4.44		2.82

第二种常用测度取自物理学，即熵的测度。指数本身（E）被定义为下式的倒数：

$$N_E = \left(\frac{1}{s_1}\right)^{s_1} \left(\frac{1}{s_2}\right)^{s_2} \left(\frac{1}{s_3}\right)^{s_3} \cdots \left(\frac{1}{s_n}\right)^{s_n} = \frac{1}{E}$$

或者

$$-\log E = \sum s_i \log\left(\frac{1}{s_i}\right)$$

并且很容易计算。表 4.2 给出了表 4.1 中的三个产业的 N_E 指数。

熵测度的众多支持者还没有建立明确的理论来说明熵测度与竞争行为的关系。④毫无疑问，这样的理论迟早会出现，现在我们还没有理由认为一个指数胜过另一个指数。实际上，对于一般的产出分布，两个指数会得出非常相近的结论。它们的主要不同在于赋予小企业的权重不同。赫芬达尔指数基本上不受份额小于 1%（$s^2 < 0.000\ 1$）的企业数目的影响，但是如果存在

表 4.2　熵测度示例

产业 1			产业 2			产业 3		
s	$\log\frac{1}{s}$	$s\log\frac{1}{s}$	s	$\log\frac{1}{s}$	$s\log\frac{1}{s}$	s	$\log\frac{1}{s}$	$s\log\frac{1}{s}$
0.2	0.699 0	0.139 8	0.30	0.522 9	0.156 9	0.516 1	0.287 2	0.148 2
0.2	0.699 0	0.139 8	0.25	0.602 1	0.150 5	0.258 1	0.588 2	0.151 8
0.2	0.699 0	0.139 8	0.20	0.699 0	0.139 8	0.129 0	0.889 4	0.114 7
0.2	0.699 0	0.139 8	0.15	0.823 9	0.123 6	0.064 5	1.190 4	0.076 8
0.2	0.699 0	0.139 8	0.10	1.000 0	0.100 0	0.032 3	1.490 8	0.041 5
总和 $= \log E = 0.699\,0$					0.670 8			0.533 0
$N_E = 5$					4.69			3.41
$E = \dfrac{1}{N_E} = 0.2$					0.213			0.293

大量企业,熵测度将给出竞争性结构。例如,如果一个企业拥有 90% 的产业产出,余下的份额平均分配给 10 000 家企业,两种测度分别为:

1. 赫芬达尔测度

$$H = 0.9^2 + 10\,000\left(\frac{1}{100\,000}\right)^2 = 0.810\,000\,1$$

$$N_H = 1.23$$

2. 熵测度

$$N_E = \left(\frac{1}{0.9}\right)^9\left(\frac{1}{1/100\,000}\right)^1 = 3.48 = \frac{1}{E} = \frac{1}{0.287}$$

这一比较表明小企业对两种测度的影响并不是十分不同:如果一家或少数几家优势企业的地位非常牢固的话,自然力量或公共政策都无法产生必要数量的小企业来显著提高熵测度。这一比较还略微显示了赫芬达尔测度的一处优点:如果企业规模的分布相当稳定(也就是说,小企业都生存于市场一隅),那么如同上例所示的产业的表现就像垄断产业一样。

另一条发展集中度测度的路线才是实际上被选择的路线。最初,研究是按照加德纳·米恩斯(Gardiner Means)的思路展开的,《美国经济的结构》(*National Resources Planning Board*,1939)这一统计调查报告提供了日益

全面的集中度测度,但是它是与最大 4 家(后来为 8 家和 20 家)企业的产出
份额相结合的。[⑤] 在过去的大部分时间里,研究人员都在寻求这些集中度比
率与如下概念之间的高度相关关系:(1)经济周期中的产出和价格变化;[⑥]
(2)通货膨胀时期的价格移动;[⑦](3)投资收益率(将在第 13 章中讨论);以
及(4)各种变量,例如工资率。[⑧]研究结果是让人失望的:很少有人发现集中
率和这些潜在的垄断力量指数之间存在显著相关关系。例如,Selden-
dePodwin 比较了从 1953 年到 1959 年的批发价格移动和 1954 年的集中率,
对于四家最大企业的产量份额来说,相关系数为 0.12,而赫芬达尔指数的相
关系数为 0.02——我们得承认大多数经济学家都认为这样的关系是不显
著的。[⑨]

通过考察与垄断行为指数的关系来改进集中度测度这一过程在任何时
候都无疑是缓慢的、非系统化的和非本质的。在这一过程中存在着获得良
好的垄断行为指数的困难,但是这一困难并不是无法忍受的。我们已经可
能改进垄断力量的测度,例如收益率,而且还可以试验集中度的各个方面,
比如说:

(1)企业规模分布的汇总测度(赫芬达尔、对数正态和熵等);

(2)领先企业份额的历时稳定性;[⑩]

(3)其他的市场规模测度方式的影响(包括对进出口的考虑)。

我们很容易使用赫芬达尔测度和熵测度来推出兼并对集中度的
影响。

1. 当产出份额分别为 s_1 和 s_2 的企业合并时,赫芬达尔测度值会升高:

$$(s_1 + s_2)^2 - s_1^2 - s_2^2 = 2s_1 s_2$$

2. 熵测度采用对数形式则是可加的。令 $\log\left(\frac{1}{E}\right) = \sum s_i \log\frac{1}{s_i}$,兼并使
$\log\left(\frac{1}{E}\right)$ 降低:

$$s_1 \log\frac{1}{s_1} + s_2 \log\left(\frac{1}{s_2}\right) - (s_1 + s_2)\log\frac{1}{s_1 + s_2}$$

两种测度都既反映了兼并企业的水平,也反映了被兼并企业的水平。因而
当一个拥有 5% 产出量的企业被兼并时,赫芬达尔指数升高数值如下:

兼并企业的份额	赫芬达尔测度升高值
0.05	0.005
0.10	0.01
0.25	0.025
0.50	0.05
0.75	0.075
0.95	0.095

传统的四大企业集中比率会显示出以下三种效应的一种：

1．如果被兼并企业不是四大产出领先的企业*之一，那么集中比率不会提高。

2．如果兼并企业属于四大，而被兼并企业不属于四大，比率会增加0.05。

3．如果属于下面两种情况，比率增加量不定（但是小于0.05）：

（1）被兼并企业也是四大之一［集中比率增加的程度相当于先前第五大企业的规模（根据假定，这一规模小于0.05）］；

（2）兼并企业由于兼并而成为四大企业之一（集中比率提高的程度等于该企业的份额超出先前第四大企业的份额的部分）。

如果下一章讨论的寡头理论与实际情况吻合的话，买方的集中也是产业中竞争程度的一个主要决定因素。买方越少（或越大），就越难区分买方购买数量的大量转移是由于削价还是出于偶然因素，并因此提高了削价的概率。我们当然可以以与卖方对称的形式测度买方集中度——主要的不同在于关于买方规模的数据资料很少被报告出来。你也可以构建一个买方（H_b）和卖方（H_s）的组合集中度测度，比如说 H_s/H_b，并使其像卖方集中度测度一样接受相同的检验。

在后面的章节中，我们将使用赫芬达尔指数进行实证研究。在第21章，我们将给出美国和英国七个产业的赫芬达尔测度的历史情况。

附注1：古诺理论

古诺理论开始时讨论只有一家企业的产业（垄断），然后逐渐讨论有两

---

* 以下简称四大。——译者注

个或更多竞争者的产业。⑪古诺首先说明了对企业行为的假设：

> ……双方（双头垄断者）都独立地试图最大化（自己的）收入。

> 我们说每一方都是独立的，我们很快将会看到这一限制条件是很重要的。因为如果他们可以达成协议使每一方都能得到最大的可能收入，那么结果将会完全不同；对于消费者来说，结果将与分析垄断时所得到的相同。⑫

古诺假定每个企业将对方的产出视为给定的。

我曾经认为对该理论的一个重要反对论点是：即使企业 A 将其产出变化了 40 次，而且每次企业 B 也相应变化其产出，A 还是会认为 B 的产出与自己的产出是相互独立的。这种缺乏从经验中学习的能力看起来有些难以置信。我还是认为这是很有力量的反对观点。但是即使古诺假定经验起作用的行为，也还是难以摆脱一个更加基本性的难题。⑬

这一难题就是：双寡头的行为是被假设出来的，而不是被推导出来的。根据假设，双寡头试图最大化利润。由利润最大化假定就必然可推出行为形式——经济行为是实现这一目的的一个手段，而不是由精神病学家或社会学家所提出的人性的一个独立部分。合谋并不是唯一的可设想的行为形式，即便是由于仅存在两家企业，合谋是合法的。事实上，合谋是有成本的，寡头愿意付出的合谋成本数量是我们应当研究的内容，而不应当作为假设条件。

对古诺理论的批评同样也适用于所有对寡头行为作出假定的寡头理论（例如 Bertrand、Edgeworth、Stackelberg 等）。

附注 2：古诺寡头的集中度

古诺研究的是同质产品，因此企业的规模仅取决于它的生产成本。在他提出的基本模型中，每个企业都满足下面的方程：

$$q_i \frac{\mathrm{d}p}{\mathrm{d}q} + p = 边际成本 = MC \tag{4.1}$$

累加 n 个这样的方程，得到：

$$nq_i \frac{\mathrm{d}p}{\mathrm{d}q} + np = nMC$$

或

$$p = MC - \frac{p}{n\eta} \qquad (4.2)$$

其中 η 是需求弹性。这里价格超出边际成本(竞争水平)的数量与竞争者数目成反比例变化。如果我们希望集中度测度能表现这种关系,我们可以令:

$$C = 1/n$$

因此,如果企业数目的增加情况为:(1)从 3 增到 4(C 从 0.33 下降为 0.25),(2)4 到 6(C 从 0.25 下降为 0.17),(3)6 到 9,以及(4)9 到 33,集中度的下降水平都相同。

通过引入边际成本函数的频率分布,我们可以扩展古诺理论,使其能够考虑规模不相同的企业。但是一个更简单的示例说明就可以实现我们的目的——表明寡头理论通常可以得出集中度测度理论。令两家企业的边际收入均为:

$$q_i \frac{\mathrm{d}p}{\mathrm{d}q} + p$$

并且令两个边际成本函数为:

$$(q_1 + \lambda) \text{ 和} (q_2 - \lambda)$$

于是,我们有:

$$q_1 \frac{\mathrm{d}p}{\mathrm{d}q} + p = q_1 + \lambda$$

$$q_2 \frac{\mathrm{d}p}{\mathrm{d}q} + p = q_2 - \lambda \qquad (4.3)$$

将上面两个方程相加,我们得到:

$$q \frac{\mathrm{d}p}{\mathrm{d}q} + 2p = q \qquad (4.4)$$

由上式可知,两个双寡头的产出总和独立于 λ。但是他们的产出之差[消去式(4.3)的两个方程中的 p 可得]为：

$$q_2 - q_1 = \frac{2\lambda}{1 - \dfrac{\mathrm{d}p}{\mathrm{d}q}} \tag{4.5}$$

这一结果肯定是取决于具有特殊性的成本函数了。

我们在分析时必须注意一个问题。一般说来，我们不可能既使企业的成本和规模发生变化，又使垄断价格、寡头价格和竞争价格保持不变。在上面的例子中，如果边际成本为正，所有的三个价格都独立于 λ。垄断价格保持不变是很自然的，这也可以通过使各企业的边际成本之和不变来实现。因而两个合适的边际成本函数为：

$$\frac{b}{a}q_1 \text{ 和 } \frac{b}{b-a}q_2 \quad (b > a)$$

当 a 趋向于 b 时，企业 1 趋于垄断。这里垄断者经营两家工厂的边际成本为 $(q_1 + q_2)$。

注　释

① 关于后者，请参阅本章附注 1。

② 令 $s_i =$ 企业 i 的产量份额，企业按规模排序（所以有 $s_1 > s_2 > s_3 \cdots$）。然后计算

$$C_1 = \sum_1^3 s_i \text{ 和 } C_2 = \sum_1^4 s_i$$

之间的相关性，这两种衡量方式的共同元素保证了很大的相关性。而正确的相关关系应该是在 C_1 和 s_4 之间的，这一相关关系就会小很多。

③ 第 5 章将对此论点进行详述。

④ 参阅 M. O. Finkelstein and R. M. Friedberg, "The Application of an Entropy Theory of Concentration to the Clayton Act", *Yale Law Journal*, March 1967; Henri Theil, *Economics and Information Theory* (Amsterdam, 1967), chap. Viii; A. and I. Horowitz, "Entropy, Markov Processes, and Competition in the Brewing Industry", 待发表。

⑤ 然而，赫芬达尔测度的提出见 Ralph L. Nelson, *Concentration in the Manufac-*

turing Industries of the United States（New Haven，Conn.，1963）。

⑥ 例如,可参阅 W.F.Crowder，*The Concentration of Production in Manufacturing* ［Temporary National Economic Committee Monograph No.27（Washington，D. C.，1941）］，Part V。

⑦ 例如,可参阅 H.J.dePodwin 和 R.T.Selden，"Business Pricing Policies and Inflation"，*Journal of Political Economy*，April 1963。

⑧ 例如,可参阅 J.W.Garbarino，"A Theory of Interindustry Wage Structure Variation"，*Quarterly Journal of Economics*，May 1950。

⑨ 参见本书第 19 章。

⑩ 参见 I.M.Grossack，"Towards the Integration of Static and Dynamic Measures of Industrial Concentration"，*Review of Economics and Statistics*，August 1965；以及 M.Gort，"Analysis of Stability and Change in Market Shares"，*Journal of Political Economy*，February 1963。

⑪ *Mathematical Principles of the Theory of Wealth*（New York，1927），chap.vii.

⑫ 同上,pp.79—80。

⑬ 例如,企业 A 使其价格或产出与企业 B 相一致。

寡头理论 *①

如果一个经济学家在其关于寡头理论的文章中不事先指明论文的贡献，那么该文章就很难引起其他经济学家的阅读兴趣。本章假定寡头厂商希望通过合谋来最大化联合利润，并且试图使这一假定能够与如下的事实相一致：企业数目众多时，合谋是不可能的；合谋在一些情况下比在另一些情况下更容易成功等。在讨论合谋协议的监督问题（这是一个信息理论问题）时，我们可以看到假定与现实的一致。本章讨论了大量的理论含义，并提供了一定数量的经验证据。

合谋的任务

如果我们要构建一个令人满意的寡头理论，那么我们就不能首先假定：每个企业都认识到自己与竞争企业是相互依赖的。如果我们坚持传统的利润最大化理论，那么企业的行为就不能作为假设，而应当是推导出来的结果。给定需求和

---

* 原载于 *Journal of Political Economy*，Vol.LXXII，No.1（February 1964）。Copyright 1964 by the University of Chicago.

供给函数(包括竞争对手的),产业中的企业应当追求自己的利润最大化。

当产业中的所有企业联合起来像一个垄断者一样行动时,它们就使联合利润最大化。至少在传统的寡头理论(在任何时候利润最大化产出和价格都不存在重要的不确定性因素)中,这一为人熟知的结论是不可避免的。而且,无论企业的数目为多少,结论都成立。

我们对该理论作出的修正主要在于系统地提出了影响合谋可行性的因素。合谋与这个世界上大多数事物一样,也不是免费的。在我们正式分析之前,还有必要考察一下产品同质性的概念及其对利润最大化的含义。我们将说明合谋并不仅仅与价格有关。

同质性往往定义为产品同一或(等价地)替代弹性无限大的一对产品。无论是使用哪一个定义,买方的行为才是决定性的。产品对于任何一个买方来说可能是同一的,但是从卖方的角度来看,各个买方之间可能存在很大差异。

经济学家大概不会忘记这一事实:每个交易都涉及买卖双方。所以同质性的定义也应该包括两个方面:如果卖方提供产品,买方提供购买承诺(purchase commitments),那么完全的同质性应当包括产品和购买承诺之间的替代弹性无限。换句话说,如果在价格相同的情况下,x 单位的一种商品与(不妨说) $20 - x$ 单位的另一种商品的所有组合对买方来说无区别,那么这两种商品对于买方来说就是同质的。如果在价格相同的情况下,y 单位的一种购买承诺与(不妨说) $20 - y$ 单位的另一种购买承诺对卖方来说是无区别的,那么这两种购买承诺对卖方来说就是同质的。完全的同质性就可以定义为产品(卖方)和购买承诺(买方)均是同质的。

但是,购买承诺(买方)的异质性至少与产业中产品的异质性一样大,有时甚至大得多。与卖方一样,买方也存在着个体差异,例如销售的难易度、支付的及时性、退货的倾向、再次购买(或购买其他产品)的可能性,等等。另外,大量的经济学文献均指出买方之间存在的两大差异:

(1) 购买规模,不同的批量规模提供成本差异很大;

(2) 购买的迫切性,需求弹性的差异可能足够大,以至于导致价格歧视。

宣称重要的市场中都不存在同质的交易是一回事,而测度异质性的程度又是另一回事了。在信息完全的情况下,可以根据交易价格的差异来测度异质性;但是在不完全信息情况下,即使交易是同质的,价格也会离散。[2]

异质性与合谋的意义在于：使用一种价格结构，该价格结构考虑了各类交易的成本的较大差别，是最大化产业利润的一部分。即使是对单一的同质产品，如果我们忽略了买方之间的差异，利润也会降低。本章附录中给出了一个简单的例子对此加以说明。不考虑买方的差异等同于对买方征收消费税，而这一税收并不归垄断者所有。具有一定复杂程度的价格结构通常是寡头厂商合谋的目标。

合谋的方法

企业之间的合谋可以采取多种形式，其中最彻底的方式是直接合并。但是，由于规模不经济，[③] 兼并通常是不合适的，而且在一定时期的一些地方可能为法律所禁止。具有联合销售机构的卡特尔是一种较不彻底的合谋形式，这种形式也有其经济局限性——它不适合定制化工作，并且在实现质量标准、降低成本、产品创新等企业目标的过程中产生大量管理成本。考虑到美国存在反托拉斯政策，我们假定表面上独立的企业间合谋形式为共同决定产出和价格，但是我们不考虑法律禁令的影响，这留待在后面讨论。寡头在 1890 年前就出现了，而在那些未实施反托拉斯政策的国家至今仍然存在。

合谋的企业必须就价格结构达成协议，而价格结构应当与企业准备认可的交易类型相适应。一个完全利润最大化的价格结构可能拥有几乎无穷多的价格类型：各企业不得不考虑使价格适应多种多样交易的成本和收益，然后决定价格类型的数目。我们已经通过假设的例子（见本章附录）说明了考虑交易的差别可以带来净利润。合谋的价格水平不仅取决于需求弹性，而且取决于产业市场准入的条件。

我们假定企业合谋已经生效，并且价格结构也达成了协议。一个已被证明的命题为：任一参与合谋协议的成员企业如果可以秘密地违反协议，那么它得到的利润将比遵守协议时更大。[④] 而且，所有违反者可获利的协议都必须得到强制执行也自然成为人类行为的一条公理。在关于合谋协议的文献中，从 19 世纪 80 年代的集合基金到最近的电力公司的合谋，充斥着因"秘密"削价而导致合谋解体的例子。这一文献也具有其偏误:那些在一定程度上成功防止削价的企业合谋不大容易被报道或被发现。但是没有哪一个合谋可以忽视协议执行问题。

协议执行的关键在于发现对已达成协议价格的重大背离。一旦价格背离被发现,这种价格差别就会消失,因为它不再是秘密行为了,如果不撤回,合谋者将其调整为一致的价格。但是如果执行力度较弱——发现削价的速度很慢,而且程度也不完全——那么合谋组织必须认识到自己的弱点:它们必须将价格设定在接近竞争水平,以减少价格下调的诱因;要么将合谋的范围限制在可以有效执行的领域。

固定市场份额可能是所有防止秘密削价的方法中效率最高的一种方法。一旦选定了最大利润价格,如果一企业沿着产业需求曲线移动,⑤那么削价并不能使其获利。通过对产出的检查和对背离产业份额而产生的损益的正确再分配,秘密削价的激励就可以被消除。除非产出检查成本高昂或缺乏效力(例如服务产出),否则它就是一种理想的执行方法,并且为合法的卡特尔组织广泛使用。但是对寡头厂商来说,固定市场份额是一种很容易被发现的合谋形式,因为这种合谋形式可能要求企业间的相互间支付,而且在产出记录中也会留下不可磨灭的痕迹。

另一种消除秘密削价的有效方法是指定每个买方到一个卖方处购买。如果对所有的买方都可以这样做,那么短期削价对企业就没有什么意义了。如果买方之间存在竞争,那么长期削价还是很有可能出现的:一个卖方给自己的顾客提供更低价格,这可能会导致顾客市场份额的扩张,所以削价者的长期需求曲线比产业需求曲线弹性更大。但是,只有当卖方提供的产品占买方采购成本的主要部分时,长期削价才可能具有重要性。

对卖方来说,分配买方这一做法还存在其他一些实际困难。通常,不同卖方的运气会随时间而发生很大变化:一个卖方的客户可能增长三倍,而另一个卖方的客户可能会缩减一半。如果各个客户的需求波动是不相关的,那么不同卖方在短期内的相对产出会经历大变化。⑥如果买方的流动性(turnover)很大,那么分配买方这种方法就是不可行的。

尽管如此,适于分配客户的条件确实存在于某些产业中,特别是市场的地理划分常常在这些产业中得到应用。由于买方分配明显违反了《谢尔曼法》，而且很容易被查出，我们可以再次说：一种有效的强制执行价格协议的方法被反托拉斯法排除在外了。因此我们转而寻求其他的执行方法，但是我们会发现，分析到最后还会回到买方分配这一方法。

通常，对价格协议的监督包括对交易价格的审计。如果不存在反托拉斯法或者企业违反反托拉斯法，某些合谋集团才会实际检查卖方的会计账目，但即使是这样的检查也很难保证价格协议得到遵守。[⑦]最终只能从买方那里获取交易价格信息，别无其他办法。

如果买方的购买量小于寡头厂商总销售量的一定比例，寡头厂商就不会考虑秘密削价。在这种情况下，削价行为被竞争对手查出的难易程度具有决定意义。如果 p 表示某一竞争对手获悉一次削价的概率，那么 $1-(1-p)^n$ 表示当企业对 n 个客户削价时，一个竞争对手至少获悉一次削价的概率。即使 p 很小，比如说等于 0.01，若 n 等于 100，则查出削价的概率为 0.643；若 n 等于 1 000，则查出削价的概率为 0.999 96。还没有人能发明一种宣传削价的方法，使众多的客户都了解削价情况，而他的竞争对手却一无所知。[⑧]

由此可知，寡头合谋即使对大买方无效，对小买方通常却是有效的。例如，寡头厂商可能对大型连锁商店和产业买方削价，但是对于那些为数众多的小零售商，寡头厂商会坚持合谋协议价格。这是我们理论的第一个实证含义。此后我们将不考虑小买方。

当然，查明秘密削价并不比实施秘密削价容易。削价者自然会声称自己是清白的，如果难以取信于其他人，他就会责备下属不遵守规定，以此推卸自己的责任。削价常常采取间接方式，比如改变交易的某一非价格方面。客户有可能而且常常会透露削价情况，希望其他企业也跟着降价，但是如果每次透露都使得已经降下来的价格又反弹回去，客户也会从中吸取经验教训的。实际上，买方常常会报出一些完全虚构的价格信息来试探卖方的竞争对手。监督合谋协议就像侦探小说中曲折复杂的谜团。

但有一点区别：在我们考虑的情况中，"谋杀"合谋价格的人会得到大量的客户。查出削价者的基本方法为：卖方是否获得了不削价就不可能得到的大量生意。如果削价的承诺不能使卖方从竞争对手处夺取一些生意，那么这样的承诺实际上也是无效的——要么承诺的价格仍然过高，要么该承诺根本就不可信。

我们对完美合谋所下的定义一定是这样的:没有买方自愿改变其卖方。如果买方不会改换卖方,竞争性的削价也就不会存在。

由买方的转移推断出削价这一规则存在一个局部性的例外,但是却是一个重要的例外。有一种类型的买方通常会公开自己支付的价格,而且不会接受秘密收益,这类买方就是政府。密封投标制度会完全公开每个投标者的价格和说明书,因此是查明削价的理想工具。这里不存在其他的秘密削价的方法(对采购人员的贿赂除外)。因此,我们的第二个实证预测为:针对那些如实完全公布采购价格的买方的合谋总是更加有效的。[9]

我们可以通过客户忠诚度来检验价格竞争的缺失,并由此得出我们的第三个主要实证预测:如果重要买方不断发生变更,合谋将是非常有限的(目前假定排除市场份额合谋)。在一些重要的市场如建筑市场中,(主要)买方确实不断变更。例如,工厂或办公大楼的建造实质上是不可重复的事件,竞争企业也无法断定夺标者是否有削价行为,除非对详细项目公开投标。

但是,普通的市场既包含了稳定性,又包含了变化。新买方的进入率可能很小。即使合谋是有效的,也会由于种种次要原因使得客户发生转移,这些次要原因我们可以总称为"随机因素"。通常会有多个卖方共享买方——这种做法使得买方更难监督价格的执行。我们现在进入充满偶然事件的世界,有时也被称为概率的世界。

查明秘密削价的条件

我们使用一个简化的模型来研究查明秘密削价的问题,在该模型中,所有买方和卖方最初规模都相等。每个卖方所拥有的买方数目——注意我们排除了所有采购量小于卖方产出(不妨说)0.33%的买方——从300下至10或20不等(我们希望避免麻烦的完全双边寡头)。其中一些买方是新客户,但是过了一段时间,大部分也都变成了"老"客户,尽管有些老客户会更换供应商。秘密削价下,一个潜在的秘密削价者可以从三个渠道增加客户数量:竞争对手的老客户,在正常情况下会离开的自己的老客户,新客户。

如果不存在秘密削价,大多数老客户会定期地与一个或几个卖方做生意。没有秘密削价的原因可能是合谋价格得到了大家的共同遵守,也可能买方的价格基本上是竞争价格。我们将说明客户忠诚度是决定使用何种价格的关键变量。我们需要知道,在没有秘密削价的情况下,老客户从其原来供应商处再次采购的概率。

买方变换供应商可以提高秘密削价的概率,但是他为了获得反复购买带来的经济(包括较低的交易成本和较少的产品检验),他只有放弃变换供应商带来的利益。下面我们将证明,从任一买方的角度来看,卖方数目越多,买方数目越少,变换卖方的收益越大。产品的同质性越高、买方购买量越大,则变换供应商的成本越小(也是买方规模的反函数)。我们令反复购买的概率为 p,后面我们将说明,如何使用更一般的方法来确定这一概率。

企业销售量的第二个组成部分是新买方的购买量和转移过来的竞争对手的老客户的购买量。这里我们假定,在没有价格竞争的情况下,每个卖方获得生意的概率是相等的。

现在我们进行正式分析。令"老"客户数为 n_0,新客户数为 n_n,且 $n_n = \lambda n_0$,卖方数为 n_s。一家企业可能留意三个方面的秘密削价证据,因此相应地也就有三个潜在的领域可以实施秘密削价。

企业自己老客户的行为表现

平均来说,一家企业拥有 n_0/n_s 个这样的老客户,在没有削价的情况下,预计在给定的一轮交易中可以向其中的 $m_1 = pn_0/n_s$ 个老客户出售商品。这一客户数目的方差为:

$$\sigma_1^2 = \frac{(1-p)pn_0}{n_s}$$

企业失去的老客户数多于:

$$\frac{(1-p)n_0}{n_s} + k\sigma_1$$

的概率是由数值大于 k 的概率决定的。转向任何一个竞争对手的预期老客户数目为:

$$m_2 = \frac{1}{n_s-1}\left[\frac{(1-p)n_0}{n_s} + k\sigma_1\right]$$

方差为：

$$\sigma_2^2 = \frac{n_s - 2}{(n_s - 1)^2}\left[\frac{(1-p)n_0}{n_s} + k\sigma_1\right]$$

任何一个竞争对手得到的转向客户的数目大于 $m_2 + r\sigma_2$ 个的概率由 r 决定。我们现在可以选择 k 和 r 的组合，以确定给定数目的老客户转向任何一个竞争对手的概率水平，若实际概率大于这一概率水平，我们可以推断竞争对手实施了秘密削价。但是这一过程涉及复杂的计算，因此我们选择计算量较小一些的方式。

我们假定企业老客户损失的临界值（超出该值就可以推断竞争对手存在秘密削价）为：

$$\frac{(1-p)n_0}{n_s} + \sigma_1 = \frac{(1-p)n_0}{n_s}\left[1 + \sqrt{\left(\frac{p}{1-p}\frac{n_s}{n_0}\right)}\right] = \frac{(1-p)n_0}{n_s}(1+\theta)$$

亦即老客户损失的平均值再加一个标准差。企业的任何一个竞争对手平均来说会吸引来：

$$m_2 = \frac{1}{n_s - 1}\left[\frac{(1-p)n_0}{n_s} + \sigma_1\right]$$

个企业的老客户，方差为：

$$\sigma_2^2 = \frac{n_s - 2}{(n_s - 1)^2}\left[\frac{(1-p)n_0}{n_s} + \sigma_1\right]$$

如果一个竞争对手得到的客户数多于 $(m_2 + \sigma_2)$，也就是说，他所得较大数量转向顾客的概率小于约 30% 的话，我们就可以认为该竞争对手有削价的嫌疑。企业损失的老客户数目为平均值再加一个标准差，同时一个竞争对手得到的转向客户数为平均值加一个标准差的联合概率为 10%。如果不考虑新客户，那么一个竞争对手的平均销售量为 n_0/n_s。一个卖方在不引起怀疑的情况下所能得到的买方的最大数目，减去他不削价时平均能够得到的买方数目为 $\frac{(1-p)n_0}{n_s(n_s - 1)}$，表示为该卖方平均销售量的比率，我们得到：

$$\frac{\left[\theta(1-p)n_0/(n_s - 1)n_s + \sigma_2\right]}{n_0/n_s}$$

按这一标准得出的数据见表5.1。

表 5.1　一家企业由未被发现的削价而增加的销售量百分比

$$\text{标准 I：} \frac{1}{(n_s-1)}\left[\theta(1-p)+\sqrt{\frac{n_s(n_s-2)(1-p)(1+\theta)}{n_0}}\right]$$

$$\theta=\sqrt{\frac{p}{1-p}\frac{n_s}{n_0}}$$

反复销售的概率(p)	买方的数目(n_0)	卖方的数目					
		2	3	4	5	10	20
$p=0.95$	20	6.9	11.3	11.3	11.4	11.8	12.7
	30	5.6	8.9	8.8	8.8	9.0	9.6
	40	4.9	7.5	7.4	7.4	7.5	7.9
	50	4.4	6.6	6.5	6.4	6.5	6.8
	100	3.1	4.4	4.3	4.3	4.2	4.4
	200	2.2	3.0	2.9	2.8	2.8	2.8
	400	1.5	2.1	2.0	1.9	1.8	1.8
$p=0.90$	20	9.5	14.8	14.7	14.6	14.8	15.7
	30	7.8	11.7	11.5	11.4	11.4	12.0
	40	6.7	10.0	9.7	9.6	9.5	9.9
	50	6.0	8.8	8.6	8.4	8.3	8.6
	100	4.2	6.0	5.8	5.6	5.4	5.5
	200	3.0	4.1	3.9	3.8	3.6	3.6
	400	2.1	2.8	2.7	2.6	2.4	2.4
$p=0.80$	20	12.6	19.3	18.9	18.7	18.6	19.4
	30	10.3	15.4	15.0	14.7	14.5	15.0
	40	8.9	13.1	12.7	12.5	12.2	12.5
	50	8.0	11.6	11.2	11.0	10.6	10.8
	100	5.7	8.0	7.7	7.4	7.1	7.1
	200	4.0	5.5	5.3	5.1	4.8	4.7
	400	2.8	3.8	3.6	3.5	3.2	3.2
$p=0.70$	20	14.5	22.3	21.8	21.5	21.2	21.9
	30	11.8	17.8	17.3	17.0	16.6	16.9
	40	10.2	15.2	14.8	14.5	14.0	14.2
	50	9.2	13.5	13.1	12.8	12.3	12.4
	100	6.5	9.3	9.0	8.7	8.2	8.2
	200	4.6	6.5	6.2	6.0	5.6	5.5
	400	3.2	4.5	4.3	4.2	3.8	3.7

表 5.1 给出了通过秘密削价从任一竞争对手处可夺取的最大销售增量（表示为平均销售量的百分比），若高于这个最大数量，竞争对手就会推断出发生了削价行为。由于秘密削价的收益取决于所能得到的业务数量（也取决于价格超出边际成本的部分），我们也可以将表中数字视为对参与秘密削价的激励的衡量。表 5.1 反映了三个值得注意的特征：

1. 给定客户的数目和反复销售的概率，通过秘密削价从任一竞争对手处夺得的销售增量对竞争对手的数目并不十分敏感。企业由于秘密削价产生的总销售增量——秘密削价的全部激励——为从每个竞争对手处夺得的销售增量之和，因此总销售增量基本与竞争对手数目成比例增长。

2. 秘密削价的激励随着每个卖方客户数目的增加而下降——大致与买方数目的平方根成反比例下降。

3. 秘密削价的激励随着反复购买的下降而增加，但是以递减的比率增加。

我们已经说过，老客户变换卖方的得益在于变换卖方使得秘密削价更难被发现，从而鼓励秘密削价行为。表 5.1 表明变换卖方的边际报酬是递减的：随着 p 下降，表中的数值以递减的比率提高。在一个更加完全的模型中，我们可以引入转换供应商的成本，并且确定最大化预期买方收益的 p。当买方规模不相等时，买方的购买量越大，他转换卖方导致削价的可能性越大。

此外，很明显，如果卖方的数目大于 2，那么两家或更多的企业可以共享信息，从而可以发现不太明显的削价行为。例如，给定概率水平，一家企业的任一竞争对手可以从企业夺得的老客户数目最多为：

$$(1-p)\frac{n_0(1+\theta)}{n_s-1}$$

方差为：

$$\frac{(n_s-2)(1-p)(1+\theta)}{(n_s-1)^2}n_0$$

在同一概率水平，一竞争对手能从 T 家企业夺得的老客户数目平均值最多为：

$$\frac{T(1-p)n_0}{n_s-T}\left(1+\frac{\theta}{\sqrt{T}}\right)$$

方差为：

$$\frac{(n_s - T - 1)}{(n_s - T)^2}(1 - p)\left(1 + \frac{\theta}{\sqrt{T}}\right)n_0 T$$

当上述式子表示为占每家共享信息的企业所失去客户的比重时,这些式子就小于一个卖方时的相应表达式。

当然,信息共享也有其局限性:当企业的数目增加时,信息共享就变得代价高昂;而且由于其中的企业成员自己可能就存在秘密削价,信息也不够可靠。在后面我们将以一些数字来说明信息共享的效应。

吸收了其他企业的老客户是第二类秘密削价的证据

如果某一竞争者没有削价,他平均要失去 $(1 - p)(n_0/n_s)$ 个客户,方差为 σ_1^2。他使用秘密削价所保有的客户数目不能超出一定的水平,否则竞争对手会产生怀疑。任何一个竞争者都无法判断自己是否得到了一家企业老客户的公平份额,但是这些竞争者可以集中共享信息,然后根据总量信息他们可以预期,在 5% 的概率水平上,这家企业至少会失去 $(1 - p)(n_0/n_s) - 2\sigma_1$ 个客户。因此秘密削价者至多可以保留 $2\sigma_1$ 个老客户(除了平均客户数目以外),占平均销售量的比重(不考虑新客户)为：

$$\frac{2\sigma_1}{n_0/n_s} = 2\sqrt{\frac{(1 - p)p n_s}{n_0}}$$

以此为标准计算得出的数值见表 5.2。

表 5.2　秘密削价可保留的老客户占平均销售量的百分比

标准 II：$2\sqrt{\dfrac{p(1 - p)}{2}\dfrac{n_s}{n_0}}$

反复购买的概率 (p)	每个卖方的老客户数目(n_0/n_s)			
	10	20	50	100
0.95	13.8	9.7	6.2	4.4
0.90	19.0	13.4	8.5	6.0
0.85	22.6	16.0	10.1	7.1
0.80	25.3	17.9	11.3	8.0

反复购买的概率（p）	每个卖方的老客户数目（n_0/n_s）			
	10	20	50	100
0.75	27.4	19.4	12.2	8.7
0.70	29.0	20.5	13.0	9.2
0.65	30.2	21.3	13.5	9.5
0.60	31.0	21.9	13.9	9.8
0.55	31.5	22.2	14.1	10.0
0.50	31.6	22.4	14.1	10.0

如果我们比较表 5.2 和表 5.1 中的数据，[10] 我们发现通过企业从竞争对手处夺取的销售量，比通过不寻常的反复销售比例更容易查明秘密削价者。因此这第二个标准很少使用。

新客户的行为表现是第三个削价信息源

每时期有 n_n 个新顾客，等于 λn_0。[11] 在没有削价的情况下，一企业预期可以向其中的

$$m_3 = \frac{1}{n_s}\lambda n_0$$

个新顾客销售，方差为：

$$\sigma_3^2 = \left(1 - \frac{1}{n_s}\right)\frac{\lambda n_0}{n_s}$$

如果竞争企业共享信息（如果没有信息共享，这一领域将无法实现有效的合谋协议监督），企业得到的新客户超过了 $m_3 + 2\sigma_3$ 个就会被认为是削价者（仍使用 5% 的概率标准）。在无削价的情况下，超出预期销售量的最大销售量占企业总销售量的百分比为：

$$\frac{2\sigma_3}{n_0(1+\lambda)/n_s} = \frac{2}{1+\lambda}\sqrt{\frac{(n_s-1)\lambda}{n_0}}$$

根据这一标准而计算出的数据见表 5.3。

表 5.3 秘密削价可得到的新顾客最大增量

（占平均销售量的百分比）

标准Ⅲ：$\dfrac{2}{1+\lambda}\sqrt{\dfrac{\lambda(n_s-1)}{n_0}}$

新买方进入率（λ）	老买方数目(n_0)	卖方数目					
		2	3	4	5	10	20
1/100	20	4.4	6.3	7.7	8.9	13.3	19.3
	30	3.6	5.1	6.3	7.2	10.8	15.8
	40	3.1	4.4	5.4	6.3	9.4	13.6
	50	2.8	4.0	4.8	5.6	8.4	12.2
	100	2.0	2.8	3.4	4.0	5.9	8.6
	200	1.4	2.0	2.4	2.8	4.2	6.1
	400	1.0	1.4	1.7	2.0	3.0	4.3
1/10	20	12.9	18.2	22.3	25.7	38.6	56.0
	30	10.5	14.8	18.2	21.0	31.5	45.8
	40	9.1	12.9	15.8	18.2	27.3	39.6
	50	8.1	11.5	14.1	16.3	24.4	35.4
	100	5.8	8.1	10.0	11.5	17.2	25.1
	200	4.1	5.8	7.0	8.1	12.2	17.1
	400	2.9	4.1	5.0	5.8	8.6	12.5
1/5	20	16.7	23.6	28.9	33.3	50.4	72.6
	30	13.6	19.2	23.6	27.2	40.8	59.3
	40	11.8	16.7	20.4	23.6	35.4	51.4
	50	10.5	14.9	18.3	21.1	31.6	46.0
	100	7.4	10.5	12.9	14.9	22.4	32.5
	200	5.3	7.4	9.1	10.5	15.8	23.0
	400	3.7	5.3	6.4	7.4	11.2	16.2
1/4	20	17.9	25.3	31.0	35.8	53.7	78.0
	30	14.6	20.7	25.3	29.2	43.8	63.7
	40	12.6	17.9	21.9	25.3	38.0	55.1
	50	11.3	16.0	19.6	22.6	33.9	49.3
	100	8.0	11.3	13.9	16.0	24.0	34.9
	200	5.7	8.0	9.8	11.3	17.0	24.7
	400	4.0	5.7	6.9	8.0	12.0	17.4

对新客户的削价激励存在两个方面的明显特点（或者使用"在查明秘密

削价方面存在的难度"这一等价的说法);这一激励随着卖方数目的增加而迅速增加;⑫激励随着新客户进入率的提高而增加。通常削价激励会随着每个卖方客户绝对数目的增加而降低。如果新买方进入率等于或高于10%,对新客户的削价可以带来比吸收竞争对手的客户更大的销售量增长而不会被发现(比较表5.1和表5.3)。

这一模型可以从多个角度进行扩展,这里我们简单介绍两个方面的扩展。

第一个扩展为企业规模不相等。实际上我们在讨论信息共享时,已经引入了这一复杂因素。如果我们列表显示 K 个企业信息共享的效应,结果等同于出现一家规模 K 倍于其他企业的企业。表5.4给出了这一大型企业流向任一小型竞争企业(小企业的规模都相等)的老客户数目占该小企业老客户平均数目的百分比;$K = 1$ 这一栏就是表5.1分析的情形。

信息共享对查明削价的影响最好通过比较表5.4和表5.1来进行分析。如果有100个客户和10家企业($p = 0.9$),单个企业通过夺取一个竞争对手的客户可以提高5.4%的销售量,所有竞争对手加总起来可以提高50%左右(见表5.1)。如果9家企业联合起来,单个企业通过秘密削价可以得到的最大销售增量为28.5%(见表5.4)。如果企业数变为20家,客户有200个,单个企业从每个竞争对手处可获得3.6%的销售增量,或者说,从9个对手处得30%左右。如果这9家企业合并,相应的数字就降为14.0%。因此信息共享极大地缩小了秘密削价的范围。

表5.4夸大了企业规模不相等的影响,它没有考虑如下事实:客户数目随企业规模而变化。根据我们的观点,只有那些规模相对于卖方超出一定水平以上的买方才可能成为卖方秘密削价的对象。有些企业的规模不够大,大型卖方不愿意通过削价来吸引他们,而小企业则有兴趣通过削价来获得这些买方。

买方行为模式的时间特点提供了另一种形式的信息:在短期内由于随机波动产生的现象,而在反复交易的情况下,这些现象就不能简单归结为随机因素了。因此在一轮交易中,预期转向一个竞争对手的老客户的最大数目为(在 1σ 水平):

$$\frac{n_0}{(n_s - 1)n_s}(1 - p)(1 + \theta)$$

53

表5.4 一小企业由未被发觉的秘密削价导致的销量增加百分比

标准Ⅳ：

$$\frac{1}{n_s - K}\left[\theta(1-p)\sqrt{K} + \sqrt{\frac{n_s K(1-p)(n_s - K - 1)(1 + \theta/\sqrt{K})}{n_0}}\right]$$

$$\theta = \sqrt{\frac{p}{1-p}\frac{n_s}{n_0}}$$

反复销售的概率(p)	企业数目 ($n_s - k + 1$)	每个小卖方的客户数 (n_0/n_s)	大企业的规模(k)			
			1	2	5	9
$p = 0.9$	2	10	9.5	13.4	21.2	28.5
		30	5.5	7.7	12.2	16.4
		50	4.2	6.0	9.5	12.7
	3	10	11.7	15.8	23.9	31.4
		30	6.3	8.7	13.3	17.6
		50	4.8	6.6	10.2	13.5
	4	10	9.7	13.1	19.7	25.7
		30	5.2	7.1	10.9	14.4
		50	4.0	5.4	8.3	11.0
	10	10	5.4	7.2	10.7	14.0
		30	2.9	3.9	5.9	7.7
		50	2.2	2.9	4.5	5.9
$p = 0.8$	2	10	12.6	17.9	28.3	37.9
		30	7.3	10.3	16.3	21.9
		50	5.7	8.0	12.6	17.0
	3	10	15.4	21.0	32.1	42.3
		30	8.4	11.6	18.0	23.9
		50	6.4	8.9	13.8	18.4
	4	10	12.7	17.3	26.3	34.7
		30	6.9	9.5	14.7	19.5
		50	5.3	7.3	11.3	15.0
	10	10	7.1	9.5	14.4	18.9
		30	3.8	5.2	8.0	10.6
		50	2.9	4.0	6.1	8.1

但在连续 T 个时期中，最大预期老客户损失为：

$$\frac{T}{n_s - 1}(1-p)\frac{n_0}{n_s}(1 + \theta\sqrt{T})$$

方差为:

$$\sigma_5^2 = \frac{(n_s-2)}{(n_s-1)^2}T(1-p)\frac{n_0}{n_s}(1+\theta\sqrt{T})$$

这一信息源在查明削价方面的作用是次要的,除非连续交易多次,即买方频繁购买(签订采购合同)。

我们希望使用集中度来估计有效合谋的可能性,我们的方法对于集中度的测度有一定的含义。以新客户的情况为例,令吸引一个客户的概率与企业的产业产出份额(s)成比例,那么该企业对新客户的销售份额方差为$n_n s(1-s)$,产业(r家企业)总数为:

$$C = n_n \sum_1^r s(1-s) \qquad 即 C = n_n(1-H)$$

其中 H 是表示集中度的赫芬达尔指数, $H = \sum s^2$。 这一指数也可以作为对吸引老客户的潜在削价的近似测度。[13]

前面的分析可以扩展至非价格变量,但是需要作两个修正。第一个修正为:一定存在一个各竞争企业能达成一致的共同利润最大化的政策。这里我们会遇到一系列的可能性,从明确的最优政策(比如说,在有利的立法方面)到不明确的其他政策选择(比如说,研究的方向)。[14]进行合谋的基础越不明确,合谋越不可行。第二个修正为:企业之间的非价格竞争行动被发现的可能性差别很大。某些形式的非价格竞争由于留下了明显的痕迹(广告、产品质量、服务,等等)而比削价更容易被发现,但是有些差异不是显而易见的(采购中的互惠、专利特许协议),所以认为非价格竞争比价格竞争更为流行的观点与本章的理论不尽一致。在适合合谋的领域竞争会更少,在不适合合谋的领域竞争则更多。

若干经验证据

在我们寻求理论的经验证据之前,有必要报告一下关于卖方数目对价格影响的两项研究。这两项研究具有内在价值,因为据我所知,到目前为止在卖方数目的效应方面还不存在系统分析。

第一项研究是关于报纸广告费率的,该费率是一个城市中晚报数目的函数。广告费率与发行量强相关(且负相关),所以对 1939 年 53 个城市的广告价格和发行量作回归分析。这一回归方程式的余值(以对数形式表示)被列在表 5.5 中。我们可以看到,在只有一份报纸的城镇中费率比平均值高 5%,在有两份报纸的城镇中,费率比平均值低 5%,而在有一份晚报和一份独立的早报的城镇中,费率则居于两者之间。遗憾的是,有两份以上晚报的城市太少了,无法分析企业数目较多的情况。

表 5.5 广告费率(R)对发行量(C)的回归余值

晚报数目	城市数目	平均余值(对数)	平均值的标准差
一份	23	0.021 1	0.021 0
有早报	10	−0.017 4	0.032 4
无早报	13	0.050 7	0.023 3
两份	30	−0.021 3	0.013 5

回归方程式:$\log R = 5.194 - 1.688\log c + 0.139(\log c)^2$
                          (0.620)   (0.063)

资料来源:American Association of Advertising Agencies, *Market and Newspaper Statistics*, Vol. VIIIa(1939).

第二项研究是关于俄亥俄、印第安纳、密歇根和伊利诺伊四个州调幅广播电台的商业广告费率。基本方程式中除了电台数目,还引入了一系列其他因素(电台功率、电台所在县的人口数,等等)。遗憾的是,电台数目和人口数目强相关($r^2 = 0.796$,对数形式)。表 5.6 所显示的总结果与报纸广告情形相似:价格对电台数目的弹性很小(−0.07)。这里一个县的电台数目范围为 1 到 13。

这两项研究都表明价格水平对实际企业数目并不敏感。这与我们的模型预期一致,根据我们的模型,买方数目、新买方的比例和企业的相对规模和企业数目是同等重要的。

现在,我们来检验本章的理论。迄今为止,包括了众多产业的检验方法都是基于利润率的。这必然要依靠公司数据,由此就会排除大量的产业,因

表 5.6　调幅广播电台的商业广告费率(26 次)和电台各特征的回归
分析结果,1961(345 个电台)

自　变　量	回归系数	标准误差
1. 县人口的对数,1960 年	0.238	0.026
2. 电台功率的对数	0.206	0.015
3. 广播时间长度(哑变量)		
(a) 从日出到日落	−0.114	0.025
(b) 多于(a),少于 18 个小时	−0.086	0.027
(c) 18 至 21 个小时	−0.053	0.028
4. 县电台数目的对数	−0.074	0.046
	$R^2=0.743$	

应变量:平均价格的对数,1961 年 5 月 1 日(美元)。

资料来源:"Spots Radio Rates and Data", *Standard Rate and Data Service, Inc.*,
Vol. XLIII, No. 5(May 1961).

为对这些产业来说,公司所运行的产业环境很难界定。例如,大型的钢铁和
化工企业横跨一系列市场,其市场地位在各个市场也不相同,从垄断地位一
直变化到竞争性地位。我们要求在每个产业中,公司收入(由产出衡量)的
绝大部分由产业产品的盈利决定。也就是说,这些企业占产业的相当份额,
而且该产业的产品是各企业的主要产品。

表 5.7 给出了三种利润率:(1)总资本(包括债务)收益率;(2)净值(股东
股本)收益率;(3)普通股市值与账面价值的比率。

另外,我们提出了两种生产集中度测度:(1)传统的测度方法,即最大四
家企业的产出份额;(2)赫芬达尔指数,简记为 H。

表 5.8 列出了各种秩相关系数。两种集中度测度之间和三种利润率之
间都有着较强的相关性。[15]所有的相关系数都表明了预期的正相关关系。总
体来看,这些数据表明,如果 H 低于 0.250 或四家最大企业份额低于 80% 左
右,利润率和集中度之间就没有什么关系。与广告费率的情况一样,这些数
据支持那些认为竞争水平会随企业数目增加而提高的理论,也仅仅是在这
个意义上肯定了我们的理论。

表 5.7 利润率和生产集中

产 业[a]	生产集中(1954 年)		平均收益率(%)(1953—1957 年)		市场价值/账面价值(1953—1957 年)
	最大四家企业份额(%)	H 指数	总资本	净值	
硫磺开采(4)	98	0.407	19.03	23.85	3.02
汽车(3)	98	0.369	11.71	20.26	2.30
平板玻璃(3)	90	0.296	11.79	16.17	2.22
石膏产品(2)	90	0.280	12.16	20.26	1.83
原铝(4)	98	0.277	6.87	13.46	2.48
金属罐头(4)	80	0.260	7.27	13.90	1.60
口香糖(2)	86	0.254	13.50	17.06	2.46
硬面地上铺饰(3)	87	0.233	6.56	7.59	0.98
烟草(5)	83	0.213	7.23	11.18	1.29
工业煤气(3)	84	0.202	8.25	11.53	1.33
玉米湿加工(3)	75	0.201	9.17	11.55	1.48
打字机(3)	83	0.198	3.55	5.39	0.84
家用洗衣设备(2)	68	0.174	9.97	17.76	1.66
橡胶轮胎(9)	79	0.171	7.86	14.02	1.70
人造纤维(4)	76	0.169	5.64	6.62	0.84
黑烟末(2)	73	0.152	8.29	9.97	1.40
经蒸馏的酒类(6)	64	0.118	6.94	7.55	0.77

注:a. 产业名称后面括号中的数字是企业数目。本表的产业具有如下特点:在这些产业中,样本企业的产业份额不低于 35%,样本企业来自该产业的收入占其总收入的份额不低于 50%。

表 5.8 利润率和生产集中度测度之间的相关系数

生产集中度测度	利 润 率		
	总资本	净资本	市场价值/账面价值
最大四家企业产出份额	0.322	0.507	0.642
H 指数	0.524	0.692	0.730

　　作为最后一个经验证据,我们来研究 1939 年钢铁产品购买者相对标价实际支付的价格(表5.9)。例如,热轧钢板对应的数字为 8.3,这表示买方实际支付的价格比标价低 8.3%,标准差是标价的 7.3%。和我们预期的一样,

表 5.9　1939 年钢产品价格和 1938 年产业结构

产　品	价格（1939 年二季度，％）		H 指数	1939 年产出/1937 年产出
	对价目表所列价格的平均折扣	标准差		
热轧钢板	8.3	7.3	0.090 2	1.14
商业用钢条	1.2	4.5	0.151 2	0.84
热轧钢片	8.5	8.3	0.106 9	0.56
薄板	2.6	4.8	0.174 0	0.85
结构成形	3.2	4.3	0.328 0	0.92
冷轧钢片	8.8	9.8	0.054 9	0.88
冷轧钢板	5.8	5.0	0.096 3	1.14
冷加工钢条	0.9	3.4	0.096 4	0.83

资料来源：价格："Labor Department Examines Consumers' Prices of Steel Products"，*Iron Age*，April 25，1946；产业结构：1938 capacity data from *Directory of Iron and Steel Works of the United States and Canada*；产出：*Annual Statistics Report*，*American Iron and Steel Institute*（New York，1938，1942）。

削价发生的比率几乎与交易价格的标准差完全相关：市场信息越不完全，削价越是普遍。

总的说来，产业结构（由 H 指数测度）越是分散，降价幅度越大。虽然不存在极端违反这一关系的情况，但结构成形钢和热轧钢片的价格相对平均水平来说偏低了一些，冷加工钢条则相反，而这一偏差不能由需求水平（表 5.9 最后一列）来解释。买方的数目未能纳入考虑范围，但劳工统计局（BLS）的研究指出：

本研究报告显示的削价程度可能存在低估，因为某些汽车和容器产业的大客户没有被包括在这份调查中。这是应价格管理局（OPA）的要求略去的，该局考虑在其他相关研究中已获取这方面的信息。由于少数钢铁客户，包括这些公司，购买了较大比例的钢铁产品，这些少数大型客户所支付的价格对整个钢铁价格结构都有重要影响。大客户比小客户得到更大的价格折让，这通常是各工厂对大批量钢铁产品竞标的结果。有一家大企业，1940 年其热、冷轧钢板的购买数量超出了当年总销量的 2％，但是它拒绝透露采购价格，担心"公开某些交易会破坏其与钢厂之间的信任"。不过,这家公司确实提供了它对几种钢产品所付价格的百分比变化情况,这些资料表明,某些产品价格变化对它非常有利,有一种下降了近50％。这家公司所得的很大的价格利益表明,它比小买方得到了更大的价格折扣。⑯

以上一些经验证据是有利于我们的理论的,但是并未构成强有力的支持。当电气设备制造商三倍损害赔偿案件开审时,就能进行更有力的检验。⑰实际上,我们理论的最大优点,在于它有很多可检验的假说,这与该领域中传统的"不朽"理论不同。

本章附录

产品异质性对利润最大化行为的重要性是不能通过演绎法来推导的。尽管如此,下面对不考虑异质性时的利润情况的简单说明,可能仍具有一些启发性。我们将会看到,这一分析从形式上等同于消费税对垄断者的影响的分析。

假定一垄断者制作男装,而且只制作一种型号。这一行为显得荒唐,但是无视消费者需要的虐待狂式的垄断者常常以各种形象出现于经济学文献中,所以这一问题本身就值得研究一下。消费者对合身男装的需求曲线为 $f(p)$,现在由于存在改动成本 a,故而下移为 $f(p+a)$。进一步假定男装的边际成本为恒量(m),即使垄断者制作各种型号的服装,边际成本也是 m。

单一产品对利润的影响见图 5.1。在需求曲线为线性的情况下,销售量减少 $MB = \frac{1}{2} af'(p)$,价格下降 $DN = \frac{MB}{f'(p)} - a = -\frac{a}{2}$,所以,若 π 表示单位产品利润,q 表示产出,总利润的下降率接近于 $\frac{\Delta \pi}{\pi} + \frac{\Delta q}{q}$,或 $\frac{MB}{OB} + \frac{ND}{AD}$。由于 $OB = \frac{f(m)}{2}$, $AD = -\frac{p}{\eta}$(η 表示需求弹性),单一产品情况下利润下降率为:

$$\frac{af'(p)}{f(m)} + \frac{a\eta}{2p} = \frac{a\eta}{2p} + \frac{a\eta}{2p} = \frac{a\eta}{p}$$

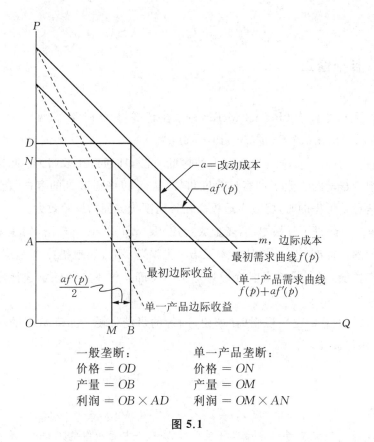

一般垄断：　　　　单一产品垄断：
价格 = OD　　　　价格 = ON
产量 = OB　　　　产量 = OM
利润 = OB × AD　　利润 = OM × AN

图 5.1

因此，由产品单一引起的损失，与改动成本和价格的比率成正比。

当然，我们的例子是脱离现实的，任何数量估计都是没有意义的。一般来说，比率 a/p 应该存在一个上限，因为如果该比率过高的话，转向其他商品会变得更为便宜（在我们的例子中就是定制服装），或者放弃找到合适商品的尝试变得更为划算。垄断者的利润损失与 a/p 的平均值成比例，买方的环境变化越小，该平均值越小。

而且，垄断者应该感到幸运，如果他们的长期需求曲线的弹性只有 -5，此时即使 $a/p = 1/40$，利润也会减少 12%。我希望得出的一般结论为：不愿满足买方多样化需要的垄断者将遭受重大利润损失。

附注：若干修正

罗兰·麦金农（Roland McKinnon）在评论本章时作了两个改进（见 *Journal of Political Economy*，June 1966）。

第一，引入了一个更加强有力的检验方法，即通过比较（1）企业 X 转移到有削价嫌疑的企业 Y 的客户数目和（2）从 Y 转移到 X 处的客户数目。当这类信息是可得的时，将极大地提高在查明削价方面的检验效力。

第二个改进更具根本性：麦金农运用 Neyman-Pearson 理论，构建了更加系统的削价标准。他明确地引入了第一类误差（不公正地指控 Y 是削价者）和第二类误差（未能查出削价行为），从而明确了比本章的任意选择更为合理的标准。

当然，本章的定性规则（比如说，削价的可能性随竞争者数目的增加而提高）仍然成立。

注　释

① 作者在此感谢克莱尔·弗里德兰为本章统计方面所做的工作，以及哈里·约翰逊的有益批评。

② 除非交易异质性的定义中包括发现低价卖方的运气差别，参见 George J. Stigler，"Economics of Information"，*Journal of Political Economy*，June 1961（本书第 16 章）。

③ 如果企业生产多种产品，且各企业产品结构不同，那么严格说来，兼并的不经济就不是任一产品产出规模不经济，而是企业绝对规模不经济或以产品多样性来衡量的企业规模不经济。

④ 如果价格大于边际成本，那么在该卖方削价以后，边际收益仅略小于价格（因而大于边际成本）。

⑤ 更精确地说，它是沿着产业需求固定份额的需求曲线移动，因而在每一点上与产业需求曲线有相同的弹性。

⑥ 当企业的相对产出变化时，所有卖方具有相同边际成本这一最低成本条件很可能难以满足。因此产业利润没有最大化。

⑦ 关于"公开价格协会"的文献和案例提供了大量搜集卖方价格信息的情况（参见 Federal Trade Commission，*Open-Price Trade Association*，Washington，1929 及其所引实例）。

⑧ 这一论点适用于相对个别卖方的买方规模。也可以解释由于存在讨价还价成本，小额交易不大会讨价还价。但后一论点涉及典型交易的绝对规模，而不是对卖方的相对规模。

⑨ 这里提出了一个潜在的问题：为什么政府支付的价格并非都是合谋价格？部分原因为：政府通常不是足够大的商品买方，与政府的交易收益无法补偿合谋的成本。

⑩ 例如，令 $p = 0.95$。在表 5.2 中，每个卖方有 10 个客户时的数据为 13.8——这是通过削价能够保留的老客户占平均销售量的最大百分比。相应数据在表 5.1 中为 6.9(2 个卖方，20 个买方)、8.9(3，30)、7.4(4，40)、6.4(5，50)、4.2(10，100)，等等。表 5.1 中的每个数据都乘以 $(n_s - 1)$，我们得到由吸收竞争对手的客户所带来的最大销售增量(未被发现)，当卖方多于 2 个时，通过后一途径的所得更大。由于表 5.1 基于 10% 的概率水平，我们在表 5.2 中应当使用 1.6σ 而不是 2σ，这样才有严格可比性，这会使表 5.2 中的数据减小 1/5。

⑪ 老客户的行为可以在一轮交易中得到较好的研究，新客户则不同，新客户是流量，其数量主要取决于所考虑的时期。这里我们将新客户的年流量(相对老客户的数量而言)作为一单位。

⑫ 若每个卖方的客户数量保持不变，则激励随卖方数目增加而增加的速度较慢。

⑬ 可用类似的方法推导出与对老客户潜在削价相适应的集中度测度。企业 i 会失去 $(1-p)n_0 s_i$ 个老客户，企业 j 会得到其中的 $(1-p)n_0 \dfrac{s_i s_j}{1-s_i}$ 个，方差为 $(1-p)n_0 \dfrac{s_i s_j}{1-s_i}\left(1 - \dfrac{s_j}{1-s_i}\right)$。如果我们加总所有的 $i(\neq j)$，我们得到企业 j 向竞争对手的老客户销售的方差为 $(1-p)n_0 s_j(1+H-2s_j)$(近似值)，加总所有 j 的这一方差，便得到了集中度测度 $(1-p)n_0(1-H)$。这里得到的集中度测度与新客户情况下是一致的，但这只是表面的：在新客户情况下，暗含信息共享这一假定；而在老客户场合，则不存在这一假定。

⑭ 当然，价格本身通常位于这一系列政策可能性的中间位置，而不是处于两极。传统的静态条件假定掩盖了这一事实。

⑮ 两种集中度测度之间的相关系数为 0.903。三种利润率的相关系数为：

	总资产收益率	市场价值/账面价值
净值报酬率……………	0.866	0.872
市场价值/账面价值……	0.733	—

⑯ 参阅"Labor Department Examines Consumers' Prices of Steel Products", *op. cit.*, p.133。

⑰ 例如,可以检验如下两个假说:第一,价格在公开投标销售场合,要比私下谈判销售场合更高、更集中;第二,买方人数越少,削价越甚。

第 II 部分

集中度的决定因素

本部分说明了决定产业规模结构的各个因素,这些因素包括:进入壁垒、规模经济、兼并等。本部分还举了许多例子来加以说明(例如专利)。主要内容如下。

第 6 章

进入壁垒、规模经济和企业规模,以及对技术的简单论述。

第 7 章

规模经济(*Journal of Law and Economics*,1958),附注部分的内容读者也可以提前阅读。

第 8 章

通过兼并达到垄断和寡头垄断(*Proceedings，American Economic Association*,1950),并且有一附注。

第 9 章

主导企业和倒置伞模型(*Journal of Law and Economics*,1964),关于兼并的一个案例研究。

第 10 章

资本市场的不完美(*Journal of Political Economy*,1967)。

第 11 章

论专利。

进入壁垒、规模经济和企业规模

本章主要讨论三个概念之间的联系,首先给出这三个概念的定义:

1. 进入壁垒。进入壁垒可以被定义为一种生产成本(在某个或每个产出水平上),这一成本由试图进入产业的企业承担,而那些已经在产业中的企业则不必承担。

2. 规模经济。规模经济反映了企业(或工厂)规模与其广义生产成本之间的关系。这一关系可以由长期平均成本曲线来形象地表示,该曲线代表了每一产出的最低成本。

3. 企业规模。企业规模可以由产出来衡量。产品多样化与本章主题无关,所以我们假定每个企业都生产同一种产品。尽管如此,仍然存在产品在地理位置、广告等方面的"差别"。这里的产出是指长期均衡产出。

我们要回答的问题非常简单:企业规模是由规模经济、进入壁垒还是由其他因素决定的?

举两个简单的例子就足以说明经济学家的用语不够严谨。第一个例子为:垄断的产生仅仅是由于在给定的产业需求水平上只能存在一家企业(图 6.1)。某些经济学家会说规模经济是进入壁垒,也就是说,规模经济可以解释为什么没有更多的企业进入产业。按此逻辑,我们完全可以说需求不足

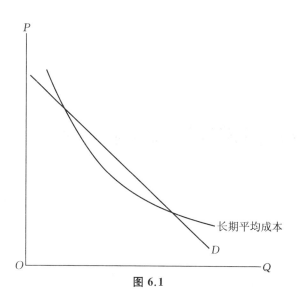

图 6.1

是进入壁垒。如果我们将壁垒定义为新企业支付的明显更高的成本,那么这里就不存在壁垒,而企业规模由规模经济和需求条件决定。

第二个例子为:考虑一个由许多独立企业组成的,但是对新企业存在完全进入壁垒的产业。受牌照发放限制的纽约市出租车行业就是一个例子。假设产出超出一定水平时存在规模不经济(图 6.2)。由于存在牌照发放限制,各企业产出为 Q_0,在给定的需求条件下,价格为 P_0。如果对进入没有限制,每个企业的产出水平为 Q_{FE}。[①] 由牌照控制的产出 Q_0 是由规模经济(或规模不经济)、需求条件和进入壁垒决定的。为了寻求更精确的表述,我们可以舍弃进入壁垒这一影响因素,而认为企业规模由规模经济和企业(以及产业)的需求条件决定——需求条件受到进入壁垒,以及诸如收入、其他商品价格等因素的影响。[②]

通过这些例子,我们说明需求和成本(规模经济)条件决定企业的规模。而进入壁垒的定义局限于新企业所承担的明显高于在位企业的成本,它是影响个体企业需求的一种力量(包括地理位置、广告及产品特征)。选择这一表述具有内在一致性,不会违反我们对这些概念的一般理解,因而并未避开任何实质性问题。

下面简单评述这一表述的一些含义。

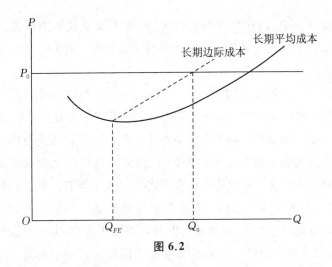

图 6.2

1. 企业家存在能力差异,因此不同的企业家的长期成本曲线可能不同。规模不经济情况下经营的企业家可能由于其成本低于所有潜在竞争者而垄断整个产业(图 6.3)。这并没有给我们的表述带来什么问题,因为企业规模仍由规模经济(成本曲线的高度和斜率)和需求来决定,但是此时传统的表述方式只适用于如下情形:成本曲线仅取决于对所有企业来说都相同的因素(比如,规模)。当然,如果该优秀企业家从事其他产业也同样出色的话,那么他的机会成本将与其他企业一样高。

2. 资本要求常常被列为进入壁垒之一。由于产业中的在位企业也必须

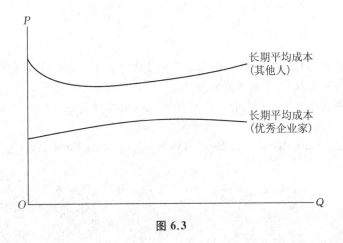

图 6.3

满足这些资本要求,因此按照我们的定义,资本要求就不能被称为进入壁垒。资本要求是规模经济的一个决定因素(如果确实相关),它决定长期平均成本曲线的形状。

3.假设在一个不存在规模经济的产业中,企业的兼并能带来短期垄断利润。我们就可以说个体企业所面临的(短期)需求曲线发生了变化。

4.一企业产品的售价高于其竞争对手。我们还是认为企业的规模由规模经济和企业的需求曲线决定。然而,假设某一规模的企业总是能够定出高价,比如说,由于其产品更能吸引购买者。一家小制鞋厂能更快地跟上新时尚,或者一家大型的发动机厂有卓越的维修网络。如果与企业规模有关的某个企业特征发生变化,企业的需求条件也随之变化,那么根据我们的表述方式,我们可以认为这一特征是需求或规模经济的一个要素。尽量不把需求作为生产者控制的因素是经济学的一个传统,为与此传统保持一致,我们可以将这些销售优势称为规模经济,这么做并不违背任何重要的原理。

5.根据我们的定义,"自由"进入是指企业进入产业的成本不会高于在位企业的成本。自由进入与大额资本要求量(这可能是规模经济的一个来源)是相容的。

6.产品差异化常常被视为一种进入壁垒。[3]根据我们的方法,只有当形成差异化(设计、广告等)的成本对新企业来说更高时,这一看法才是正确的。否则,产品差异化就是(可能的)规模经济的一个来源。

注　释

① 若存在外部经济或外部不经济(整个产业的产出发生变化,成本也会变化),成本曲线会移动,其最低点同时确定产业产出和企业规模。

② 如果在这个出租汽车经营牌照的例子中,不存在规模不经济,则可能仅有一家企业(规模经济)或企业数目不定(规模报酬不变)。

③ 参阅 J.S.Bain, *Barriers to Entry* (Harvard University Press, 1956), chap. iv.

7 规模经济 *

规模经济理论关注的是适当选择的生产性服务组合的使用规模与企业产出率之间的关系。从广义上看,规模经济理论是社会组织的经济理论的重要组成部分,因为它构成了市场组织问题和政府对经济的控制职能(及重点)问题的基础。人们可以自问,如果没有一项经济活动可以在小规模或大规模上有效地进行,那么经济应当如何组织呢?问题的答案本身就是经济组织理论的一个基本组成部分。

规模经济理论步履蹒跚地前行了一个世纪,其中包括大量出色的推理和少量的经验证据,但是未能取得丰硕的学术成果。理论贫瘠的一个重要原因在于对其核心概念——最优规模的企业不能进行可靠的测度。由于所有的经济学者都不清楚所有时期每个产业的企业最优规模,而且这种无知严重阻碍了对最优规模决定因素的理解,因此我们已经处在忽视林肯(Lincoln)教诲的危险边缘。这就好像一个人试图测度商品的营养价值而不知道商品消费者是否还活着。

* 本章是在国家经济研究局(National Bureau of Economic Research)完成的。作者在此感谢 Nestor Terleckyj 完成了大部分统计方面的工作。原载于 *Journal of Law and Economics*, Vol. I (October 1958)。Copyright 1958 by the *Journal of Law and Economics*.

本章的主旨为:如果我们把明智的人通常用来判断有效规模的逻辑规范化,那么最优规模的确定并不难。我们给这一技术取了一个并不时髦的称谓:生存者技术(survivor technique)。它从个体成本的角度(也就是从企业所处的具体环境角度)揭示了最优规模。在讨论了这一技术之后,我们再来考虑如何分离决定最优规模的各因素。

生存原理

有三种方法可以实际确定一个产业中企业的最优规模(或规模范围)。第一种方法是直接比较不同规模企业的实际成本,第二种是比较投资收益率,第三种是根据技术信息计算不同规模企业可能发生的成本。这三种方法在实践中都由于数据资料的不足而招致反对,数据资料要么难以获得,要么过于陈旧。但这并不是根本的困难,因为许多复杂的甚至根本不能精确测度的经济信息(例如收入)都是不断更新的。实际上,常常由于我们不明确到底需要什么样的信息,所以也就没有要求过信息。

对生产性服务的价值评估对实际成本比较和收益率的比较都有很大影响,所以高估或低估重要生产性服务的企业将低估或高估其效率。我们通常能够得到按照历史成本法计算的资源价值,但这种方法无法适应变化的条件。基于预期收益的价值评估无法提供关于企业效率的信息——如果所有资源都如此估价,无论使用平均成本还是收益率来评价企业的效率,所有企业的效率都将相同。若要确定每种资源在各种用途中产生最大价值的规模,那么只有头脑简单的人才会愿意担负这一任务,只有全知全能者才能完成这项工作。资本市场不断变化的重新估价,会计们对重新估价的各种不同态度,这些都加重了估价问题。[①]

对不同规模工厂成本的技术性研究也遇到了相同的障碍。这些研究既包含了一些相当精确(尽管不一定非常相关)的技术信息,也包含了对非技术方面的粗略估计,例如营销成本、运输费率变化、劳工关系,等等。也就是说,大部分问题的解决仅仅是通过把问题转交给了技术人员,这当然是不能令人满意的。但即使是理想的结果也不能告诉我们 1958 年产业 A 的最优企业规模,而只能告诉我们如果产业重建或仅增加少量投资,产业中新工厂的最优规模。

生存技术既避免了资源的估价问题,又避免了技术研究的假说性质。它的基本假定为:不同规模企业的竞争筛选出了更具效率的企业。很早就提出这一技术的穆勒(Mill)指出:

> 在自由竞争的状态下,大规模经营在任一特定情况下是否比那些监督更严、更加关注微小损益的小企业更具优势,可以通过可靠的检验来确定……如果在同一产业中同时存在大企业和小企业,那么无论是大企业还是小企业,只要它能在现有环境中更有效地生产,就能够以低于另一类型企业的价格进行销售。②

穆勒的错误仅仅在于暗示这一技术无法在寡头条件下使用。其实即使在寡头条件下,受最大化利润的驱使,如果企业的规模相对来说缺乏效率,它也会消失。

使用生存技术来确定最优企业规模的过程如下:将产业中的企业按规模分类,然后计算各时期每类企业的产业产出份额。如果某一类企业的份额下降了,这类企业就是相对无效率的,并且通常来说,份额下降越快,效率越低。

根据上述观点,一个有效率的企业规模应该可以解决企业家所面临的所有问题:紧张的劳工关系、迅速的创新、政府规制、动荡的国外市场,等等。从企业的角度来看,这无疑是效率的决定性含义。当然,社会效率又是另外一回事了:最有效率的企业规模可能来自垄断权力的占有、令人厌恶的劳工使用方式、歧视性的法规,等等。生存技术并不能直接应用于企业社会最优规模的确定,我们也并不打算讨论这一问题。社会最优企业从根本上来说是一个道德概念,我们不怀疑其重要性,但它确实是一个难以清晰描述的问题。

生存技术不仅比其他最优企业规模确定方法更加直接简单,而且更具权威性。假设使用成本、收益率和技术研究都得出在一个给定的产业中最优的企业规模为日产500—600个单位产品,并且当产出远离这一范围时单位成本要高得多。还假设产业中大多数企业规模都是这一计算出的最优规模的三倍,而那些日产500—600个单位产品的企业迅速成长为更大的规模,我们还会相信最优规模为日产500—600个单位产品吗?当然不会。最优规模无法在竞争中生存本身就是矛盾的,因此我们说传统研究中存在着错误。也就是说,所有关于规模经济的判断都应当直接建立在企业生存能力的基础上,或至少为企业的生存所验证。

但这并不是说运用生存技术得到的研究结果就毫无问题。企业家在选择企业规模时会犯错,我们必须消除这种误差的影响,我们既可以通过使用大量的企业来消除误差,也可以使用多个时间期间,这样误差就会被发现并纠正。当然最优规模也可能由于要素价格或技术的变化而变化。因此,最优规模可能在一个时期上升,而在另一个时期下降。这一问题要求我们仔细考虑应当使用哪些时间期间。在后面的统计工作中我们就会面临这些问题。

我们还必须认识到,只有当所有企业拥有完全相同的资源时,在一个产业中才会存在唯一的最优企业规模。由于各个企业使用不同类的资源或不同质量的资源,因此最优企业规模有一个频率分布。生存技术可以使我们估计这一分布,在下面的应用中,我们仅限于估计最优规模的范围。

最优规模的测度只是构建内容丰富的规模经济理论的第一步,但却是必不可少的一步。在本章后面的小节中我们来考察关于最优规模确定的假说的检验方法。

用生存技术检验规模经济举例

生存原理具有应用面广和应用灵活的优点,将这一原理具体地应用于个别产业可以最好地表现这些优点,但同时也会显示出一系列在使用生存技术的过程中所遇到的资料和解释方面的问题。我们首先以美国钢铁产业为例。

为了使某一规模企业的生存能够作为这类企业有比较效率优势的证据,这些企业必须与其他规模的企业相互竞争——所有的企业必须在共同的市场上销售。因此,我们的分析将限于那些用平炉和酸性转炉冶炼钢锭的企业。[3]到目前为止对企业规模只能使用产能来衡量,因为企业都不公开自己的产量,而且企业产能以占产业总产能的比例表示,这样做可以消除产业和企业规模长期增长的影响。[4]钢铁业的市场地理范围尤其难以确定,因为消费的地理模式的变化在各个地区市场之间建立起了联系。我们将市场视作全国性市场,这虽然夸大了其范围,但是我认为这一误差比起将企业做明显的区域划分小得多。参见表7.1。

表7.1 钢锭生产能力分布:公司相对规模

公司规模（占产业的百分比,%)	公司数目			占产业生产能力的百分比(%)		
	1930 年	1938 年	1951 年	1930 年	1938 年	1951 年
0.5 以下	39	29	22	7.16	6.11	4.65
0.5—1	9	7	7	5.94	5.08	5.37
1—2.5	9	6	6	13.17	8.30	9.07
2.5—5	3	4	5	10.64	16.59	22.21
5—10	2	2	1	11.18	14.03	8.12
10—25	1	1	1	13.24	13.99	16.10
25 及以上	1	1	1	38.67	35.91	34.50

资料来源:*Directory of Iron and Steel Works of the United States and Canada*,1930,1938; *Iron Age*, January 3, 1952.

表7.1涵盖了20年(对于我们分析的问题来说,相当于包括了过去半个世纪),在这20年里,产能占产业总产能的比重低于0.5%的企业加总起来占产业产能的份额持续快速下降,我们可以据此推断这一规模的企业存在严重的规模不经济。[5]占产业产能百分比为0.5%—2.5%之间的企业产能份额下降速度较平缓,因此规模不经济的程度较轻一些。一家产业产能份额在1/4以上的企业也出现了中等程度的下降,因此它也存在规模不经济。占产业产能百分比为2.5%—25%之间的企业要么保留原有份额,要么出现了增长,因此它们构成了一个最优规模范围。

如果一个企业的产业产出(在这里是产能)份额下降速度越快,那么相对于最有效率的规模企业的生产成本来说,该企业的个体生产成本较高。[6]但这一推理不能反过来,即不能认为产业份额上升较快的企业规模类别也更加有效率;速度上的差异仅仅代表了各种质量资源在数量上的差异。[7]根据这些考虑,我们将表7.1中的数据转化为钢锭生产的长期平均成本曲线,即图7.1。从图中可以看到,在很大的产出范围内,并没有表现出明显的规模经济或规模不经济。

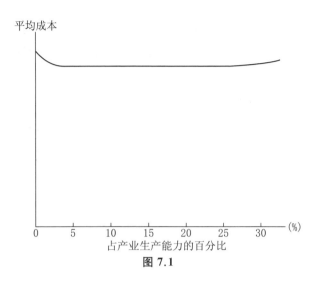

平均成本

(%)

占产业生产能力的百分比

图 7.1

　　虽然我们能用生存技术方法估计长期成本曲线的形状,但是无法估计那些产业产出份额下降的企业规模的成本比最低水平高多少。一定规模的企业产业产出份额下降速度越快,其成本越高,但是产业产出份额下降速度也受到其他因素的影响。企业的生产资源耐久性和专业性越低,产出下降速度也越大,因为退出产业变得更容易了。资本市场和劳动力市场越完善,从而企业更容易得到资源,成长为更具效率的规模,这样产出下降速度也会更快。给定效率水平,产业的盈利性越高,产出的下降将较小,因为所有规模企业的收益率相对于其他产业都更大一些。

　　对上述分析作一简单扩展,我们就可以估计同一时期钢锭产业中企业的最优规模(见表 7.2)。

　　我们再一次发现,最小的工厂相对于产业规模来说会出现下降的趋势,而且企业的数据也支持这一点。占产业产出份额 0.75%—10% 之间的工厂其份额不存在系统性的下降趋势。由此我们推断小企业产业份额的下降趋势是由于其规模小,存在不经济;而最大企业(美国钢铁公司)份额下降是由于超出一定规模的多工厂运作存在不经济。

　　客车制造业是另一个非常重要且有研究意义的产业,对其考察可以揭示一些不同的问题。这里我们可以使用产量资料,而不必使用产能,并且市场显然是全国性的。企业的基本资料见表 7.3。

表 7.2 钢锭生产能力分布：工厂相对规模

工厂规模 （占产业的 百分比，%）	工厂数目			占产业生产能力的百分比（%）		
	1930 年	1938 年	1951 年	1930 年	1938 年	1951 年
0.25 以下	40	29	23	3.74	3.81	3.25
0.25—0.5	20	16	18	6.39	5.81	7.20
0.5—0.75	11	7	6	6.39	4.18	3.82
0.75—1	11	14	12	9.42	12.29	10.93
1—1.75	18	13	15	21.78	15.56	20.67
1.75—2.5	6	8	8	13.13	16.73	17.01
2.5—3.75	8	6	3	23.49	17.18	8.10
3.75—5	2	3	3	8.82	12.07	12.46
5—10	1	2	3	6.82	12.37	16.56

资料来源：*Directory of Iron and Steel Works of the United States and Canada*，1930，1938；*Iron Age*，January 3，1952.

表 7.3 在美国生产的客车中各公司所占百分比，1936—1941 年和 1946—1955 年

（单位：%）

年份	通用	克莱 斯勒	福特	哈德 逊	纳什	凯瑟	威利斯 —越野	派卡 德	斯蒂 倍克	其他
1936	42.9	23.6	22.6	3.3	1.5	…	0.7	2.2	2.4	0.8
1937	40.9	24.2	22.6	2.7	2.2	…	2.0	2.8	2.1	0.5
1938	43.9	23.8	22.3	2.5	1.6	…	0.8	2.5	2.3	0.3
1939	43.0	22.7	21.8	2.8	2.3	…	0.9	2.6	3.7	0.3
1940	45.9	25.1	19.0	2.3	1.7	…	0.7	2.1	3.1	0.1
1941	48.3	23.3	18.3	2.1	2.1	…	0.8	1.8	3.2	0.1
1946	38.4	25.0	21.2	4.2	4.6	0.6	0.3	1.9	3.6	0.2
1947	40.4	21.7	21.3	2.8	3.2	4.1	0.9	1.6	3.5	0.5
1948	40.1	21.2	19.1	3.6	3.1	4.6	0.8	2.5	4.2	0.7
1949	43.0	21.9	21.0	2.8	2.8	1.2	0.6	2.0	4.5	0.2
1950	45.7	18.0	23.3	2.1	2.8	2.2	0.6	1.1	4.0	0.1
1951	42.2	23.1	21.8	1.8	3.0	1.9	0.5	1.4	4.2	0.1
1952	41.5	22.0	23.2	1.8	3.5	1.7	1.1	1.4	3.7	…
1953	45.7	20.3	25.2	1.2	2.2		1.0	1.3	3.0	…
1954	52.2	13.1	30.6		1.7		0.3	0.5	1.6	…
1955	50.2	17.2	28.2		2.0		0.1		2.3	…

资料来源：*Hard's Automotive Yearbook*，1951，1955，1956.

汽车产业的一个显著特征就是企业数目很少,这就带来了在讨论钢铁产业时所没有考虑的统计方面的问题:如果同一规模的企业数目很少,怎么能确定企业的产业产出份额的变化是由规模造成的呢?我们拥有汽车产业的年度数据(而钢铁产业则没有),因此可以考虑各种不同规模企业产业份额变化的方向和大小的稳定性,这样就提高了估计的可信度。我们还可以扩大调查的时间段,尽管这样做会把具有不同最优企业规模的时期混在一起。除了求助于相关资料(比如,其他国家该产业企业的生存能力变化模式)外,对企业很少的产业,没有其他方法可减少研究结果的不确定性。

汽车产业的生存情况要比钢铁产业复杂(见表7.4)。二战前夕,最大公司的产出份额上升,而产出份额为2.5%—5%之间的企业总体的产业份额大幅度下降,最小的企业和次最大的企业则未表现出明显的趋势。但在较长的时期中,最小公司的产业份额是持续下降的。[8] 在战后初期,在敏感的政治气氛中,大公司需要实行价格控制,规模在2.5%—5%的企业则因此大大得利。在朝鲜战争爆发后的两年里,相类似的情况再次出现(只是程度较弱一些)。从表格记录我们可以推断,在存在私人或公共价格控制的通货膨胀时期,大型企业存在规模不经济,至少最大规模的企业存在不经济,而在其他时期都存在极大的规模经济。通货膨胀时期,长期平均成本曲线是碟形的;而在其他时期,在最大产出处,则无上升趋势。

汽车产业的例子提供了一种方法,运用这一方法,我们可以确定最优企业规模的变化是由技术变化、要素价格变化还是由消费者需求变化引起的。我们推断在那些企业生存趋势稳定的时期,最优规模也是稳定的。很难想出其他的检验方法。人们判断一项创新的经济重要性(而非技术创新性)只能根据创新对企业规模分布的影响。

在我们结束对生存技术应用的讨论之前,我们应当指出该技术在处理与我们的例子看起来不一致的问题时所具有的灵活性。例如,马歇尔主义者可能会反对这种方法,理由是企业开始时必然较小,然后经历一段时间成长到最优规模,所以一定时期产业的规模结构不但反映了最优规模的影响,而且反映了企业的这一历史发展模式。在零售业这样的产业中,这一解释是

表 7.4　各规模公司的客车产量占该产业的百分比

年份	公司规模（产量占产业总产量百分比）				公司数目	
	35%以上	10%—35%	2.5%—5%	2.5%以下	产量百分比为2.5%—5%	产量百分比在2.5%以下
1936	42.9	46.2	3.3	7.6	1	5*
1937	40.9	46.8	5.5	6.8	2	4*
1938	43.9	46.1	5.0	5.0	2	4*
1939	43.0	44.4	9.1	3.5	3	4*
1940	45.9	44.1	3.1	6.9	1	6*
1941	48.4	41.6	3.2	6.8	1	5
1946	38.4	46.2	12.4	3.0	3	4
1947	40.4	43.0	13.6	3.0	4	3
1948	40.1	40.3	18.0	1.5	5	2
1949	43.0	42.9	10.0	4.0	3	4
1950	45.7	41.3	6.8	6.1	2	5
1951	42.2	44.9	7.2	5.7	2	5
1952	41.5	45.2	7.2	6.1	2	5
1953	45.6	45.5	3.0	5.8	1	4
1954	52.2	43.7	0	4.1	0	4
1955	50.2	45.4	0	4.4	0	3

注：* 或以上。
资料来源：表 7.3 的数据。

很有道理的。但是，生存技术可以考虑企业的发展阶段，即可以根据企业的"年龄"或增长速度来研究企业规模的生存情况。另外，可能有人会争辩，不同规模的企业在经济周期的不同阶段会具有不同的比较优势。这个问题只要比较一下各规模在周期特定阶段的生存形式和整个周期的生存形式就可以解决。

下面我们讨论关于最优规模决定因素的假说的检验方法。

产业间最优规模决定因素分析

当许多产业的最优企业规模被确定以后,我们就可以研究企业规模和其他变量之间的关系了。这实际上是经济学者惯用的程序。除了确定最优规模的方法,目前的研究与大多数其他类似研究的唯一区别就在于前者更加系统化。例如,许多经济学者都指出广告是促进企业规模增长的一个因素,并且他们常常使用香烟产业来说明这种关系。如果使用一组经济学者未曾说明过的产业来进行检验,这一关系还会成立吗? 这实际上就是我们在这里需要考虑的问题。

虽然和确定最优企业规模的其他方法相比,生存方法的资料要求低一些,但在研究影响最优规模诸因素时,生存法的资料要求是一样高的。在随后对约 48 个("三位数")制造产业(计算最优企业规模的数据来自《收入统计》)的研究中,由于缺乏数据我们不得不排除一些变量,而在其他变量的估计方面也存在不足。表 7.5 给出了我们所研究的产业和设计的测度方法。我们将逐一加以说明。

1. 企业规模。我们通过比较在 1948 年和 1951 年各资产等级的企业占产业资产的百分比来确定每个产业中企业最优规模。[9]我们确定产业资产份额稳定或上升的企业类型为最优规模范围,并且我们计算了在最优规模范围内的企业的平均资产。[10]我们排除了拥有很大非公司部分的产业(因为我们无法测度非公司企业的规模)以及有两种差距很大的最优规模从而表现出显著内部差异的产业(如飞机与零部件)。

2. 广告支出。我们已经提到过,巨额广告支出常常被作为企业规模增长的原因,特别是在诸如烟酒和化妆品一类的消费品产业。我们可以使用三个方面的论据来支持这一观点:首先,全国性的广告比地方性的广告更有效率,这反映在给定的价格下每美元广告支出的销售额方面;第二,长期持续的广告可能产生累积效应;第三,与前一点密切相关,一系列相关产品的联合广告可能比单独广告更有效率。我们以广告支出和销售额

（这两方面的数据都来自《收入统计》）的比率来测度广告支出这一变量。

3. 技术和研究。对企业规模的许多解释都与技术特征和研究有关。复杂的生产过程可能需要大型的公司来完成,或者至少是大型的工厂。研究被认为具有巨大的经济性。个别项目的结果是不确定的,因此小项目风险更大;一支功能齐全的研究队伍或许会相当庞大,并且把新的生产技术引入商业阶段准备盈利需要大量的资本。

目前还无法对研究的重要性或技术的复杂性进行直接测度。[⑪]我们使用了一个指数,即化学家和工程师占所有员工的比例,来反映研究和技术的影响,但这一指数很可能是相当不完善的。如果可以将这些员工划分为研究人员和日常操作人员(这一划分对于其他研究也很有价值),那么对这一指数的理解就会更加明确一些。

4. 工厂规模。工厂规模一般为公司规模设定了一个最低水平,因此它对于各产业公司规模的差异有明显影响。我们只能用 1947 年每经营单位的增加值来表示工厂规模,这和公司规模没有直接的可比性,因为 1947 年的制造业普查中关于公司的经营单位的资料未能详细到所需要的水平。[⑫]

初步分析表明,企业规模和广告支出之间并没有显著的相关性,所以我们在统计计算中省略了这一变量。在消费品产业中,广告支出与销售额的平均比率为 1.97%,而在生产资料产业中,这一比率为 0.57%,而在这两组产业中,该比率与企业规模都没有显著的相关性。[⑬]

回归分析证实了我们对表 7.5 的印象,另外两个变量与最优企业规模正相关:

$$X_1 = -5.092 + 34.6X_2 + 42.7X_3$$

$$(10.08) \quad (12.2)$$

其中,

X_1：企业规模,以资产额(百万美元)表示;

X_2：工厂规模,以增加值(百万美元)表示;

X_3：每 100 名雇员中工程师和化学家的人数。

回归系数下面的数字是该系数的标准差。[⑭]

表 7.5 48 个制造产业的基本数据

产　　业	最优公司规模(资产，单位：千美元)(1948—1951年)	最优公司规模范围(资产，单位：千美元)		经营单位平均规模(1947年增加值，单位：千美元)	每100名雇员中化学家、工程师的人数(1950年)	广告开支占销售总额百分比(%)(1950年)
		起始点	终止点			
机动车，包括车身和拖车	827 828	100 000	敞开[a]	3 715	1.587 9	0.439 5
炼油	765 716	100 000	敞开	3 420	6.917 1	0.456 2
鼓风炉、钢制品和碾压机	525 485	100 000	敞开	8 310	2.095 6	0.132 1
奶制品	446 483	100 000	敞开	110	0.786 5	1.522 1
蒸馏、混合酒类	248 424	100 000	敞开	2 090	0.904 1	1.367 4
纸浆、纸和硬纸板	203 794	100 000	敞开	1 645	1.492 7	0.335 7
油漆、清漆和真漆	175 404	100 000	敞开	394	6.043 1	1.353 9
铁路设备、包括机车和有轨电车	150 217	100 000	敞开	3 407	2.717 1	0.361 1
外胎和内胎	141 600	100 000	敞开	11 406	2.097 4[b]	0.945 3
各类产品、各类配制品除外	128 363	100 000	敞开	210	1.034 4	1.249 2
药材和药品	123 662	100 000	敞开	552	6.259 9	8.385 8
非铁金属的熔炼、精炼、碾压、回火及合成	100 398	10 000	敞开	1 658	2.984 5[c]	0.408 8
办公室、商店用机器	65 914	10 000	敞开	1 411	2.586 0	1.581 2
面包房制品	58 960	50 000	100 000	192	0.235 9	2.133 5
纱和线	44 375	10 000	敞开	687	0.446 1	0.323 8
地毯及其他铺地用品	37 337	10 000	100 000	1 119	1.239 1	1.729 5
宽幅织物(羊毛)	31 265	10 000	敞开	1 211	0.446 1	0.340 0
钟表及其机械装置	31 025	10 000	50 000	705	1.202 7	5.323 8
水泥	29 554	10 000	100 000	1 600	2.127 7[d]	0.272 6

（续表）

产　　业	最优公司规模（资产，单位：千美元）（1948—1951年）	最优公司规模范围（资产，单位：千美元）		经营单位平均规模（1947年增加值，单位：千美元）	每100名雇员中化学家、工程师的人数（1950年）	广告开支占销售总额百分比（%）（1950年）
		起始点	终始点			
麦芽酒和麦芽	28 922	10 000	敞开	1 750	0.904 1	4.796 2
农业机械和拖拉机	28 291	10 000	敞开	684	2.181 6	0.895 6
建筑用粘土制品	24 001	10 000	100 000	253	1.629 2	0.455 2
报纸	23 428	10 000	100 000	168	0.134 8e	0.194 8
编织物	17 918	10 000	100 000	273	0.124 4	0.852 2
糖果糕点	13 524	5 000	50 000	335	0.595 0	2.628 1
商业印刷，包括石版印刷	11 939	5 000	50 000	97	0.134 8e	0.647 4
家具——家用、办公室用、公共建筑用及专业用	11 378	5 000	50 000	209	0.390 0f	0.912 5
男装	10 077	5 000	50 000	247	0.045 6g	0.879 5
着色和最终纺织品，不包括编织物	9 625	5 000	50 000	545	1.122 3	0.347 2
罐头水果、蔬菜和海产品	6 536	1 000	敞开	240	0.914 4	1.846 2
宽幅织物（棉）	5 847	50	敞开	2 595	0.446 1h	0.282 2
鞋，胶鞋除外	4 359	1 000	100 000	524	0.147 4	1.161 9
纸袋、纸板容器和纸板箱	4 127	1 000	100 000	428	0.693 9	0.185 4
雪茄烟	3 753	250	50 000	174	0.227 4i	2.318 8
肉类产品	2 665	500	50 000	322	0.598 3	0.426 4
非铁铸造品	2 365	500	50 000	172	2.984 5c	0.279 3
毛皮物品	1 966	1 000	50 000	55	0.045 6g	0.411 9

（续表）

产　　业	最优公司规模（资产，单位：千美元）（1948—1951年）	最优公司规模范围（资产，单位：千美元）起始点	最优公司规模范围（资产，单位：千美元）终点	经营单位平均规模（1947年增加值，单位：千美元）	每100名雇员，中化学家、工程师的人数（1950年）	广告开支占销售总额百分比（%）（1950年）
分隔物、棚架、有锁的器具，等等	1 545	500	50 000	121	0.399 0^f	0.867 8
窄幅织物和其他小商品	1 382	500	5 000	226	0.446 1^h	0.321 2
葡萄酒	1 304	500	5 000	227	0.904 1^j	3.585 4
女装	1 304	500	50 000	150	0.045 6^g	0.915 0
书籍	1 137	50	50 000	399	0.134 8^e	2.879 6
期刊	1 117	250	10 000	307	0.134 8^e	0.524 5
皮革——硝皮、制革和成品	764	0	10 000	720	0.814 0	0.181 3
混凝土、石膏和石膏制品	762	250	10 000	53	2.127 7^d	0.685 5
门窗前的帘子，帷幔和活动百叶窗	667	100	10 000	110	0.399 0^f	1.058 1
无酒精饮料	546	100	50 000	75	0.904 1^j	4.074 0
女帽	468	250	5 000	108	0.045 6^g	0.443 8

注：a. "敞开"意味着该产业现有最大规模公司也包括在最优规模范围内。
b. 橡胶产品。
c. 非铁金属。
d. 水泥，混凝土，石膏及石膏制品。
e. 印刷，出版及有关产品。
f. 家具和室内装置。
g. 服装及附属产品。
h. 纱、线及织物。
i. 烟草。
j. 饮料。

对表 7.5 的资料进行考察,可以发现,如果资料能更精确一些,相关程度
会更高。机动车辆产业由于包括了零部件供应商,所以工厂规模很低。而
且工厂的规模也没有使用生存技术来测度。有色金属铸造产业的技术人员
人数被夸大了,因为我们不得不使用产业范围更广的一个比率,混凝土产业
也是如此。在制鞋业,与工厂规模相比较,公司规模相对较小,至少部分原
因为:机器通常是租用的,没有包括在公司资产中。某产业的企业有许多经
济活动属于其他产业,但在统计分析时并没有把这部分活动略去,因为如果
按此处理,就要计入其他产业企业经济活动中属于该产业的部分。总体印
象为:变量的测度水平提高了,相关度也会极大地提高。

最优规模的范围通常很大,但是这一范围有所夸大,并且我们的测度并
不精确,因为最大资产等级(1 亿美元以上)包括了众多规模不等的企业——
经济增长和通货膨胀使《收入统计》中使用的规模等级过时。在 10 个产业
中,只有最大规模的企业的产业资产份额上升了,而在其他 9 个产业中,最
大规模则包括在份额上升的规模范围中。如果最优规模的上限为已知,最
优规模范围通常为这一范围中企业平均规模的三到四倍。

这一探索性的产业间研究结论至少具有启发意义——不仅表现在其内
容上,而且表现在其指出了研究规模经济的方向(案例研究方法未能做到这
一点)。研究发现的主要限制条件为资料的不完善:产业类型划分过宽,技
术人员的计量非常不明确。但至少有一项发现——每个产业中的最优企业
范围——具有一般性,应当被视作生产理论的标准模型。

产业内部最优规模决定因素的分析

为了解释企业的最优规模,人们也可以考察一个产业中各个企业的不同
命运。比如说,如果企业通过纵向一体化达到了最优规模,而那些处于非最
优规模的企业都没有进行纵向一体化,我们就可以推断纵向一体化是该产
业企业最优规模的前提条件。产业内方法与产业间方法相比,其优点在于
无须假定最优规模的决定因素(比如广告或一体化)在所有产业都发挥相类
似的作用。

但是,产业内分析也存在一个严重不足,它要求我们得到每个企业的相关变量的信息,而在有众多企业的产业中,这一要求几乎是不可能满足的。因为我们只能考察极少变量,而结果又通常是否定的,所以我们仅简述一下把这一方法运用于炼煤油业所取得的成果。

表7.6和表7.7给出了战后1947—1954年间炼油产业公司和工厂的基本生存情况。在每一种情形下,只有运营中的工厂被包括在内,沥青工厂和公司被排除在外。产能以原油来衡量,因为与钢铁厂一样,我们无法得到所有公司的实际产出资料。[15]

石油产业和钢铁产业的数据资料有很大的相似性:在每个产业中,最大公司的份额都有大幅下降。在炼油产业,占产业产能份额不变或增加的企业规模都在0.5%—10%之间。

工厂生存资料表明规模较小的公司的消失是由于相对效率较低,所有规

表7.6 炼油能力分布:公司相对规模

公司规模(占产业炼油能力的百分比,%)	公司数目			占产业炼油能力的百分比(%)		
	1947年	1950年	1954年	1947年	1950年	1954年
0.1以下	130	108	92	5.30	4.57	3.89
0.1—0.2	34	24	22	4.86	3.57	3.00
0.2—0.3	11	9	11	2.67	2.16	2.74
0.3—0.4	8	8	5	2.95	2.92	1.65
0.4—0.5	5	0	2	2.20	0	0.89
0.5—0.75	5	8	8	3.04	4.66	5.05
0.75—1.00	1	0	2	0.94	0	1.58
1.0—2.5	6	7	6	11.70	12.17	10.53
2.5—5	3	5	5	9.57	16.70	14.26
5—10	7	6	7	45.11	42.15	45.69
10—15	1	1	1	11.65	11.06	10.72
总计	211	176	161			

资料来源:Bureau of Mines, Petroleum Refineries, including Cracking Plants in the United States, January 1, 1947, January 1, 1950, January 1, 1954, Information Circulars 7455(March 1948), 7578(August 1950), 7963(July 1954).

表 7.7　炼油能力分布：工厂相对规模

工厂规模（占产业炼油能力的百分比，%）	工厂数目			占产业炼油能力的百分比（%）		
	1947 年	1950 年	1954 年	1947 年	1950 年	1954 年
0.1 以下	184	158	138	8.22	7.39	6.06
0.1—0.2	64	53	51	9.06	7.60	7.13
0.2—0.3	27	19	16	6.86	4.95	3.95
0.3—0.4	15	14	21	5.45	4.99	7.28
0.4—0.5	10	15	9	4.53	6.56	4.06
0.5—0.75	17	16	19	9.95	10.47	11.82
0.75—1.0	6	8	10	5.35	7.07	8.33
1.0—1.5	10	8	11	12.11	10.36	13.38
1.5—2.5	9	12	12	17.39	23.64	22.45
2.5—4.0	7	5	5	21.08	16.96	15.54
总计	349	308	292			

资料来源：同表 7.6。

模小于 0.5％的公司，其产业产能都有大幅下降。而规模在 0.5％—2.5％之间的公司，其产业产能份额相对来说都有增长，而最大的工厂规模却有中等程度的下降，因此，超出 2.5％产业产能的公司规模增长主要是由于多工厂运营的经济性。

有人认为炼油产业的成功运营有必要实行后向一体化，将原油管道并入产业。我们在表 7.8 中列出了与这一假说有关的具体数据。拥有原油管道的企业和没有原油管道的企业在市场份额的变化方面没有多大差别。由于规模占产业炼油能力 0.75％以上的企业都拥有原油管道，我们就比较了它们的市场份额变化和每 1 000 桶（每日炼油能力）所需的原油管道长度的变化（这里没有再列出比较过程）。这两个变量之间没有关系。[16]

人们可能会推测，产业内分析的重要作用在于，它为分析产业研究所普遍使用的数据资料提供了一个系统的框架。可要对决定企业规模的合理因素作全面的分析，我们就需要大量的产业内企业信息，从而对于构造一个一般理论来说，产业内分析方法就变得没有吸引力了。

表 7.8　在 1950 年拥有和未拥有原油管道的炼油公司的产业份额

公司规模（1947年、1950年、1954年三年占产业百分比平均值，%）	拥有管道的公司			未拥有管道的公司		
	数目	份额（%）		数目	份额（%）	
	1950 年	1947 年	1954 年	1950 年	1947 年	1954 年
0.1 以下	25	1.40	1.12	60	2.87	2.18
0.1—0.2	17	2.19	2.50	5	0.77	0.77
0.2—0.3	6	1.48	1.63	2	0.34	0.50
0.3—0.4	5	1.90	1.63	0		
0.4—0.5	1	0.40	0.55	2	0.54	1.22
0.5—0.75	7	3.59	4.72	1	0.38	0.61
0.75—1.0	0			0		
1.0—2.5	7	11.54		0		
2.5—5.0	4	11.11	13.10	0		
5.0—10.0	7	45.11	11.69	0		
10.0—15.0	1	11.65	45.69	0		
未实际营业	16	2.30	10.72	79	2.43	1.33
总　　计	96	92.67	0.05	149	7.33	6.60

资料来源：International Petroleum Register.

结论

用生存技术来确定企业最优规模的范围，可以把规模经济理论提高到具有实质性内容的较高水平。虽然使用该方法深受资料不足之苦，但在确定最优规模时可以避免正确评估资源这个异常困难的问题，而使用其他方法则会遇到这个难题。

在我们的探索性研究中，最突出的发现或许是：最优规模的范围通常是相当宽广的——企业的长期边际成本曲线和长期平均成本曲线在一个很长的规模范围内通常是水平线。我想，这一发现可由一个相关的研究加以证实：如果一产业有唯一的最优规模，那么一般而言，需求的增长主要应由企业数目差不多成比例的增加来满足，但实际看来，需求的增长通常由现存企业扩大规模来满足。

　　生存法可用来验证充斥文献中的关于企业规模决定因素的种种假说。我们探索性的研究表明,广告开支并无导致企业规模增大的一般趋势,而另一项试验(上文没有涉及)表明固定的资本-销售额比率和企业规模也无关。正如所推测的那样,工厂规模被证明是一个重要的变量,应当用生存法来分析决定工厂规模的因素。工程师和化学家在劳动力中的比重是一个比较含糊的变量,它也被证明是相当重要的,我们有必要进一步搜集资料和研究,以区分科研工作和日常技术性操作。在确定最优规模的过程中,研究者可以考察他想象出来的或受资料启发而提出来的任何可能的决定因素。

附注:由企业规模推导规模经济

　　1. 在以下的注解中,我将重新考察在对规模经济的实证测定过程中所遇到的分析方面和程序方面的问题。

　　2. 假定一产业的经济条件长期稳定,所以该产业及产业中的每个企业都达到长期均衡。那么,将存在企业规模的稳定分布。对各时期这一分布的统计观察将说明,任一规模企业数目的变动仅仅是随机波动。

　　3. 如果所有企业使用同类同质的资源,并且在一定的规模范围内规模报酬不变,那么所观察到的企业分布将是矩形的,因为(根据假定)在这一范围之外没有企业能够生存,而且企业的规模也没有理由过于集中。

　　4. 如果市场不是同质的,而是由不同的地域、质量构成的,那么即使在上述条件下,企业规模的分布还是会由市场各组成部分的规模分布决定,只要我们假定一家企业不可能(在没有成本劣势的条件下)在一个以上的复合区域内经营。

　　5. 如果企业使用不同类型、不同质量的资源(例如沃土与劣地,等等),在一定范围内仍有相同的长期平均成本,但在这范围内,企业几乎可以有任何一种规模频率分布,这取决于资源(种类)的分布。注意现在两个企业可以有相同的规模,但其中一个可能由于资源的选择不当而未达到最优规模。

6. 根据每一种投入资源类型(质量不同),我们相应地定义了一条准长期成本曲线(包括租金)。如果企业的分布是平稳的,所有企业规模都应具有相同的效率。如果资源类型的定义是切实可行的,那么这些准长期曲线是否拥有平底和唯一的最小值就仅取决于企业规模的分布是否平稳。例如,在图 7.2 中,人们可以看出产出 A 和 B 是否由相同类型的资源(熟练劳动力或非熟练劳动力、劳动力或机器,等等)生产出来。如果是的话,那么准长期成本曲线(MN^1)必经历一个报酬不变的阶段;否则只有唯一一个最低成本产出(MN 上的 A)。在真正的长期中,企业可以像改变资源使用量一样改变所使用的资源种类,所以实际成本曲线是准长期成本曲线的包络线,并且通过定义,这一曲线在所观察到的企业规模范围内是水平的。

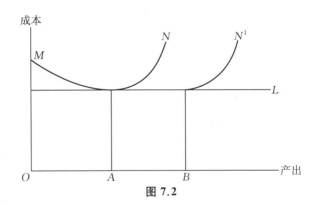

图 7.2

7. 一个产业中企业的平均最优规模就是规模频率分布的加权平均值。但是如果企业规模的分布是(比如说)对数正态分布,那么就没有最大最优规模,并且最小规模为零。我们可以使用所观察到的规模的极值来限定最优规模的范围,但这样做并不理想。从经济学角度来看,少数小规模企业进入产业的可能性对产业产出或行为没有重要影响。从统计学的角度看,企业数目不多的产业两极观察值是很不稳定的。

8. 因此,将最小最优规模定义为占产业产出任意显著比重(比如说,10%)的第一级规模,还是比较合意的。这一比重是任意的,原因在于我们并不清楚新进入的企业需要有多大的产出份额才能对产业行为施加显著影响。(这一比重的任意性与集中度测度的任意性紧密相关。)

9. 我们在定义最小最优规模时所遇到的困难不是来自生存原理,而是由于资源(也可能是市场)的频率分布引起了争论。传统的成本理论,只有唯一的最小长期平均成本,必须假定所有企业使用的资源都是相同的。如果真是如此的话,那么企业规模自然只有唯一的观察值,或者(在规模报酬不变的情况下)出现规模的矩形分布。

10. 部分是为了在正常情况下强调产出,更重要的是为了给不同产业或时期内关于规模的资料进行自然"消胀",企业规模的分布以其占产业产出的份额来表示。

11. 假设(由于技术或要素价格的变化)新的企业规模均衡分布产生了。表 7.3 显示了最初分布是 O、过渡性的分布 T 和新的均衡分布 N。我们的任务是确定是否能通过已知的 O 和 T 推导出 N。

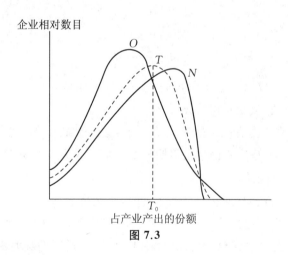

图 7.3

12. 我在本章所使用的生存法假定任何份额下降的规模等级最终将消失。这一假定对于第 9 点所提到的矩形分布通常足够了,但是对于常见的分布显然是不够的。

13. 给定分布 O 和分布 T 的数据,我们可以计算出 O 中任一规模企业移动到 T 中某一规模(包括零)的相对经验频率。例如,我们可能观察到如下情况:

时期 O	时　　期　　 T		
	规模 0	规模 1	规模 2
规模 0	0.98	0.02	0
规模 1	0.05	0.94	0.01
规模 2	0	0.03	0.97

这些数字是对概率的估计:时期 O 的规模 1 企业中有 94％ 在时期 T 还留在这一规模等级中。在大量随机选择的潜在进入者(时期 O 中的规模 0 企业)中,有 2％ 进入规模 1。

14. 假定这些概率在各时期是稳定的,那么我们就可以计算在每一继起时期各规模企业的数目。如果这三个规模等级包括了 1 000 家企业,那么我们最后得到的分布情况为:

规模 0·········652

规模 1·········261

规模 2·········87

因为这些概率构成了一个马尔可夫过程的转换矩阵,并且这种过程的一个特点为:最终状态独立于初始分布。[17]

15. 用这种方法估计分布 N 也有一个缺点:所需要的信息(即转换矩阵)往往无法得到,但是这一困难是很明显的。更值得一提的问题是,是否能假定转换概率是稳定的。

16. 人们也许会预期在经济不景气时,某些类型的行动(比如工厂倒闭)会相对更加频繁;反之,在经济景气时另一些行动(进入或扩张,包括兼并)会更常见。但是这一困难,至少在理论上,可以通过对两类时期使用不同的转换矩阵来解决。

17. 更基本的困难在于,人们会预期这些概率存在的历史超出了一个单一时期(比如说一年)。换句话说,某些企业规模的运动比另一些速度更快。假定现在大规模企业突然变得比小规模企业更有效率(参见图 7.3)。由于规模扩张通常比规模缩减更迅速,大企业的增长也应比小企业的萎缩更快(如果不使用兼并方法来实现规模经济的话),因此,(比如说)一项新技术引入两年后,大企业可能已经走了达到新均衡的一半路程,而在那些最终将消失的小企业中,只有十分之一走完了一半路程。这些就是处理这一问题的一般随机过程,但是非常复杂,而且资料要求高。

18. 人们建立了大量的企业增长随机模型来解释企业规模分布。西蒙(Simon)和博尼尼(Bonini)的研究就是一个重要的例子。[18]他们假定:(1)新企业的产业进入率不变;(2)"成比例效应法则",即每一规模等级的企业都有相同的预期规模变动(对数正态)分布,例如大企业和小企业一年中都增长(或减少)20%以上。他们宣称,对最大的 500 家工业公司来说,这一模型和工厂或企业的现存分布、转换矩阵都拟合得很好。

19. 他们没有给出详细的经济解释,只是指出,超出一定规模以后,规模报酬不变,以及"可以自然地预期,每一规模等级中的企业有相同的机会与其现有规模成比例地增大或减小规模"。[19]但是恰恰相反,这一预期并不自然:(1)企业使用的资源种类不同,从而各企业规模难以等比例增长;(2)更值得注意的是,他们假定产业处于长期均衡状态。但是在一个无法完全预见的多变的世界中,这一假定是不真实的,而和规模与新均衡条件相适应的企业相比,规模不当的企业更经常地发生规模缩小。他们所提供的唯一有点说服力的经验证据(最大的 500 家公司的变换矩阵)也需要通过应用于个别产业来进行严格的检验。[20]

20. 建立合适的随机模型的一个方法为:找出企业规模向均衡点移动的速度和可观察到的企业特征之间的经验关系。这样,向企业均衡点收敛的速度模式可能是以下因素的函数:(1)固定资本的相对使用量;(2)对新的明显最优规模(图 7.3 中 T_0 右边的区域)的偏离程度;(3)退出的相对难易程度(转入其他产业的频率)。如果能够发现稳定的关系,那么就可以更好地对企业规模最终分布进行预期,而不是简单假定(如前面所使用的)份额在下降的规模等级最终将消失。

21. 作为一种经验,最优规模的确定与生存法的使用方式之间并没有密切关系。平均最优规模更是不受与下降的规模等级有关的特殊假定的影响(例如,这些下降的规模等级是否会降为零,或者降至目前规模的一半)。

注 释

① 关于这些问题的讨论,可以参阅 Milton Friedman, *Business Concentration and Price Policy*, pp.230 ff.(1955)。

② *Principles of Political Economy*, p.134(Ashley ed.)。马歇尔用达尔文主义的语言表达了相同的观点:"一般而论,替代法则(它只不过是适者生存这一规律的一个特殊应用)倾向于使一种工业组织方法替代另一种方法,只要前一种方法能以较低的价格提供直接迅速的服务。"*Principles of Economics*, p.597(8th ed., 1920)。

③ 坩埚钢(一般由小公司制造)被视为与一般钢铁业相独立的,但又是紧密联系的产业。

④ 如果一个产业的生产是昼夜不停的,并且产出的上升趋势与产能相关,那么该产业中的企业规模使用产能来衡量是最为可取的。钢铁业以及后面炼油业的例子都满足这些条件。

⑤ 1930 年,占产业产能 0.5% 的企业的产能绝对数为 364 000 吨;1951 年为 485 000 吨。我们当然也可以使用绝对企业规模,但是在许多方面适用性较差。

⑥ 我们怎样来评价产业产出或产能份额保持不变的企业规模的效率呢? 虽然可以进行更精细的解释,但是最简单的解释为:由于资料不足,对于这类规模企业的产业份额变化趋势无法作出准确估计;如果资料能更充分一些(即可以包括更多的企业或较长一些时期),那么所有规模的企业都会表现出产业份额的上升或下降。

⑦ 例如,在最优规模范围内的一家企业可能使用了优秀的销售员,而另一规模的企业则使用了水平差的销售员(工资水平相对较低),两类销售员的相对数目影响两类规模企业产业份额的相对增长。

⑧ 参见 Federal Trade Commission, *Report on Motor Vehicle Industry*, p.29 (1939)。

⑨ 这些特定年份的选择是由资料决定的。1948 年产业分类有很大变化,而 1952 年又没有小产业的资料。若使用 1948 年到 1951 年之间各年度的资料,将能更好地测定最优规模,但也更费力。

⑩ 通过比较三种资产等级的移动平均数而粗略考虑了样本波动。

⑪ 在早期的两位数制造产业的试验中,资本-销售额比率被发现和最优企业规模无关。

⑫ 即使工厂规模以资产来衡量,也会产生不可比性,因为许多大企业是跨产业的,而对企业的类型划分是依据其主要活动进行的。

⑬ 相关系数分别为－0.187和－0.059。

⑭ 相关系数为:

$$r_{12} = 0.460 \qquad r_{12.3} = 0.400$$
$$r_{13} = 0.471 \qquad r_{13.2} = 0.413$$
$$r_{23} = 0.252 \qquad r_{23.1} = 0.046$$

⑮ 产业总生产能力的1%在1947年是日产52 508桶,在1954年是76 811桶,我们对区域市场数据进行了初步计算,其结果和把市场看作全国性的没有多大差别。

⑯ 一项相应的研究是针对研究实验室的(参见 National Research Council, Directory of Research Laboratories)。研究结果为,企业的规模和实验室规模没有什么关系。这一结果并不令人吃惊,因为实验室的工作仅仅影响企业的长期增长。

⑰ 关于这一技术在钢铁产业的实际应用(尽管结论令人难以相信),可参阅 Irma C. Adelman, "A Stochastic Analysis of the Size Distribution of Firms", *Journal of the American Statistical Association*, December 1958。

⑱ H. Simon and C. Bonini, "The Size Distribution of Business Firms", *American Economic Review*, September 1958.

⑲ 同注⑱, p.609。

⑳ 同注⑱, p.612。

通过兼并达到垄断和寡头垄断*

企业通过兼并竞争对手而壮大规模是现代经济史的重要发展。直到 1890 年，马歇尔还将企业的生命周期比作婴儿死亡率很高时期的人的一生：企业开始时是一项小型风险事业；如果在最初的几年内能生存下来，后期的发展速度则由企业家的能力决定，如果企业家或其子女能力卓越，企业有时能够达到很大规模，但最终会出现衰退，直至消亡。[1] 整个过程通常只需经历一代或两代人。我没有理由怀疑在非公司时代这种情况发生的真实性，即使在今天，也仍然存在一些因素导致上述过程的发生。但是这一企业成长的拟人化理论并不适合现代的巨型企业。没有哪一家大型美国公司不是或多或少通过兼并成长起来的，并且极少有企业通过内部扩张而迅速成长。[2]

本章对兼并运动发展中的主要事件加以概括，特别讨论与垄断有关的问题。本章的讨论限于所谓的"横向"合并，因为从数量上看，这是最重要的兼并形式。[3]

---

* 原载于 Papers and Proceedings，*American Economic Review*，Vol. XL，No. 2（May 1950）。

一般理论问题

我们希望考察为了实现垄断而兼并的竞争性企业在什么样的条件下才是有利可图的。为了分析的方便，我们暂且使用四个假定，在后面我们将放松这些假定，或者据理坚持这些假定：(1)所有有关规模的企业的长期平均成本和边际成本都相等；④(2)新企业可以自由进入，尽管不一定以较低代价进入；(3)对产业产出的需求是稳定的；(4)该产业所使用的专门化资源("固定要素")不能转用他途。

在这些条件下，旨在垄断的兼并会发生吗？我们几乎可以不假思索地给出否定答案，因为在这些条件下，长期不会有垄断利润；前两个条件就足以保证这一点。但是这一轻率给出的答案所回答的问题是：旨在垄断的兼并能存在下去吗？而我们的问题是：旨在垄断的兼并会发生吗？它们是可能发生的。

下面我们使用部分几何图形来说明，即使在这些不利条件下，垄断也可能是有利可图的。考虑一个满足上述四个条件的产业，该产业由许多完全相同的企业组成，这些企业处于长期竞争均衡。每家企业的短期成本曲线如图 8.1 所示，并且企业的产出为 OA，价格为 OB，没有利润。所有企业现在合并成为一个垄断企业，将总需求 AR 按比例分配给每家工厂(即以前的单个企业)，相应的边际收益为 MR。这样，每家工厂的产出为 OC，利润为 OC 和 DE 之积。利润吸引了新企业的加入，每家工厂按比例分配的需求曲线现在移向左边，价格下降，利润也减少。⑤竞争企业数目会增加，直到兼并者达到长期亏损的均衡水平，因为无论是兼并者还是新进入企业都无法从该产业中退出。

根据上面的分析，我们可以得出一个简单但是重要的结论：旨在垄断的兼并可能是有利可图的，因为垄断利润和垄断亏损的现值之和为正。如果新企业进入的速度不是太快的话，兼并可能会使垄断利润保持很长一段时间；而且，即使此后的亏损是永久性的，这些亏损的贴现值不一定大于最初的垄断利润。理解在上述条件下兼并的关键就在于达到长期均衡所需的时

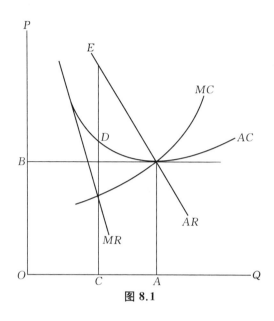

图 8.1

间,在更一般的情形下也存在这一关键问题。

如果我们放松假定条件(2)(3)和(4),在经常遇到的情形下,旨在垄断的兼并有望带来更多的净收益。如果兼并者的专用性资源是可以转移的,投资可以从产业中撤出,那么在经历了初期的垄断利润和随后的亏损之后,长期均衡可以达到,垄断者获得竞争性的投资报酬率。⑥如果产业的需求正在增长,那么兼并者必须撤出的资源数量就会减少;而且,如果需求增长的速度足够快,就没有必要撤出投资了,因此,兼并者可以保持在该产业的绝对规模,而降低其相对规模。⑦如果新企业的进入和竞争者的扩张可以被阻止或防止,垄断利润自然会持续更长一段时期。如果新企业进入率是价格和利润的函数,那么兼并者就可以使用低价政策来减少进入或延缓进入,这实际上是以较低的垄断利润率获取较长的垄断期间。

现在我们来考虑旨在垄断的兼并的运作机理(我们在适当的时候讨论为什么兼并会发生这一问题)。如果产业中企业数目相对较少,那么兼并的主要困难在于不参加兼并会更有利可图。不参加兼并的企业以同样的价格销售,但是产出更大,使得边际成本等于价格。因此兼并的发起人会得到每家企业的口头支持,但是没有企业会真正响应参与兼并。为了克服这一困难,常常有必要使每家企业是否参与取决于其他企业是否参与,并且一次性完成兼并行为。我们对合谋理论知之甚少,无法预测有多大比例的产业规模会合并,但是这一比例必定是相当高的,如此才能实现兼并的目的。

如果产业中企业数目相对较多,没有哪一个企业能够在兼并的形成中发挥至关重要的作用。这时兼并是逐渐扩展的,收购企业的条件也不是严格精确的。实际上,若干家企业希望通过兼并来求得增长。

让我们回到前两个假定条件。我们的第一个假定——不存在规模经济和规模不经济——很难令人满意。两个为人们广泛接受,但是有些不一致的信念与这一假定相冲突:(1)实施兼并就是为了获得规模经济;(2)规模不经济是竞争的主要壁垒。对这两种观点都将在下面讨论。这里我们先要简单讨论一下规模报酬不变假定的合理性。

不同规模的企业的私人成本只能通过一种方法比较出来,即确定各种规模的企业是否能在产业中生存下来。生存是对企业处理所有问题能力的唯一检验:购买投入品、改善劳工关系、发现客户、引入新产品和技术、应付经济波动、规避政府规制,等等。在某一给定时期,每单位产出的投入品成本的跨部门研究也只能体现企业效率的一个方面,而不能得出关于企业效率的总体性结论。[8]反过来,如果某一规模的企业生存下来,我们可以推断它的成本等于其他规模企业的成本,既不会少(否则这一规模企业的相对数目会增加),也不会多(否则这一规模企业的相对数目会减少)。

根据上面的论述和比较随意的观察,可以认为在大多数美国产业中,在很大的企业规模范围内,规模经济都是不重要的,因为我们通常会发现小企业和大企业都能持续生存下来。后面我们还会回到这一问题,但是现在我要强调两点。第一,如果存在微小的规模经济或规模不经济,我们关于兼并的分析结论仍然成立,但是如果规模经济或不经济的程度很大,我们的结论就不成立了。如果存在很大的规模不经济,兼并就无利可图了;而如果存在很大的规模经济,垄断或寡头垄断就不可避免了,也就不存在许多竞争企业兼并的事了。第二,不同规模的企业私人成本相等并不能推出它们的社会成本也相等。[9]

我们的第二个假定为自由进入,可以被定义为下面的条件:进入产业的新企业的长期成本将等于产业中原有企业的长期成本。但并不像许多人认为的那样,新进入企业的盈利能力立即与原有企业相同。新企业需要一定的时间建立工厂、确立生产的正常秩序、发展贸易关系、招收和训练劳动者，等等。这些建立企业的成本是法定的投资支出，除非市场发生了历史性的变化，否则原有企业和新企业的这一支出一定是相等的。⑩

根据这一理解，大多数美国产业都具有自由进入的特征。有人可能也承认这一点，但仍然会争辩：由于建立最小有效规模的新公司需要大量资本，自由进入通常是很困难的，因而在那些资本需要量（绝对量）较大的产业中，老企业处于无竞争的地位。我没有什么依据来怀疑这一论点，但是这一论点的众多拥护者也未能提供论据支持该论点。

上面的简单讨论还留下了许多关于兼并的问题没有回答。我们将试图通过考察美国的兼并运动来回答部分问题，而在这一过程中，又发现了一些新问题。我们发现有必要将兼并的历史分为两个阶段，垄断和寡头垄断分别是这两个阶段的首要目标。

旨在垄断的兼并

在美国，旨在垄断的兼并时代大致结束于1904年。就在这一年，北方证券公司案的判决表明，反托拉斯法关闭了由兼并取得垄断地位的道路。从历史的角度来看，这是一次骤变。美国钢铁公司的兼并活动揭示了这一变化。从1902年到1904年，该公司已悄悄地挑选了几家钢铁企业，并迅速将它们并入本公司；而到1907年该公司想兼并田纳西煤炭和钢铁公司时，就需要先获得西奥多·罗斯福（Theodore Roosevelt）总统的批准。⑪

兼并运动何时开始，又是为什么会发生呢？通常建立在婚姻基础上的零星的兼并，无疑像人类历史一样久远；在相当长的时期中，兼并或许是偶然发生的，规模很小，而且在多子女时代，集中财富的兼并又会被儿子们对财产的分割所抵消。在美国，大规模的旨在垄断的兼并开始于19世纪80年代，到90年代初达到了一个小高峰，而在19世纪末达到巅峰。⑫

依据我们的理论，早在兼并运动发生之前，许多产业已具备了能使旨在垄断的兼并有利可图的条件。我发现，兼并之所以发生较迟，一个很有说服力的原因是现代公司和现代资本市场的发展。在个人独有制和合伙制时期,购买企业的主要障碍在于资本需求量,而合伙制形成的主要障碍则是无限责任。

一般公司法在南北战争前就存在了,[13]但是这些早期公司的权力非常有限。它们不能持有其他公司的股份,它们不能与其他公司合并,资本额也有限度,通常它们不能在公司注册的州以外开展业务,以资本资产交换股票必须得到股东的一致同意,等等。直到19世纪80年代,新泽西州发起了州际竞争,欢迎公司在本州开办,20年后几乎消除了所有对兼并的限制。[14]在同一时期,纽约证券交易所发展成为卓有成效的工业证券交易市场。这些制度上的变化似乎是19世纪最后20年兼并运动发展的直接原因。

正如我们的理论所预测的,主导企业几乎无一例外地同时进行合并。[15]合并后的公司往往能占国民产出的较大百分比,但极少能形成严格意义上的完全垄断。当时对这些合并后的企业市场份额的估计是相当粗略的,而且很少注意企业在特定地区、特定产品市场的份额。虽然估计值存在缺陷,但我还是有必要指出几个数据。据工业委员会研究,兼并者控制的平均市场份额为71%。[16]穆迪(J.Moody)研究了92个大兼并者,其对市场份额的占有是很明显的,其中78个控制了所在产业产出的50%以上,57个控制了所在产业产出的60%以上,26个控制了所在产业产出的80%以上;[17]甚至在杜因(A. Dewing)所列举的14个兼并未获成功的产业中,平均比重也高达54%。[18]

随着时间的推移,兼并者的市场份额几乎无一例外地都有大幅下降。有时,无情的市场竞争(国民现金出纳机公司)、专利(柯达公司、联合制鞋机械公司),或者供应商或购买者的强制(美国烟草公司)能成功地阻止或延缓新企业的进入。但是这样的例子并不是很多,而且这些策略主要在规模小的产业中取得成功。在钢铁、制糖、农具、皮革、橡胶、酿酒等产业,占统治地位的公司不断地丧失阵地。[19]

为什么兼并比合谋更可取?部分原因在于1890年以后合谋至少在表面看来已经不合法了。但是对这一点也不能过于强调。直到1899年阿迪斯顿管道公司案判决以后,《谢尔曼法》对付合谋的有效性才明朗化;[20]而且,当时英国也掀起了兼并浪潮,合谋在当时虽受到谴责但不会被起诉。[21]我们应当注意两个互相矛盾的趋势：兼并更具有持久性；而通过合谋企业则可以避免规模不经济。我则希望强调兼并的另一个重要优势：兼并能使未来的垄断利润资本化，并把资本化利润的一部分分配给以发起兼并为职业的人。兼并使摩根和摩尔（Moore）进入了一个新的、盈利丰厚的"产业"：专门"制造"垄断企业的"产业"。

回顾一下当时的经济学家对兼并运动的态度是发人深省的。这些经济学家或聪颖如陶西格（F.W. Taussig），或深刻如费雪（I. Fisher），或信奉竞争如 J.B. 克拉克和费特（F.A. Fetter），都主要或仅仅从工业演进和规模经济的层面上讨论兼并。他们很容易将不受规制的公司视为自然而然的现象，规模经济突然同时出现于大量不同产业中也没有让他们觉得有什么不妥——但是要忽略掉在这些产业中持续存在且十分兴旺的小企业。人们不无遗憾地看到，在那个时期促进维护竞争的政策方面，艾达·塔贝尔（Ida Tarbell）和 H.D. 劳埃德（H.D. Lloyd）所起的作用比美国经济学协会更大。

旨在寡头垄断的兼并

自从北方证券公司案判决之后，兼并运动发生了一次大变化：合并为一个企业的各企业总和占产业的份额急剧下降。我们看到，早期主导企业的兼并规模很少小于产业产出的 50%；而到了后期，该百分比几乎从未达到这一高度。兼并的目标变为寡头垄断。

那些在 20 世纪初为了垄断而发生兼并的产业变化最为显著。几乎在每一个兼并案例中，兼并企业相对于产业的规模都不断大幅下降。占据统治地位的企业不再发起新的兼并行动来重新获得垄断地位；新的兼并是由第二级规模的企业发起的。产业从准垄断转变为寡头垄断。水泥、罐头、石油、汽车、农机具和玻璃业的情况就是很好的例子。我们可以以钢铁产业为例来说明这一发展变化过程（表 8.1）：美国钢铁公司钢锭的生产份额急剧下降，但是该公司仅收购了两家小竞争企业（哥伦比亚钢铁公司，1930 年；日内瓦钢铁厂，1945 年），而主要的兼并者则为伯利恒公司和共和公司。即使我

表 8.1 主要钢铁公司的兼并活动

钢铁公司名称	创建年	占产业生产能力的百分比（%）			所兼并的产业生产能力百分比（%）	
		创建年	1908 年	1948 年	创建年—1908 年	1908—1948 年
美国钢铁公司	1892	14.49	50.14	33.14	33.75	1.00
Bethlehem	1892	3.29	0.56	14.64		12.66
Repablic	1896	2.08	1.46	9.13	1.08	7.23
Jones and Laughlin	1898	4.59	4.17	5.03	0.18	2.05
National	1920			4.30		0.90
Youngstown Sheet	1908		1.76	4.25		2.01
Inland	1904	0.50	0.59	3.61		
American Rolling	1901	0.07	0.15	3.57	0.05	2.28
Sharon	1904	0.28	0.26	1.67		1.34
Colorado	1901	0.96	2.93	1.54		0.19
Wheeling	1901	0.73	0.56	1.50		1.41
Crucible	1898	0.71	1.01	1.33	1.06	1.49

资料来源：根据钢铁厂指南编辑整理。美国钢铁公司 20 世纪初的份额可能被高估（见 TNEC，*Hearings*，Part 26，pp.13，852）。

们将产业中（比如说）最大四家企业的份额加总，一般来说，也会表现出生产集中度的下降。[22]

在企业众多的产业中，后期也发生了兼并运动。为了粗略计量 1919 年至 1937 年间发生的兼并（见表 8.2），我们可以采取对这两个年份属于多工厂企业的工厂数目进行比较的方式。我们发现，食品产业看来是兼并活动的主发区，纸张和印刷业、钢铁业的兼并活动也比较活跃。国民奶制品公司也许是食品产业兼并活动中最突出的例子——它在到 1933 年为止的 10 年间共并购了 331 家企业。[23]而博登公司、通用食品公司、通用制粉厂及连锁面包店也是从那个时期开始大搞兼并的。[24]一般来说，这类兼并导致了主要产品（液体牛奶、面包等）市场上形成区域性寡头垄断和次要产品（如奶酪）市场的全国性寡头垄断。

表 8.2 多工厂企业的工厂数目:1919 年,1937 年

(单位:家)

产 业	1919 年	1937 年
食品及有关产品	4 544	8 529
纺织及纺织产品	2 832	2 703
钢铁及钢铁产品	1 602	2 420
木材及再制成品	2 829	2 390
皮革及皮革最终产品	495	503
纸张及印刷	918	1 865
酒料及饮料	268	738
化学及有关产品	2 409	2 800
石料、粘土及玻璃	1 100	1 325
金属及金属产品(非钢铁)	445	530
烟草	533	124
陆路运输工具	287	390
其他	1 362	1 382
总计	19 624	25 665

资料来源:1919 年资料来自 W. L. Thorp, *The Integration of Industrial Operations*, Washington, 1924, p.113;1937 年资料来自 TNEC Monograph No. 27, *The Structure of Industry*, p.211。这两种数据大体上有可比性。

看来《谢尔曼法》是兼并的目标从垄断转向寡头垄断的根本原因。有时,《谢尔曼法》的作用是很明显的,比如标准石油公司的解体,和阻止主要面包企业的合并。[25]但是,《谢尔曼法》发挥的作用常常是微妙的:参议员谢尔曼的灵魂成为每家大公司董事会的正式成员。有人可能会批评对兼并新方向的这一解释过于简单浅显,但是我们还找不到其他的合理解释。[26]

在我看来,由于兼并企业发行的股票数量减少,而且显然很容易进入发生新兼并活动的产业,后期旨在寡头垄断的兼并在阻止和推延竞争方面要比早期旨在垄断的兼并效力差一些。当然这并不是说新的兼并企业对竞争不闻不问。实际上,《谢尔曼法》的一个重要弱点就在于有时被理解为:寡头垄断是一种令人满意的产业组织形式。这一信条为当时一个最有权势的法官勒尼德·汉德(Learned Hand)所推崇,他有一个著名的论断:若一家企业控制了本产业的 64%,则不一定是垄断;倘若仅控制 33%,那就肯定不是垄断。[27]毫无疑问,寡头垄断是比完全垄断更弱的垄断形式,但也还没到可以放

任不管的地步。现代经济学家几乎都持有这一观点,如果这一观点正确的话,那么我们在反托拉斯政策方面的主要任务为:突破司法方面的疑难,明确表示,在美国的大产业中,允许通过兼并(或其他手段)达到寡头垄断,并不符合社会的意愿。

结论

以上对兼并运动的综述提出了一系列相关的问题,这些问题与规模经济、资本市场和企业进入有关。

我们进行了广泛的讨论。我们认为个体规模不经济对于旨在垄断的兼并来说,只是一个并不常见的小障碍。垄断的主要障碍,除了《谢尔曼法》,还包括兼并的资本需求量以及竞争者在数目和规模上的增长。

说资本市场的不完全反倒是保护竞争的一种手段,似乎自相矛盾,但这一矛盾不难理解。直到最近一些时候,个人的财富分布仍然制约着企业规模。现代经济社会十分注重平等,使得个人不可能垄断大型产业。公司和证券市场割裂了个人财富和产业规模的联系,并因此削弱了竞争性企业的制度基础。

现在则主要由规模不经济限制企业规模,虽然比起以前个人财富对企业规模的影响,其力度要弱一些。如果理解得没错的话,传统的理论与我们的这一发现并没有矛盾。我们通常发现企业家能力是企业规模的一个限制因素,而且我们发现企业家的任务在于如何处理不确定性。大部分不确定性,当然还不是全部,来自竞争对手的活动,这使得企业家随企业相对规模(在本产业所占份额)的提高,其报酬呈现递增;随企业绝对规模的扩大,其报酬呈现递减。在范围很广的各规模等级中,这两种力量谁占主导地位,很难作出明确的判断。

于是我们只能将新企业进入视为最主要的维护竞争的手段——这是对1900年的主流经济理论最不恰当的修正。现在流行的观点都贬低新企业进入的重要性,因为很少有企业拥有足够的资本,能在大型产业中有效率地生产。如果这一观点是建立在所谓的规模经济的基础上,那么我已经指出这是错误的;如果它是基于资本市场的不完善而提出的,又与我们提出的资本市场已经发展过头的观点(至少在某些方面)形成对照(但不一定不一致)。但是,如下事实支持人们对企业进入容易的怀疑:旨在垄断的兼并往往是盈利丰厚的。

这样的没有定论的结论也不会有什么问题,因为本章仅仅是对兼并问题的一个介绍。就此目的而言,我再次强调兼并运动的重要性就已经足够了。对于从事理论工作的学者来说,本章提出了一项令人振奋的挑战:兼并运动与被普遍接受的稳定竞争范畴和不可抗拒的垄断范畴不太吻合。对于研究社会政策的学者来说,本章提出了一个有研究前途的假说:不太积极地执行反托拉斯法可能会改变产业组织的趋势。对于社会科学的学者来说,本章提出了一个极其乐观——从另一个角度看极其悲观的观点:当经济学家都认为某一运动不可避免时,事实却并非如此。

附注

有两本著作修正了 1950 年以前的兼并情况。一本是 R. L. 内尔森(R. L. Nelson)所著的 *Merger Movements in American Industry*,1895—1956(Princeton,1959),作者重建了 1895—1919 年新兼并活动的基本系列,并检验了关于早期兼并运动的各种假说。另一本是 J. F. 韦斯顿(J. F. Weston)所著的 *The Role of Mergers in the Growth of Large Firms*(Berkeley,1953),估计了兼并对集中的作用,但他的统计分析过程不能令人满意。见 G. J. Stigler, "The Statistics of Monopoly and Merger",载于 *Journal of Political Economy*, February 1956。关于 1950 年后的兼并,见 B. 博克(B. Bock)的百科全书式的综述——*Mergers and Markets*(3 ed.;New York,1964)。

注 释

① *Principles of Economics*(8th ed.;London,1920),Bk. IV, chaps. xi, xii.
② 除非另有说明,本章中企业规模都是指相对于整个产业的规模。

③ 1937 年,制造业中各个多工厂企业内部的工厂,平均 85.7% 从事"同一"生产活动。当然,这类工厂有许多是母公司建立的,而且资料方面还有其他缺陷,但是横向兼并可能比所有其他工厂间结合形式更重要(参阅 TNEC Monograph No.27, *The Structure of Industry*, p.164)。

④ 这一假定将在下文进行讨论,但在这里需要指出的是:在竞争条件下,当长期平均成本曲线为水平时,企业的产出是不确定的。消除这种不确定性的最简单方法是牺牲完全竞争(仅此而已),使每个企业面临一条有弹性的需求曲线,比如说弹性为−100。

⑤ 可以使用传统的主导企业理论来明确分析这种现象,即在每一价格水平下的总需求量中减去新企业(竞争性的)将出售的数量,构成该垄断企业的需求曲线(参见 G.J.Stigler, *Theory of Price*, New York, 1946, p.227)。

⑥ 亏损时期会出现,是因为一般增加投资比撤出投资所需的时间少。

⑦ 这假定(我不知道其合理性如何)兼并者的存在不会提高新企业的进入速度,参见本段最后一点。

⑧ 通常对成本和报酬率的统计比较即使是针对"静态"问题也得不出什么结论。为了避免同义反复的结果——用由资本价值不同而产生的成本不同来衡量收益,这种统计分析对资产的估值只能是任意的;而且涉及的时期通常过于短暂,难以避免回归分析方面的问题。参阅 M. Friedman and S. Kuznets, *Incomes from Independent Professional Practice*(New York, 1945), chap.vii。

⑨ 比如说,比较不同规模企业的社会成本需要剔除购买投入品时因"讨价还价力量"的不同而产生的私人成本的不同。人们乐于坚持如下观点,如果大企业在私人成本方面并不比小企业更有效率,那么它在社会成本方面必定效率较低(因为在讨论社会成本时,大企业的垄断优势被消除了)。我倾向于接受这种看法,虽然小企业具有某些个体优势(连锁商店的税收),而大企业存在某些个体劣势(要维持良好的公共关系)。

⑩ 据此,以幼稚产业论为保护关税辩护是错误的(至少在不考虑外部经济时是错误的)。

⑪ 美国钢铁公司在 1902 年、1903 年、1904 年分别兼并了联合钢铁公司、特洛伊钢铁生产公司和克莱顿钢铁公司。这三家公司的钢锭生产能力总和是田纳西煤炭和钢铁公司的两倍。关于 1904 年的兼并,参见 the Hearings of the Stanley Committee, *Hearings before the Committee*[*of the House*] *on Investigation of United States Steel Corporation*(Washington, 1911), Parts 1—6。

⑫ 据卢瑟·科南特(Luther Conant)整理的资料,卷入的资本额为 100 万美元以上的兼并数目如下:

1887 年········· 8	1892 年·········10	1897 年········· 4
1888 年········· 3	1893 年········· 6	1898 年·········20
1889 年·········12	1894 年········· 2	1899 年·········87
1890 年·········13	1895 年········· 6	1900 年·········42
1891 年·········17	1896 年········· 5	······

参阅 Eliot Jones, *The Trust Problem in the United States*(New York, 1921), p.39。关于更早时期的铁路公司合并,参见 George P.Baker, *The Formation of the New England Railroad Systems*(Cambridge, 1937), chap.xi。

⑬ 参阅 G.H.Evans, *Business Incorporations in the United States*, 1800—1943 (New York, 1948)。

⑭ 参阅 E.Q.Keasbey, "New Jersey and the Great Corporations", *Harvard Law Review*, 1899—1900, pp.198—212, 264—278; W.C.Noyes, *A Treatise on the Law of Intercorporate Relations*(Boston, 1902);特别参阅 R.C.Larcom, *The Delaware Corporation*(Baltimore, 1937)。

⑮ 新泽西标准石油公司曾被认为是一个例外,但约翰·麦吉(John McGee)揭示它并非例外。参见 J.McGee, "Predatory Competition", *Journal of Law and Economics*, 1958。

⑯ 分布如下:

百分比(%)	公司数目
25—50 ························· 1	
50—75 ·························11	
75—100························10	

(参见 United States Industrial Commission, *Report*, Vol.XIII, passim。)

⑰ John Moody, *The Truth about the Trusts*(New York, 1904), p.487.

⑱ A.S.Dewing, *Corporate Promotions and Reorganizations*(Cambridge, 1914), p.526.

⑲ 参阅 G.J.Stigler, *Five Lectures on Economic Problems*(London, 1949), Lecture 5。

⑳ 参阅 W.H.Taft, *The Anti-Trust Act and the Supreme Court*, 以及 J.D.Clark, *The Federal Trust Policy*。

㉑ J.H.Clapham, *An Economic History of Modern Britain*(Cambridge, 1938), vol.III, chap.iv。

㉒ 参阅 G.J.Stigler, *Five Lectures on Economic Problems*, pp.63ff。

㉓ Federal Trade Commission, *Agricultural Income Inquiry*(Washington, 1938), I, p.237.

㉔ 在燃料和制冰业,兼并活动也很多;城市制冰和燃料公司或许是最大的兼并者,但其他公司,如美国制冰公司和大西洋公司也很活跃。

㉕ 见 *Agricultural Income Inquiry*,I,p.308。

㉖ 富有启发性的是,在英国,20 世纪 20 年代兼并的典型形式仍然是旨在垄断的兼并[参见 Patrick Fitzgerald, *Industrial Combination in England*(London, 1927)]。

㉗ "……60%或 64%是否足以构成垄断,是难以确定的;但 33%肯定不能构成垄断"[见 United States v.Aluminum Co. of America,148F.(2d) 424]。

主导企业和倒置伞模型[*]

当美国钢铁公司于 1901 年成立时,它拥有的多家工厂生产的基本钢铁产品和钢铁装配产品占全国产量的很大份额。公司钢锭的产出份额在 1901 年为 66%。在随后的 20 年里,公司的产出份额逐渐下降,1920 年达到 46%,1925 年则为 42%。公司其他产品的份额也出现下降(幅度通常要小一些)。对于这些事实争议不大。

对于这些现象的解释就众说纷纭了。本章将检验关于联合企业(combine)形成的两个相对的假说。

第一个假说认为兼并的主要目的是向缺少投资知识的投资者出售股票。当合并形成新公司后,资产账面价值从约 700 万美元升至 14 亿美元,随后发行的普通股在公司财务文献中被视为典型的掺水股(watered stocks)。

按照这种观点,实现重要的生产经济或市场垄断力量并

---

[*] 阿伦·迪雷克托(Aaron Director)提议进行此项研究,当时还是研究生的理查德·韦斯特(Richard West)在我的松散指导下完成了该研究。迪雷克托拒绝作为共同作者署名,理由好像也不充分;而韦斯特则没有这个机会,原因是他自己也是教授了,而且现在也在开始招研究助理。作为这个研究项目的中间人,成绩不应归我,但是责任应全部由我来负。原载于 *Journal of Law and Economics*, Vol. VIII. Copyright 1965 by the *Journal of Law and Economics*。

不是兼并的主要动机。如果美国钢铁公司不能做到更有效率,或者如果它不能控制市场进入,那么它的份额就会随时间下降,并且它已经设定的较高价格会形成一个保护伞,使得更有效率的竞争者逐渐增加份额,发展壮大。由于该理论重点强调在首次股票销售中增加利润,[①]所以并没有详细论述上面提到的方面。

第二个假说是占优企业理论。这一理论认为美国钢铁公司的形成是为了获得垄断力量。占优企业会制定一个利润最大化的价格,使得基于企业自身的需求曲线(产业需求曲线减去由其他企业供应的数量),边际成本等于边际收益。要最大化的利润是长期的(实际上,为未来利润贴现值之和),因此需要考虑竞争者进入和扩张的速度。然而,占优企业通常会发现让出一些产出份额是有利可图的,因为更高的价格可以弥补产出份额下降还有余。[②]

上面两个理论都没有否认份额下降这一广为人知的历史事实。它们的不同在于购买美国钢铁公司首次发行的股票是否明智方面:前一个理论认为这不是一个聪明的购买行为;而后一个理论并不这么看。

本章的目的在于考察美国钢铁公司和其他钢铁公司普通股的投资者得到的财务收益。按照前一个理论,投资者应该购买其他钢铁公司的股票;按照后一个理论,美国钢铁公司的业绩应当与其他钢铁公司一样好。[③]

投资者的财务收益通常是很容易确定的:

(1)在给定的某一天购买一家公司的一大笔股票,比如说,价值1万美元;

(2)所有的现金红利都重新投入股票;

(3)在随后的任一合意日期,计算股票的市场价值(包括股利)。

这实际上就是我们的计算过程,[④]表9.1给出了投资收益报告。

各个有可交易股票的公司的投资者投资经历由图9.1形象地描绘出来。投资者初始投资为1万美元,所有的投资收益都用于再投资,那么从1901年到1925年每年投资者拥有的股票的市值都在图中反映出来。由于数字是半对数形式的,增长率可以直接读出来。从该图中我们足以得出主要结论:美国钢铁公司的股东的情况好于其他公司的股东,除了Bethlehem公司。在1905年后的18年里,有16年对其他公司投资的平均值低于对美国钢铁公

表 9.1　1 万美元ᵃ 投资加上再投资股利自 1901 年 7 月ᵇ以来的市值

（单位：美元）

年份	美国钢铁	Bethlehem	Colorado	Crucible	Lackawanna	Republic	Sloss-Sheffield	平均值（不含美国钢铁）
1901	10 672		10 000	10 000		10 000	10 000	10 000
1902	9 606		9 427	10 383		9 240	9 905	9 739
1903	7 814		5 813	5 761		6 756	10 952	7 320
1904	3 599		3 199	2 139		3 678	10 994	5 002
1905	9 529	13 851ᵃ	4 544	4 683		10 347	35 832	13 851
1906	10 707	13 102	4 884	4 839	12 920ᵃ	13 595	28 184	12 920
1907	11 839	7 196	3 226	3 365	10 835	14 697	29 432	11 458
1908	13 890	9 503	2 930	2 652	7 172	9 948	28 054	10 043
1909	24 801	17 405	4 398	4 335	10 123	16 699	49 518	17 080
1910	26 688	11 945	3 166	4 900	8 470	15 949	38 343	13 796
1911	32 020	15 364	3 436	5 574	7 884	15 587	29 163	12 835
1912	31 374	16 648	3 037	7 331	7 681	13 921	32 789	13 568
1913	25 924	13 956	2 876	5 904	7 300	10 673	14 837	9 258
1914	29 990	18 817	2 532	6 857	6 691	11 195	16 190	10 380
1915	31 062	83 187	3 254	15 978	9 594	16 177	21 305	24 916
1916	47 455	209 845	4 324	29 865	15 750	23 363	28 302	51 908
1917	78 599	215 746ᵈ	5 144	37 195	23 649	49 767	35 684	61 198

（续表）

年份	美国钢铁	Bethlehem	Colorado	Crucible	Lackawanna	Republic	Sloss-Sheffield	平均值（不含美国钢铁）
1918	76 881	154 121	5 189	29 043	23 740	54 020	46 601	52 119
1919	84 081	193 172	6 028	56 543	26 552	60 497	58 411	66 867
1920	73 490	185 991	4 247	146 756ᵉ	24 100	61 714	62 892	80 950
1921	60 148	114 594	3 511	56 206	13 493	31 741	29 955	41 583
1922	84 009	185 844	3 124	84 936	27 032ᶜ	49 501	39 919	65 059
1923	90 150	125 899	3 712	70 833		30 204	38 904	53 910
1924	101 039	115 453	6 234	61 158		31 686	53 041	53 514

注：a. 对于 1901 年以后进入的企业（Bethlehem 和 Lackawanna），我们使用了平均市值（不包括美国钢铁公司）作为初始投资数额。

b. 除非另作说明，计算股票价值的价格均为每年 7 月份前四个星期五股票最高价与最低价的平均值。

c. Lackawanna 与 Rethlehem 合并。

d. 1917 年 Rethlehem 宣布"普通 B 股"的股利为 200%。1917—1922 年间所有数值的计算都是基于两种类型的普通股——"老式普通股"和"普通 B 股"。1922 年这两种普通股合二为一。

e. 1920 年 Crucible 三次宣布股利分红：50%（4 月 30 日），16 $\frac{2}{3}$%（7 月 31 日），14 $\frac{2}{7}$%（8 月 31 日）。为了将后两次股利分红考虑进去，在计算 1920 年值时所使用的价格为 3 月 30、6 月 30、9 月 30 和 12 月 30 日的最高价与最低价（highlows）的平均值。

资料来源：股票价目表来自 Financial and Commercial Chronicle，1901—1924；股利分红来自 Poor's Manual of Industrials，1920，1924。

113

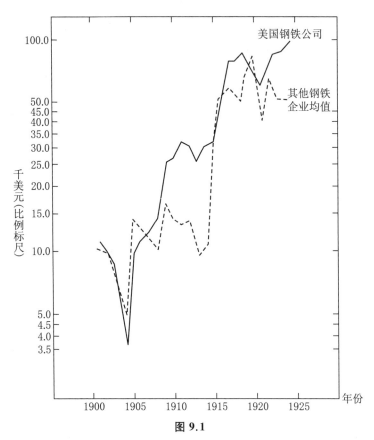

图 9.1

注:1 万美元投资加上再投资股利自 1901 年 7 月以来的市值。

司的投资。在这段期间末,美国钢铁公司的累积市值是其他公司均值的两倍。

事实证明股票促销者对股东的盘剥这种情况并未发生。美国钢铁公司的形成因而应被视为提升垄断地位的神来之笔。而且,学术界对摩根财团因促进股票发行而获得价值 6 200 万美元股票这一事件的批评也显得有失风度。

注　释

① 对这一假说最具影响的论述可能要数 Dewing，*Financial Policy of Corpo-*

rations，Bk.Ⅳ，chap.iv，924—926(1941 年第 4 版)。

② 在下面的文章中,对此作了明确表述:Stigler, Monopoly and Oligopoly by Merger, in *Papers and Proceedings of the Sixty-second Annual Meeting of the American Economic Association*，40 Am. Econ. Rev.，23(May 1950)。[chap.8 above]

③ 并不能确定美国钢铁公司的股票表现得与其他企业一样好、更好,还是更差。这根本上取决于美国钢铁公司的成本高于其他公司还是低于其他公司。

④ 计算值与上面的描述有一点不同。股票 7 月价格的均值被用来计算一年中股利再投资所购买的股份数目,除了在认股权(stock rights)发行的时候。在后一情形中,人们以当期价格再投资于认股权,而对认股权的估价则是根据交割时价格。

　　行情表出现于以后年份的股票已被纳入第一个可得年份的均值计算中,投资值等于对其他公司(除了美国钢铁公司)当期投资的均值。

10

资本市场的不完美*

对于成熟的经济学家来说，一接触到这一主题，脑海中就会浮现他在各种背景下经常会看到的"资本市场的不完美"。

在产业组织领域，这样的例子随处可见。掠夺性的削价者将他的小型竞争对手驱赶至（问津者甚少的）拍卖所——如果小型竞争对手能够靠借款安全渡过竞争风暴，这一手段对掠夺者来说就不是有利可图的（Jones，1921，pp.77 ff.，参见本章后的参考文献）。事实上，所有以施加损失来惩戒竞争对手的系统都要求竞争者较难获得资本（Jones，1921，p.83；也见 Machlup，1949，pp.160 ff；Loescher，1959，pp.125 ff.）。烟草公司之所以能得到巨额收益，就是因为潜在竞争者无法"担负"多年的大额广告费用，使消费者接受新的品牌（Nicholls，1951，pp.201，412）。前向一体化和后向一体化被解释为提高（至认为不可能达到的水平）潜在新企业的资本要求（Stigler，1950，p.33；Blake and Jones，1965，p.392）。

劳动力市场也提供了大量的例子。我们都曾说过，由于资本市场的不完美，对人员培训的投资收益率高于（其他?)投

---

* 原载于 *Journal of Political Economy*，Vol.LXXV，No.3，June 1967。Copyright 1967 by the University of Chicago。

资品的收益率（参见 Friedman and Kuznets，1945，pp.89—92，391—392；Stigler，1966，pp.266—267）。雇主拥有垄断权力是由于劳动者（缺乏资本）无法在双边垄断情况下不提供劳动服务（Marshall，1920，p.568）。

也许上面这些例子足以使读者想起经常以多种形式出现的资本市场的不完美。如果尚嫌不足，我们还可以增加大量关于资本配给的文献，特别是农业方面的（参见 Schultz，1940）。有关经济发展的大量文献中的例子很多（Lewis，1955，pp.127 ff.）。高利贷问题的出现至少有一半原因要归于资本市场的不完美（Ryan，1924）。另外，在公司融资（Buchanan，1940，p.315）和可耗竭资源经济学文献（Pigou，1932，pp.27—29）中都存在大量的资本市场不完美的例子。

资本市场不完美不仅是一个流行概念，更为重要的，它是一个终点概念（terminal concept）。只要这一概念被提出来，经济学家就完成了相关的分析。在经济学文章的结束性用语中（包括"那是一个指数问题"，以及"当然，次优的考虑仍然存在"），资本市场的不完美应当占据首要位置。但是这一如同加百利号角＊的词语却被人们忽视了。本章则尝试弥补这一空白。

基本的缺陷：不能便宜地借款？

最常见的资本市场的不完美是借不到钱。我们以流行的人力资源资本投资的例子来对此加以说明。一个年轻人由于借不到足够的资金来支付教育和生活费用而无法接受大学教育。

> 希望从事某一职业的年轻人仅有能力还是不够的；他必须拥有足够的资金来支付培训费用以及培训期间的生活费用。由于在培训方面进行资本投资的特殊性，这些资金不可能在公开市场上作为纯粹的"商业贷款"而得到，因此也不是所有人都能免费得到的……如果相对于对专业性服务的需求，只有少数得到必需资金的年轻人进入了该专业服务领

＊　加百利号角，即 Gabriel，《圣经》中的七大天使之一，是上帝传送好消息给人类的使者。——译者注

域,则我们可以认为发生了投资不足;如果情况相反的话,就是投资过度(Friedman and Kuznets,1945,pp.89—90)。

贝克尔指出,希望创建新企业而不是上大学的年轻人同样面临借款困难(Becker,1964,p.57)。

投资者获得或支付的高利率明白无误地表明了这一缺陷。当然,这还不足以使我们得出资本配置无效率的结论——就如同用有一些人步行证明汽车市场不完善一样。假设未来的大学生预计大学教育的投资需要支付的利率为12%,而"真正的"利率为6%。当然,我们必须知道向大学生贷款的人实现的贷款收益;如果为6%,那么边际资本收益在各种投资中是相等的,此时资本配置是有效率的。

对上面论述的一个主要的潜在反映是:借款人支付的金额与贷款人得到的金额之差为6%,这一差额过大,显然不能由贷款的成本来解释;记住,12%的利率是实际实现的,因此贷款风险已经得到了补偿。我试图以强有力的口吻来陈述这一回应,但是它并不能使人信服:实证问题不能通过非实证的论据来解决。如果有证据表明贷给学生的款项所实现的利率超过6%,尽管贷款成本(包括筹款)为6%,资本市场实际上是不完善的。但是现在论据主要依靠交易成本,而交易成本还从未有人测算过。[①]

对资本市场不完美的论断的第二个辩护是比较明确的。劳动者不被允许将未来的劳动服务作为贷款的担保,因此对"非自愿"奴役(其实合同也可以是出于自愿的)的法律禁止使劳动者不能成为有吸引力的借款人。实际上,对可执行的劳动合同的禁止减少了劳动者可支配的产权。但是如果贷款人无视法律规定,那么他们的行为将是愚蠢的,实现的收益可能为负。法律对借款人施加的限制并不能被称为资本市场的不完美。使用更加合理的用语,对劳动者谈判权利的法律限制应被称作"劳动市场的不完美"。[②]

如果借款人的利率降低了而交易成本并没有相当的减少,此时实际产生了资本的误配而不是消除了误配。这一情况与消除商品价格的地理差异相类似:如果两地的价格差异小于运输成本,商品的运输就是不经济的。[③]

我们相信,大多数对资本市场不完美的断言都是基于资本无法流动到收益率更高领域的理由。考虑一个残酷竞争的例子:一家企业(传说中的 J.D.洛克菲勒先生的企业)在某一地区以无利可获的价格进行销售,"把一个竞争对手逼入绝境"。然后,该企业以低微的价格收购了已停业的对手,并执行可获利的垄断价格政策。

如果资本市场是有效率的,这个规模较小的竞争者就可以找到贷款人,并告诉他:

> 可能存在三个月的价格战,在这期间我将损失 1 万美元,不幸的是我并没有这笔钱。如果你借我 1 万美元,我将挺过价格战,并且一旦我将你的保付支票出示给洛克菲勒看,价格战很可能都不会发生。即使价格战真的发生,战后我们通过合作所得到的收益将超过 1 万美元的损失,或者洛克菲勒就根本不会发起价格战。

这一论述完全使我信服。[④]

对资本市场不完美的指责常常并不相同,但是最终都归结到一点:借款人无法得到便宜的资金。考虑如下的批评:

> 我们关于企业金融的所有知识都强调资本市场的不完美。产品市场至少在理论上能够实现"完全竞争":在假定完全竞争时,交易者的共同知识全部是关于现在的知识。但是在资本市场中为实现完全竞争交易者分享的知识是关于未来的知识。因而这种知识本质上就具有不确定性,这一不确定性也表现在当前进行的交易的所得上。这种不确定性无疑使得资本市场的竞争"不完美"(Hart, 1949, p.171)。

作为一个术语问题,哈特(Hart)将存在不完美的预见称为市场不完美,就如同我说小麦种子存在不完美使得它不能被烘烤为可口的面包。但是,这种说法并不见得有用。这里真正有意义的是:哈特认为企业借款和贷款利率之差是不完美预见的结果(Hart, 1949, p.172),因此他的这种不完美的重要表现为:企业不能以市场利率自由借款。但还是没有证据表明对企业的贷款者比对非企业的贷款者实现了更高的(或更低的)收益率。

垄断是一种不完美

大量的历史性文献认为完美的市场就是竞争性的市场(参见 Stigler, 1957)。我个人反对在这两者之间画等号,原因在于市场的实质是所有权的

交换,而竞争的实质是经济力量的分散。如果交易者由于许多双边垄断或
寡头垄断情形的存在而无法知道买卖双方的报价,那么完全可以说,不存在
完全竞争的市场。但是即使交易的一方是个垄断者,市场也可以成为非常
有效率的交易场所。

对资本市场不完美的批评往往都是对垄断的批评。W.阿瑟·刘易斯
(W.Arthur Lewis)写道:

> 小农场主很容易陷入债务负担。这主要是由于他们所面临的风
> 险……部分地是由于他们缺乏远见,但放债者自己的政策也是一个重要
> 原因。如果农场主无力支付欠款,他就准备好被盘剥吧:放债者会强迫
> 农场主通过放债者的代理人出售所有可交易的农产品,或从放债者开的
> 商店购买所有必需品,在每一种情况下,价格都是不利于农场主的。或
> 者放债者还可以使农场主破产,以便宜价格收购他们的土地,然后收取
> 极高的租金(1955,p.127)。⑤

由于放债者没有多少竞争者,所以他们能够从当地人身上获取极高的
收益。

不管我们是否将垄断视为市场不完美,垄断权力可能导致资本配置的严
重低效率。但是这种低效率不可能很大:资本(或一般信贷)是最容易互相
替代、最容易分割,也是流动性最强的生产性服务。它来源于大量的个人和
公司储蓄者,并且甚至没有哪一个储蓄者能拥有1%的年储蓄额。它流向大
量的国有或私有的借款者;而且,除了在社会主义经济和大战期间的私人企
业经济(此时国家政府完全像个垄断者在行事)中,很少有借款人的借款额
达到年储蓄额的2%。

一般资本市场自然由许多部分组成:地区性市场和专门的信贷类型市场
(农业、商贸、分期付款、汽车),但是都交易相同的基本品,并且每个都具有
高弹性的资金供给。

使得储蓄流动起来并与借款人进行交易的金融市场在产业结构方面是
很不相同的。在大城市中,有成百个零售商对鞋子和衣物的购买者提供零
售信贷,但是在小城镇,只有一家商业银行从事短期商业贷款。这家银行要
与商业信贷、房地产抵押贷款或有价证券抵押贷款相竞争,但是它还是会拥
有一定的垄断力量。⑥在另一极,在促进大量国债发行的辛迪加中存在着垄

断(West，1965)。但是我们完全可以说垄断不是金融市场中的典型组织形态，并且即使垄断发生了，其数量优势也通常小于大部分其他市场。

当然这些笼统的陈述并不能证明垄断在资本市场中的作用微乎其微。这里我们意在指出：并不存在这一常识性的假定，即垄断是资本市场中常见的重要元素。

市场的完美化与不完美

市场的功能在于促进商品交换，因此有效市场(明显是一个规范概念)允许所有交易者愿意进行的交易发生。如果我们假定不存在交易成本，当仅存在单一价格时，有效市场将实现同质商品的合意交换。单一价格这一前提条件是必要的：如果存在两个(或更多)价格，一个销售者获得的收入小于某一个购买者支付的数额，两者更愿意彼此交易而不愿意与当前的交易对象交易。如果允许每个人进行所有他愿意进行的交易，那么这一条件也是充分条件。但是，单一价格却出现排队现象，则明显违反了我们给出的效率条件。

对资本市场不完美的粗心使用和滥用源于这一简单理论在不当情况下的使用。

有一种交易成本总是被经济学文献所强调，很可能是由于这一成本非常明确，且数量很大：当买方和卖方在不同地点时商品的运输成本。实际上，古诺的市场定义是价格趋向于统一的地区，给运输成本留有余地(Cournot，1927，p.51，n.)。附带条件当然也是必要的：如果 A 地的价格为 1 美元，B 地价格为 1.25 美元，如果运输成本超过 0.25 美元，B 地的购买者不会愿意到 A 地购买。

在这些条件下，如果商品不停地向一个方向流动并且在数学上是连续的，那么在扣除运输成本之后，市场上仍然会只有一个价格。但这些是极为严格的条件，并不是在所有的时候乡村仓库中的小麦价格都会等于磨粉中心的价格减去运输成本。[⑦]例如，如果在"进口"地点有存货，那么(由于运送存货不可能不产生成本)当存货变动时，价格也会变动。

运输成本是所有交易成本(获取产品和其他交易者信息的成本、检查质量的成本、收款成本,等等)的原型。如果获得(产生)完备知识无利可图的话,拥有不完备知识的市场就不存在缺陷。信息成本是从无知通往全知的运输成本,很少有交易者能支付全部旅程费用。

因而,要得到关于价格的完备信息要求考查所有的交易者。最优的信息要求对交易者的考查达到某一点,在该点搜寻的预期边际收益等于其边际成本(参见 Stigler,1961)。获取完备信息就像把纽约的一所价值 30 000 美元的住房运到可能会值 30 200 美元的加利福尼亚一样浪费。所有其他的交易成本也有可以比较的方方面面,[⑧]因此有效市场的标准就变成具有合适价格频率分布的市场。关于这一问题还有大量工作需要做,但是不能放弃有效市场的单一价格标准。

这里的论述可以应用到特殊的资本市场不完美情形中,这可以由一个著名的例子,即凯恩斯(Keynes,1936,p.144)讨论的借款人和贷款人的风险差异来加以说明。

> 两种类型的风险影响投资量……第一个是企业家或借款人的风险,这一风险产生于借款人自己对预期收益的实际取得概率的不确定。如果一个人以自己的钱作投资,那么这就是唯一相关的风险。

> 但是当存在借贷系统时,这里我是指有实物或人格担保的贷款发放,第二种类型的风险就是相关的,我们可以将其称为贷款人风险。这可能是由于道德风险……也可能是保证金不足……

> 现在看来,第一种风险从某种意义上来说是真正的社会成本,尽管通过平均或增加预见的准确性能降低该风险。第二种成本纯粹只是投资成本额外加一项,如果借款人和贷款人是同一人的话,它就不复存在了。

凯恩斯的最后一句并不是很明确:借款人怎么就知道他在未来是诚实的?年轻的银行出纳员刚进银行时就知道他将在七年后携款潜逃至巴西吗?但是可以令这样的事情是已知的。那么风险差异的原因就可以归结为信息成本了。贷款人无法负担成本来获取信息,将给定的借款人归入更准确的风险类型,因此这个借款人就被视为一个更高风险的人。贷款人可能没有能够对借款人进行充分的区分——意味着收集信息的额外投资是有利可图的,暂不考虑这种失误,贷款人和借款人对风险估计的差异与由运输成本导致的价格差异非常类似。

结论

市场的效率应当会引起经济学家的极大兴趣:经济理论对市场的关注远远超过对工厂或厨房的关注。因此,令人困惑的是,很少有人关注市场理论,即使有一点,也主要是猜测。我们对轻易使用资本市场不完美提出批评是主张对市场展开研究,而不是宣称资本市场是"完美的"。我们可能承担不起完美的市场,但是我们以多种方式规制真实的市场,知道这些规制都实现了什么样的任务也是一件令人高兴的事。

将不完美都归结到市场身上是一个比较容易的做法,因为市场很少有辩护者。实际情况比这还糟:拥有条件优越的辩护者的市场都是那些按垄断方式组织的、能够承担辩护者费用的市场。我并不是建议经济学家充当市场的护卫者,只要市场能免受指责就足够了。

参考文献

Becker, Gary, 1964, *Human Capital*, New York: National Bureau of Economic Research.

Blake, H. M. , and Jones, W. K. , 1965, "In Defense of Antitrust", *Columbia Law Review*, Vol.LXV, p.392.

Buchanan, N. S. , 1940, *The Economics of Corporate Enterprise*, New York: Henry Holt & Co.

Cournot, A. A. , 1927, *Mathematical Principles of the Theory of Wealth*, New York: Macmillan Co.

Davis, Lance, 1963, "The Investment Market, 1870—1914: The Evolution of a National Market", *J.Econ. Hist.*, Vol.XXV.

Friedman, Milton, and Kuznets, S., 1945, *Income from Independent Professional Practice*, New York: National Bureau of Economic Research.

Hart, A. G., 1949, "Assets, Liquidity, and Investment", *Proc. American Econ. Assoc.*(May 1949), p.171.

Jones, Eliot, 1921, *The Trust Problem in the United States*, New York: Macmillan Co..

Keynes, J.M., 1936, *The General Theory of Employment, Interest and Money*, London: Macmillan Co..

Lewis, W.A., 1955, *The Theory of Economic Growth* (Homewood, Ill.: Richard D.Irwin, Inc., 1955).

Loescher, S. M., 1959, *Imperfect Collusion in the Cement Industry*, Cambridge, Mass.: Harvard University Press.

McGee, J., 1958, "Predatory Price Cutting", *J. Law and Econ*, (October 1958).

Machlup, F., 1949, *The Basing-Point System*, Philadelphia: Blakiston Co., 1949.

Marshall, A., 1920, *Principles of Economics*, New York: Macmillan Co., 1920.

Nicholls, W.H., 1951, *Price Policies in the Cigarette Industry*, Nashville, Tenn.: Vanderbilt Univ. Press, 1951.

Peltzman, Sam, 1965, "Entry into Commercial Banking", *J. Law and Econ.*(October 1965).

Pigou, A. C., 1932, *The Economics of Welfare*, London: Macmillan Co., 1932.

Ryan, F.W., 1924, *Usury and Usury Laws*, Boston: Houghton Mifflin Co., 1924.

Schultz, T. W., 1940, "Capital Rationing, Uncertainty, and Farm-Tenancy Reform", *J.Political Economy*(June 1940).

Stigler, G. J., 1950, "Monopoly and Oligopoly by Merger", *American Economic Rev.*, Vol.XL(May 1950).

——，1961，"Economics of Information"，*J. Political Economy*（June 1961）.

——，1957，"Perfect Competition，Historically Contemplated"，*ibid*.（February 1957）. Reprinted in *Essays in the History of Economics*，Chicago：University of Chicago Press，1965.

——，1966，*The Theory of Price*，3d ed. New York：Macmillan Co.，1966.

West，R. "New Issue Concessions on Municipal Bonds"，*J. Business*，Vol. XXXVIII（April，1965）.

注 释

① 这可能无法进行数学计算。贷款违约率很大程度上取决于选择借款人的方法。向全国所有的学生提供贷款会大大提高违约率。

② 至于造成了不完美的立法是否明智这一问题不是当前考虑的重点。如果劳动者由于无知，缺乏预见性、垄断等原因而经常签订错误的合同，那么对可执行的劳动服务合同的禁止就被认为是合意的；如果这种错误的合同并不常见，法律禁止就是不合意的。这一问题与导致法律产生的现象（即世袭的奴隶制度）无关。

③ 但是，兰斯·戴维斯（Lance Davis，1963）通过考察各地区利率差异的下降来测度这一方法在全国资本市场中的应用。没有人会想到对小麦或汽车使用这一标准。

④ 也会使洛克菲勒(他以有利的条件收购了自己的竞争对手)信服。参见 J.McGee（1958）。

⑤ 这里我顺便指出，刘易斯实际上使用了"理论"。

⑥ 事实上，萨姆·佩尔兹曼（Sam Peltzman，1965）近期的研究表明：FDIC（联邦储蓄保险公司）营业许可政策在 1935 年以后限制商业银行业的进入，比起没有这一限制可能发生的情况，产业进入率下降一半以上。结果，银行股票价格也高于没有限制可能的价格。

⑦ 我暂时忽略这一事实：运输成本很少会是一个独立于季节、数量和速度的数字。

⑧ 参阅 H.德姆塞茨全面分析这一主题的文章，"The Cost of Transacting"，*Quarterly Journal of Economics*，February 1968.

11

论专利

知识的生产（比如说，高能长寿命的高密电池）与厂房或其他普通投资品的生产制造有三点不同：

1. 研究费用的（经济）结果比建筑开支的结果具有更大的不确定性。

2. 知识一旦生产出来，如果对盗用没有法律限制的话，其他有兴趣的企业常常可以便宜地加以盗用。

3. 如果知识的生产者获得了知识的独占权，实际上就是赋予它垄断地位。可以存在 100 或 1 000 家类似的工厂，但是不会（在同一时刻）存在 1 000 个可供发现的不同类型的蓄电池，甚至 2 个都可能没有。

当然，知识生产和有形资本品的生产之间的这些差异都是一个程度问题。就结果的不确定性来说，程度差异可能显得更小，这是因为许多新知识是根据订单生产的，而许多有形投资则具有高度不确定的经济结果。占用性（appropriability）的差异则较大，在垄断地位方面也有较大差异，所以我们集中讨论这两个差异。

许多新知识都可能被其他人轻易占用，这种情况时常对知识所有者执行专有权利提出了挑战。如果产品向每个买方都传递了知识，或者如果过程可以被秘密地加以应用，知识的生产者就可能仅得到一小部分收益。实施专利权的成本很可能对研究的方向和性质有重要影响。

知识生产出来后的较小传播成本使得我们可以将知识的生产比喻为桥梁的建造——不同点在于知识的大量使用不会导致拥塞。因为增加一个行人的边际成本为零而支持未拥塞桥梁免费使用的经济学家也同样会支持新知识的使用。从某一方面来看,这一例子甚至更加支持知识的免费使用:知识比桥的容量更大——你可以建造一座桥,假设每天能容 1 000 个人通行,因此不拥挤的桥梁通常是对需要的预测错误。但是在降低矾土含量或制造蓄电池的知识使用方面就不存在这样的容量限制。

因此你可能认为,为了允许社会合意的无限制的知识使用,发明家应当一次性获得一大笔奖金而不是给予专有权。如果可以设计这样的一次性奖金授予系统,使得奖金等于新知识对国民收入(或福利)作出的贡献,那么就会出现使用该系统的例子而不是使用专利制度。但是,即使是设计一个远非客观的新知识社会价值的估计方法也面临巨大的困难。

知识生产方面的主要理论问题还是,如何投入正确数量的资源进行知识的研究。我们现在的专利系统授予发明家 17 年的知识专有权,这一系统带来了大致正确数量的研究努力了吗?

我们通常给予资本品的建造者及其后代该资本品的永久所有权。原因很简单:边际社会产品是所有该资本品未来产出之和,并且如果资本品被私人制造出来,使得边际社会产品等于其边际成本,那么所有者就应当得到所有未来产出。为什么对新知识的生产者就不能使用相同的规则呢?

我认为,传统的正式答案,在于新知识通常是以垄断形式出售的,而不是以竞争形式出售。安全剃须刀的发明者不必与 500 个同样吸引人的新刮须方法同台竞争,因此他可以为剃须刀收取垄断价格。请注意,这并不意味着发明家在知识生产方面的投资收益比其他生产有形资产的企业家更高。对垄断定价的预期会导致知识生产的投资规模发生变化,使得平均来看,知识生产的投资收益率是竞争性的。对于终身制的专利系统来说,过多的资源会进入研究和创新领域,原因就在于新知识的垄断销售会产生与其他投资品竞争性销售相同的资源收益率。永久性的专利会导致多少过度投资取决于专利权所有人平均来说能获得多少垄断权利。

　　17年的固定期限实际降低了专利系统提供的奖励,使其更接近于在竞争情况下新知识所能得到的收益。如果我们使用10%的利率,17年的年金等于80%的终身年金,因此我们的专利系统隐含地估计永久性专利的过度激励比竞争收益率超出了约25%(即资本的2.5%)。

　　版权中的垄断因素无疑要小一些:20年之后才出售版权的作者十分鲜见。我们56年的版权系统,按照相同的年金计算,使版权的垄断利润约高于竞争水平0.5%。这是一个合理的数字。

第Ⅲ部分
市场行为方面的主题

纳入这一部分的论文议题略显杂乱。

第 12 章

市场范围限制劳动分工（*Journal of Political Economy*，1951），其中讨论了企业所承担的功能的范围。

第 13 章

论盈利性、竞争和集中

第 14 章

含运费价格系统的理论（*American Economic Review*，1951）

第 15 章

论成套订购（*Supreme Court Review*，1963）

第 16 章

信息经济学（*Journal of Political Economy*，1961）

第 17 章

劳动力市场中的信息（*Journal of Political Economy*，1963）

第 18 章

拐折寡头垄断需求曲线和价格刚性（*Journal of Political Economy*，1947）

第 19 章

管理价格和寡头垄断性通货膨胀（*Journal of Business*，1965）

12

市场范围限制劳动分工 [*]

经济学家长期以来致力于研究企业和产业的运营费用问题,但是他们将企业究竟做些什么,即是什么决定了企业的活动和功能范围这一问题视为已知数。本章的中心观点为:亚当·斯密提出的"市场范围限制劳动分工"定理是关于企业和产业功能的理论的核心,并且还可以用来说明许多其他经济问题。我将:(1)对该理论作一简单历史回顾;(2)简单构建一个企业功能理论;(3)将理论应用于纵向一体化;(4)指出理论更广泛的应用领域。

历史性回顾

当亚当·斯密提出著名的"市场范围限制劳动分工"定理时,他引出了一个两难问题,至少表面上看来是如此。如果这一定理可以被普遍应用的话,大多数产业岂不都成了垄断产业?只要进一步劳动分工(劳动和机器的进一步专业化)能带来更大的产出和更低的成本,那么联合或扩张,以及驱逐竞争

---

* 原载于 *Journal of Political Economy*,Vol.LIX,No.3(June 1951)。

对手,对企业家来说都是有利的。两难问题表现在:如果劳动分工受到市场范围的限制,那么产业则以垄断为特征;但是如果产业以竞争为特征,那么该定理就是错误的或者是没有意义的。这两种可能性都不能令人满意。过去和现在都有许多重要的竞争性产业;而斯密的观点——如果苏格兰高地人不必人人自己烤面包、酿酒的话效率会更高——看来也很有说服力并能得到广泛推广。

在《国富论》出版后的整整一个世纪中,这一难题暂时得到了有利于斯密定理的解决,即通过使用忽略稳定竞争均衡的条件这一简单的权宜之计。李嘉图(Ricardo)、西尼尔(N. W. Senior)、J. S. 穆勒(J. S. Mill)以及他们那些不太著名的同仁们,提出了生产报酬递增原理,对西尼尔来说,这甚至是一个公理。农业被排除在外是基于经验判断,并不是说进一步劳动分工不可能,而是说以相对有限的土地供给进行集约化耕作产生的报酬递减趋势,强于劳动进一步分工的趋势。

但这只是一个无法令人满意的解决办法。当马歇尔开始重构古典经济学时,为了构建全面的、内部一致的经济学体系,这一两难问题就不能再被忽略了。马歇尔既不愿放弃递增的报酬,也不愿放弃竞争,他创立了三个理论(当然,不仅仅是为了解决这个难题),从而可以保证二者之间的相容。首先,而且可能也是最重要的,他提出了外部经济的概念——超出企业范围的经济,而且该经济取决于产业、地区、国家经济,甚至全球经济的规模。第二,他强调有能力的企业家的生命是有限的,以及一个企业可以经营任意长的时间是不可能的。第三,他指出每个企业都可能有部分垄断权力,其产品具有单独的有弹性的需求曲线,因此,随着产出的扩大,价格下降的速度通常快于平均成本。

竞争和递增的报酬之间一度是相容的,但是,随着价格理论的中心移向企业,斯密定理就逐渐被忽略了。相对于被经济学家一度认为是具体、明确的企业成本,外部经济是一个相当模糊的范畴。而且,正如奈特(F. H. Knight)教授所指出的,一个产业的外部经济可能(或许可以说一定)是另一个产业的内部经济。达到内部经济的产业会走向垄断;顺便提一句,前一产业作为后一产业的消费者,也就不一定能分享这种"经济"。既然对于流行的分析技术来说,外部经济是一个难以处理的因素,因此它越来越被忽略。

马歇尔的企业衰亡理论也越来越为人们所忽略,甚至没有得到明确的关注。这一理论方法不能与静态经济学很好地吻合,而且不能方便地纳入成本曲线和需求曲线(特别是在未使用代表性企业这一概念的情况下)。另外,如果企业内的规模经济如马歇尔描述的那么强,那么高素质企业家的持续存在就不一定是取得垄断的必要条件。巨型企业难道不能通过内部扩张而缓慢成长或通过兼并而迅速成长吗?

马歇尔的第三个理论为单个企业面临向下倾斜的需求曲线。由于它与严格定义的完全竞争不相容(而完全竞争在那时日益成为标准的分析模型),所以在一个时代中都不流行。但是到了20世纪30年代,向下倾斜的需求曲线又为那些不完全竞争和垄断竞争的支持者们重新发现并得以流行。这些学者应用该理论并不是为了考察产业和经济的运行情况,而是将价格理论的研究重点放在企业的生理学和病理学方面。

让我们回到1928年。鉴于报酬递增被忽视的情况非常严重,阿林·杨(Allyn Young)感到有必要通过强调斯密定理的重要性来恢复它的地位:"我一直认为,在所有经济学文献中,斯密定理是最具启发性和最富成果的一般理论。"[①]他的观点看来很有说服力,但是他没有解决将市场范围因素纳入竞争性价格理论这一技术难题。的确,他公开避开了这一问题,他断言在这一领域,企业,甚至可能产业规模都太小而不能作为分析单位。所以,虽然杨、马歇尔、斯密的观点至今还常常被提及并受到赞扬,但这只不过是象征性地表示敬意而已,并不意味着他们的观点已和企业理论、竞争产业理论融为一体。

企业的诸功能

企业通常被视为购买一系列的投入品,然后生产一种或多种可销售产品,产品数量与投入品数量之间的关系由生产函数决定。就我们的研究目的来说,最好认为企业从事一系列不同的操作:购买和存储原料,将原料转变为半成品以及将半成品转变为成品,存储和销售产成品,为买方提供商业信用,等等。也就是说,我们不是按照企业采购投入品的市场,而是按照企业的功能或运作过程来分割企业的。

完成这些功能的成本之间的关系由技术决定。一项功能的成本可能取决于前一项功能与其在时间上和空间上是否紧密衔接,例如趁热加工钢锭能节约热能。或者各项操作的相关性也可能甚小,例如,为了监督市场销售,企业家必须忽略生产问题。

我们暂时不考虑各项功能成本之间的关系,这样我们就可以得到一个简单的企业生产成本几何图形。如果每项功能的成本仅取决于该功能的产出率,我们就可以为每项功能作出唯一的成本曲线。而且,如果每项功能的产出率与最终产品的产出率之间有固定不变的比例关系(比如每 100 磅水泥装一袋),我们就可以将所有功能的成本曲线作在一张图上,各项功能成本的(纵向)和就是传统的企业平均成本曲线。

各功能的平均成本曲线形状是不同的,见图 12.1。有的连续下降,如 Y_1;有的连续上升,如 Y_2;有的呈传统的 U 形,如 Y_3;当然,先升后降的情况也不是不可能的。

现在来考虑斯密定理。某些操作过程是报酬递增的,为什么企业不进一步利用这些操作过程,并在这一过程中成为垄断者呢? 因为其他的一些功

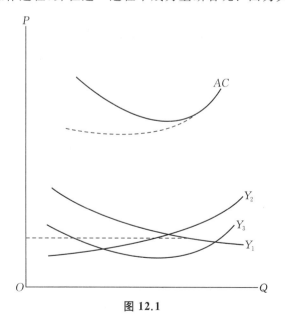

图 12.1

能是报酬递减的,这通常使得最终产品的平均成本并不随产出增加而下降。那么企业为什么不放弃报酬递增的功能,把它交给专业化企业(和产业)来承担,以便充分获取报酬递增的利益呢? 也许在给定的时期,这些功能市场规模太小,不足以支持一个专业化的企业或产业。产品的销售量太小,不足以维持一个专业的销售商;副产品的产量太小,不足以维持一家专业化的加工厂;对市场信息的需求太小,不足以为此创办一家商业期刊。该企业必定要自己去完成这些功能。

但是,随着产业的扩张,报酬递增规模的数量大到足以产生一个专业化的企业。生产最终产品的企业会放弃操作过程 Y_1,让一家新企业去承担。这家新企业就成为一个垄断者,但它面对的需求是有弹性的:它对 Y_1 的定价不能高于放弃 Y_1 的企业若自己完成 Y_1 的平均成本。随着产业继续扩张,提供 Y_1 的企业数目便会增加,所以新产业又会成为竞争性的产业,而且,新产业也会以相似的方式将 Y_1 的一部分交给新的专业化企业去完成。

对于放弃了 Y_1 的产业,其企业的成本曲线会发生变化:Y_1 为一在有效区域内低于 Y_1 的水平线(不考虑数量折扣)所替代。产品的平均成本线会下降(见图 12.1 的虚线),根据现在的假定,成本最低点的产出(如果产出是唯一的)将变得较小一些。

某些功能是成本递增的。企业为什么不放弃,或至少限制这些功能的运行规模呢? 只需作一点改变,以上的分析在这里同样适用。随着产业的成长,企业无须完全放弃成本递增的操作过程。这类操作的一部分(比如说,汽车引擎的铸造)在企业的内部完成,而平均(或边际)成本并不高,其余部分则向专业化的产业去购买。

为了给出简单的几何图形,我们作了两项假定。第一,各操作过程的产出率和最终产品的产出率严格成比例。这一假定对某些功能来说,是比较接近现实的(如一最终产品的零部件的制造),但对另一些功能则是不现实的(如为某一产品所作的广告)。如果我们放弃这一假定,不会影响我们分析的要点,只是使几何图形变得复杂一些。[②]

第二个假定为各项功能的成本相互独立,这是一个更加重要的假定。实际上,许多操作是对立的:一项操作的产出率越高,另一项或另一些操作的某个给定产出率的成本就越高。有时,这种对立关系是技术上的(如许多多产品企业的情况）；但几乎也总是表现在管理方面：企业所承担的功能越多，则协调的工作量越大。另一些操作则是互补的：一项操作的产出率越高，另一项或另一些操作的每个给定产出率的成本就越低。互补关系的最奇特的例子是原材料在同一家工厂中环流：在炼钢过程中，钢铁厂提供了自己所需的大部分废钢。

如果总的说来，各功能是对立的，那么当企业放弃一项功能时，最终产品产出率通常会提高，我认为一般情况确是如此。例如，在查普曼（S.J. Chapman）和阿什顿（T.S. Ashton）对英国兰开郡纺织业的著名研究中，他们发现1911年，既纺纱又织布的企业平均拥有纱锭47 634个，而仅纺纱的企业平均拥有纱锭68 055个。③但并非必定如此——在织布机数量方面，他们却发现了相反的关系。关于企业所承担的功能的范围对企业规模的影响，需要作更多的研究，才能得到可靠的一般结论。

纵向一体化

许多经济学家相信，随着企业（和产业？）的成长，会逐渐把各有关功能从先前独立的产业那儿接收过来。例如，美国钢铁公司现在自采铁矿，自营运输铁矿石的铁路和船队；另一方面，又制造炮管、油田设备、房屋等。

广义地说，斯密定理指出，在不断成长的产业中，典型的情况应是纵向非一体化，而纵向一体化倒是衰落产业的特征。④所以，可以用纵向一体化方面的情况来检验斯密定理的重要性。

遗憾的是，关于纵向一体化的趋势，并无充分翔实的资料。我们只能比较威拉德·索普（Willard Thorp）1919年、沃尔特·克劳德（Walter Crowder）1937年对多工厂公司的研究结果，这是我们手头仅有的数据量较大的资料。1919年，在较完整的4 625家制造业公司名单中，有13%的公司，即602家公司有两个或两个以上的工厂从事接续生产，也就是说，一工厂的产品是另一工厂的原料。⑤1937年，在更完整的公司名单（5 625家制造业公司）中，相应数字是10.0%，即565家。⑥1919年，所有跨产业的公司中有34.4%从事接续生产；而在1937年，相应的数字是27.5%。这一时期或许正是多工厂公司越来越重要的时期,所以制造业产出的相当大部分很可能是由纵向一体化企业提供的。但就这些多工厂公司本身而言,似乎存在着偏离纵向一体化的趋向。[⑦]

如果我们观察产业的整个生命期,必然能发现占主导地位的趋势是纵向非一体化,年轻的产业对现存经济系统来说,是"新人"。这些产业对原料的类型或质量提出了新的要求,因此只有自己来生产;它们必须自己解决在产品使用过程中的技术问题,而不能等待潜在的用户来解决;它们必须自己说服客户放弃其他商品,因为无法找到专业的销售商来承担这一任务。这些年轻的产业必须设计它们自己专用的设备,而且常常还要自行生产,以及招聘(常常是引进)熟练劳动力。当新兴产业达到了一定规模,日益兴旺,则上述任务都有必要转交给专业人员和专业公司来完成。对于其他企业来说,供应设备和原材料,承担产品的营销和副产品的利用,甚至是训练熟练劳动力都是有利可图的。最后,当该产业开始衰落时,那些起辅助、补充作用的分支产业也会衰落,该产业中的残存企业不得不重操旧业,承担起那些不再足以维持独立企业的功能。

我们可以棉纺机械产业为例来说明这一一般发展过程,因为最近我们可以获得大部分该产业的数据资料。[⑧]这一产业最初作为纺织产业的一部分:每家纺织厂都有一个制造和修理机器的车间。此后,专业化在水平、纵向两个方向上发展起来:机车制造、机械工具制造、棉纺厂的设计、直接销售等功能逐渐被分离出去。当棉纺织市场在 20 世纪 20 年代出现下滑时,机械企业则增加了新产品,比如造纸机械、用于其他纺织品生产的机械,以及全新的产品,例如燃油炉和冰箱。给人深刻印象的是,甚至较长的周期波动也会像长期趋势一样影响专业化程度。

当然,这并不是纵向一体化的全部故事,有必要描述一下其他一些发挥作用的因素。其中最重要的因素是价格体系的失灵(由于垄断或公共规制),即未能使用处于产品的边际成本(对于买方来说,产品边际成本指由他自己生产时产品的边际成本)和边际价值(对于卖方来说,产品边际价值指他对产品进一步加工时产品的边际价值)之间的价格使市场出清。美国在二战期间和战后初期纵向兼并的盛行突出地表现了这一点,企业使用纵向兼并来避免公共的和私人的价格控制和配置。如图 12.2 所示,规制价格为

OA,产出为 OM。对买方来说,OM 的边际价值为 OB,由于供小于求,只能用非价格方式配给。处于自由价格 NS 时,买卖双方的利益之和为阴影部分 RST,纵向一体化是获得这一利益的简单方法。这就是收音机制造商和机壳制造商合并,炼钢企业和钢铁加工企业合并的原因。

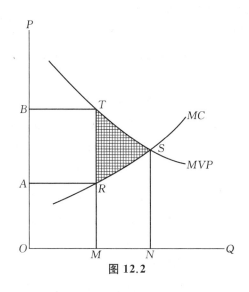

图 12.2

虽然非价格配给提供了促进纵向一体化因素的最突出例子,但是私有垄断通常也能提供同样的激励。几乎每个原材料卡特尔都会遇到这样的麻烦:客户希望一体化上游企业,以此反对卡特尔价格。由于卡特尔成员的产出份额非常有限,每个成员未来收益的贴现值不一定很高,即使产品价格定得很高。因此,买方通过购买上游企业(或通过寻找非卡特尔化的供应源)来实现一体化是有利可图的。例如莱茵-西费林煤炭卡特尔就一直为这一问题所困扰:

> 虽然在参加 1893 年最初的辛迪加协议的成员中,有一些钢铁公司自己生产部分所需的煤炭,但是钢铁产业还是依靠市场采购来获得燃料。由于煤炭辛迪加的运作,导致了刚性的价格和缺乏弹性的销售条件,现在使得钢铁公司寻求摆脱对辛迪加的依赖。
>
> ……各种类型的客户都采取了针对辛迪加的防御措施。一些大型产业客户……独自或联合起来拥有了煤矿,其中包括了重要的钢铁公

司……以及电力、煤气、铁路设备、橡胶和其他产业的公司。甚至一些城市,如科隆、法兰克福也加入了这一行列。⑨

垄断是一种狡猾的事情,而且它还会由于其他原因而导致纵向一体化。企业不可能在它没有运营的阶段实行价格歧视。美国制铝公司正是由于自己也制造电缆,所以才能以低于铝锭的价格销售电缆,与铜产品竞争,而对于竞争性较低的产品则维持较高价格。⑩另外,纵向一体化可能会增加新企业进入的难度,因为从事多种操作需要更多的资本和知识,而这些操作本来是依靠互相竞争的供给者或市场提供的。

我们并不试图以上面的论述来构建一个纵向一体化理论。实际上,我们所需要的纵向一体化理论只能是企业功能理论的一部分。当人们试图对生产环节进行划分时,就会发现"纵向"关系具有很大的人为性和随意性。无论我们希望单独讨论纵向关系,还是将其作为一般理论的一部分来讨论,斯密定理都将是理论解释的中心部分。

斯密定理的推广

一方面,斯密定理还不足以形成完整的产业间功能分工理论,而另一方面,它又不止讨论产业间分工,还说明了经济结构和运作的诸多方面。这里我们试论专业化程度不断提高原理的一些含义。

人们希望找到产业功能结构和地理结构的某种直接联系——毕竟,运费的降低是提高市场容量的主要方式。(没有必要再补充说明我们讨论的各因素是相互影响的,并且为了简化和突出重点,因果关系是单向的。)区域化是提高产业的经济规模和实现专业化优势的一种方法。需要紧密合作才能运作的补充辅助产业如果距离过远则无法有效运作。我个人认为,在一个市场内,地理区域的分散是一种"奢侈品",只有当产业已经成长到足够大才能负担得起(所以甚至是较小的生产中心也能获得专业化的重要收益),而且一旦产业规模开始收缩,只能放弃这一"奢侈品",重新回到地理区域集中。

区域化对工厂规模的影响与此紧密相关。产业的区域化程度越高(产业的规模在某种意义上不变），则单个工厂在产品和功能方面的专业化程度越高。在美国，地理集中的产业通常工厂的规模也相当小。[11]还有证据表明，在较大的生产中心，产业工厂的规模较小。例如，1937年，工业区的制鞋厂平均雇员为137人，在其他地区则为314人。[12]英国也是如此，在高度区域化的产业中，中等规模的工厂占主导地位。[13]

在19世纪，人们常常说，英国拥有"先发"优势。这一含糊的说法倒也包含了真理的成分，斯密定理则对此给予了更清晰的说明。英国作为世界上最大的经济体，专业化程度比其他任何国家都高，特别是那些不和任何一个产业密切相关的"一般"专业化（如铁路、航运、银行业，等等）。英国的优势不仅在于起步早，而且在于起步大。

现在还有许多人认为企业间的交易代价高昂，而企业内的交易无成本，他们真应该仔细研究一下英国强盛时期的产业组织。伯明翰那时是金属业的中心，其专业化达到了难以置信的程度。让我们来看一看1860年小型武器制造业的情况，当时伯明翰仍是世界主要的生产中心：

> 1861年伯明翰的小型武器制造业大约有5800人，大部分都在圣玛丽教堂周围的很小区域内……形成高度区域化的原因是不难发现的。与珠宝的制作一样，枪支的制造由大量专门负责特定工序的工人共同完成，这种组织方法需要将零部件不断地从一个工场运往另一个工场。

> 枪支制造商——企业主——很少会拥有一家制造厂或工场……他通常在该地区仅拥有一个仓库，他的主要任务就是获取半成品部件，然后将这些部件交给专业工匠，由专业工匠再进行组装，完成枪支的制造。他从枪管、枪机、瞄准器、扳机、通条、枪托的制造者那儿购买原材料，如果他与军事部门有联系，还会从刺刀锻造者那里购买材料。这些原材料供应商都是独立的制造商，他们完成数个枪支制造商的订单……在零部件从所谓"材料制造者"那儿买来后，接下去的工作就是把它们交给一系列"安装者"，每个人都从事与枪支组装和最终完成有关的一项特定操作。下面我简单列举几个工序，有负责前部瞄准器和枪管块状后端的安装者；有负责安装后膛的装配工；有嵌入枪管、枪机以及使枪托成形的枪托工；有为枪支加来福线及为校正作准备工作的枪管扳机工；还有固工、抛光工、钻孔工、加来福线工、雕板工、油漆工；最后是扳

机校正工,调整各活动部件。⑭

现在,美国的生产方法在国外被广为模仿,"落后"国家可能正在引进我们最新的机械和方法。但是根据我们比较熟悉的观点,我们的模式对于小规模的工业化并不合适。我们的生产工艺过于专业化,在小规模基础上使用是不经济的。美国所拥有的巨大辅助产业网络在小型经济中是不存在的。而且这些国家的教育机构也不能提供专业化的人才;它们将会缺乏能够改进原材料和产品的专家。模仿我们的小型经济至多只能学习我们今年做事的方法,而无法学到我们明年改变事物的方法;因此,模仿的结果是非常僵化的。本杰明·富兰克林(Benjamin Franklin)作为落后经济中的一个有观察力的公民,曾充分地表述了上面的观点:

> 在制造业发达的地方,产品生产是由多人完成的,每个人仅专于自己的部分操作,没有人精通全部生产过程。如果一个工人被诱拐到国外,由于他不和同事在一起,也只能无所适从。这样,事情就变得极端困难了,必须劝诱熟悉生产各个环节的工人一起迁往国外。被劝诱到国外的人中间有些可能是懒鬼和酒鬼,这使得雇主不满意,打击了雇主劝诱工人移民的积极性。如果由于皇室慷慨大度,以及花了一大笔钱(仅贸易利润难以弥补),终于能集合一个完整的技术工人组合,并把他们送往国外。但是他们立刻会发现当地很多系统都不完善,产业要取得优势还缺乏许多条件,要克服的困难实在太多,劳动力组合的链条很容易因死亡、不满、擅自离职而瓦解,以至于雇员和雇主都心灰意懒,这一移民规划就此烟消云散。⑮

劳动分工并不是 18 世纪制针工厂的奇特实践,而是经济组织的基本原则。

参考文献

R. H. Coase, "The Nature of the Firm", 1937, *Economica*.

G. J. Stigler and K. E. Boulding, 1952, *Readings in Price Theory*, Honewood, Ill.: Ricard D. Irwin, Inc..

注 释

① "Increasing Returns and Economic Progress", *Economic Journal*, XXXVIII (1928), p.529.

② 我们可以依所选定的各功能的规模,单独绘制每个功能的成本曲线,也可以将它们绘在一张图上,这样,相对每个最终产品的产出率,各功能最佳数量就显示出来了。

③ S.J.Chapman and T.S.Ashton, "The Sizes of Businesses, Mainly in the Textile Industries", *Journal of the Royal Statistical Society*, Vol. LXXVII(1914), p.538.

④ 但这并不是严格的推理。因为随着产业的增长,企业的专业化不仅指承担功能的减少,而且还包括产品专业化,即生产更少的产品种类。

⑤ W. Thorp, *The Integration of Industrial Operation*(Washington, D. C., 1924), p.238.我略去了铁路维修厂和 301 家从事连续生产的公司,因为这些公司包括采矿在内。

⑥ W. F. Crowder, *The Integration of Manufacturing Operations*("T. N. E. C. Monographs", No.27, Washington, D.C., 1941), p.197.

⑦ 增加值和产品价值的比率是衡量公司内各工厂纵向一体化程度的一种粗略的指数。有趣的是,在 1939 年的制造业中,这一比率最高的 17 个产业的平均雇员人数是 16 540 个;而这一比率最低的 17 个产业的平均雇员数是 44 449 个。所以,在较小的产业中,工厂的纵向一体化程度更高一些(参见 National Resources Planning Board, *Industrial Location and National Resources*, Washington, D.C., 1943, p.270)。

⑧ G. S. Gibb, *The Saco-Lowell Shops*(Cambridge, Mass.: Harvard University Press, 1950); T. R. Navin, *The Whitin Machine Works since* 1831(Cambridge, Mass.: Harvard University Press, 1950).

⑨ A. H.Stockder, *Regulating an Industry*(New York, 1932), pp.8, 11 and 36.

⑩ D. H.Wallace, *Market Control in the Aluminum Industry*(Cambridge, Mass.: Harvard University Press, 1937), pp.218—219, 380.

⑪ National Resources Planning Board, op.cit., pp.250 ff.

⑫ 同上,p.257。

⑬ P. S.Florence, *Investment, Location, and Size of Plant*(London: Cambridge University Press, 1948).

⑭ G. C.Allen, *The Industrial Development of Birmingham and the Black Country*, 1860—1927(London, 1929), pp.56—57, 116—117.关于后面的一个

时期,作者评论道:"总的说来,在产出迅速增长的工程产业中专业化表现得最明显;而扩展产品线的政策主要为大康采恩,或那些迫于老市场的衰落把一部分生产能力转向新需求的产业所采用。"(同上,pp.335—336)在后期美国的枪支制造业中,生产技术创新是革命性的,这表明,伯明翰的产业组织在为技术实验提供条件方面存在缺陷。

⑮ B. Franklin,"The Interest of Great Britain in America",本段转引自 V. S. Clark, *History of Manufactures in the United States*(New York,1949),I,152。克拉克(Clark)补充道:"富兰克林的这些话只是陈述了美国殖民地的重要历史,即殖民地试图建立新的产业或扩展旧的产业(这是为富兰克林本人所熟悉的)。"

13

论盈利性、竞争和集中

在一个竞争性产业的企业都希望自己的盈利水平至少能达到其他产业的水平。它们并不期望能得到更多,这是因为,如果收益更高的话,竞争者就会扩张(如果不存在规模不经济的话)或者新企业会进入。垄断企业也有同样的最低收益率要求——它也可以转向另一个产业。[①]但是,如果竞争受到了约束,企业的收益率可能会大于竞争性收益率,这种情况可能发生在某个时点,也可能一直持续下去。如果投资者有足够好的投资预见性,那么垄断产业的平均收益率应该大于竞争性产业。

各产业间的收益率差异还有第二个原因:各产业并不总是处于均衡状态。如果我们的收益率数据资料包含了足够多的产业和足够长的时间,不均衡的效应(各个方向的效应都有,相互抵消了)将变得很小,但是这种不均衡的潜在效应却是很大的。如果不均衡对收益率的影响同垄断对收益率的影响一样大,收益率和垄断之间的相关系数将减小30%。[②]

收益率数据资料存在的缺陷也增加了开展实证研究的困难。我们使用三个例子就足以说明这种局限性。通货膨胀使历史成本以及基于历史成本的折旧变得过时。对于那些拥有相对耐用的资产和年代更久的资产的产业来说,其收益被相对高估。另外,某些支出——主要是研究和广告支出——在许多年度内都会产生收益,但是研究和广告成本则被完全计入发生年度,因此收入和资产都会被低估。如果这些支出始终处于保持资产不变的水平(因此支出等于折旧),那么资产就会太小,而报告的收益率则太高。最后,在由经理人所有的小公司里,将收入转变为工资而非红利更符合他们的利益,这是因为工资不必支付公司所得税(而个人所得税的征收对工资和红利的处理是相同的)。这第三个例子与集中度相关(其他方面的不完美可能与集中度无关),因为这些小公司仅在非集中的产业中有重要作用。③

从另一角度来看,关于利润的数据资料可能太好了。如果我创建了一个垄断企业,由于精明或是运气,这个企业带来了20%的投资利润率,在一般收益率为10%的情况下,这个企业实际值两倍的初始投资成本。如果我出售该垄断企业,购买者只能得到10%的投资收益率,垄断利润就不见了。会计一般不记录这些价值评估的变化——他们反对包括无形资产,例如垄断权力和商誉——但是只要他们记录了资产的合理市场价格,垄断利润就会消失。

在竞争条件下,收益率趋向于相等,要把这一结论表现为数个命题并不是一件容易的事。我们已经列出了两个原因来说明,为什么在任一给定时间,各个竞争性产业的收益率并不相同:这些产业可能处于不均衡状态(因为了解收益率需要花时间,离开一个产业进入另一个产业也需要时间),另外收益率的消息可能并不准确。这里还要加上第三个原因:应该趋于相等的收益率还反映了各种有利情况和不利情况,因此如果产业 A 的风险比产业 B 大得多,并且人们厌恶风险,那么他们就会要求产业 A 比产业 B 有更高的平均收益率,以此得到补偿。

表13.1列出了非集中制造业1955年、1956年和1957年三年的平均收益率。④三年的平均值当然要比任何一年的值更为趋中,但是即使我们将期间延长至100年,收益率的离差也不会消失。除了数据资料的缺陷外,我们还不能保证每个产业的企业家,平均来看,能够准确地预测所有的供求条件变化。如果分布是双峰的(有两个产业集中度,约为5%或10%),我们可以抛弃收益率趋于相等这一经典命题,但是仅仅依靠离差并不足以支持我们这么做。

为了更好地说明这一经典命题,我们可以提问:产业的收益率差异,平均来说,需要多少时间才会消失?假设我们知道表13.1中1955年制造业的收益率。1955年的收益率模式有助于解释1956年产业收益率模式吗?答

案是肯定的:由不均衡导致的收益率差异不可能立即消失,生产羊绒产品的
企业(1955 年的资本收益率为－1.51％)要花费数年才能转向纺织品印染和
定型整理(1955 年的资本收益率为 5.85％)。实际上,1955 年和 1956 年的
收益率之间的相关系数为 0.8,1956 年和 1957 年的收益率之间的相关系数
为0.78。但是如果竞争发挥了作用,这些模式通常会在一段时间后消失。相
关系数趋于零的速度越快,资源针对收益率差异的流动性就越高。平均来
说,约五年后相关系数就接近于零了。平均来说,如果仅知道年份 t 的收益
率,那么你可以解释 $(t+1)$ 年份时的产业收益率差异的一半以上(即 $r^2 >$
0.5),但是你只能解释 $(t+5)$ 年份时不到 1/10 的收益率差异(即 $r^2 <$
0.1)。因此,基本消除产业收益率差异的期间长度可能为五年,但自然会随
着资本移动成本的变化而变化。

表 13.1　低集中度制造业资本收益率的分布,1955—1957 年

($N=55$)

收益率(%)	产业数目			平均值 1955—1957 年
	1955 年	1956 年	1957 年	
−4——3			1	
−3——2			—	
−2——1	1	1	—	
−1—0	1	—	1	1
0—1	1	1	—	1
1—2	—	—	4	2
2—3	1	2	4	3
3—4	7	8	11	9
4—5	9	11	9	8
5—6	10	7	8	7
6—7	7	8	9	10
7—8	11	6	5	9
8—9	6	8	2	4
9—10	1	2	1	1
10—11		—		
11—12		1		
平均数	5.63	5.74	4.68	4.66
标准差	2.24	2.35	2.32	2.0

资料来源:数据来自 George J. Stigler, *Capital and Rates of Return in Manufac-turing Industries*(New York, 1963), Appendices B-1 and C-2。

　　经济学家已经对集中度和收益率之间的关系进行了大量研究。⑤结论在两个方面惊人地一致,即总是能发现正相关关系,而且通常是弱相关关系:不大于 1/2,而且常常小于 1/5 的产业间收益率差异可以由集中度差异解释。当然,结论的相似性部分是由于各种不同的研究使用了相同或紧密关联的数据。一个令人不安的特点为:比起更加清晰定义的产业(罐装水果和蔬菜产业),收益率与粗略的产业测度(食品产业)相关性更强。

　　我们的寡头理论指出,对于给定的集中度水平,买方越少,成功合谋的概率越小。表 13.2 给出了在制造业中对此进行的一个不严格的检验。制造产业拥有全国性市场,1954 年产业集中率(4 家最大企业)高于 50%。买方的数目通常取决于商品是生产资料还是消费品[汽车轮胎是个例外,汽车制造者和较大的零售商(例如开展邮购业务的企业)是主要客户]。这些结果是比较有用的(尽管并不满足常用的显著性检验),没有哪个收益率高的产业是与少数买方进行交易的。

表 13.2　收益率(1953—1955)和买主数目
(单位:%)

	6%以下	6%—8%	8%以上
买方较多	蒸馏酒 精制糖 地毯,纱线 农用机械 摩托车和自行车	烟草(不包括香烟) 肥皂和洗涤剂 办公机器设备	谷物制备 机动车辆 玻璃
买方较少	外胎和内胎 非铁金属冶炼 铁路设备 混合电气产品	锡罐 汽车电气设备 工业化学制品 发动机和汽轮机	

　　资料来源:George J. Stigler, *Capital and Rates of Return in Manufacturing Industries*(New York, 1963).

注　释

① 对此问题,我们可以设想许多并不存在的垄断企业——例如,小村庄的自来水公司。

② 令 C_i 表示产业 i 的真实集中度,在均衡时,它与垄断权力和垄断利润完全相关。假设实际收益率 π_i 也反映了不均衡,因此有:

$$\pi_i = a + bc_i + u_i$$

其中 u_i 表示不均衡效应。然后可以证明:

$$r_{\pi c}^2 = \frac{b^2 \sigma_c^2}{b^2 \sigma_c^2 + \sigma_u^2}$$

并且当 $b^2 \sigma_c^2 = \sigma_u^2$ 时,$r^2 = 0.5$,$r = 0.707$。

如果 c 和 u 正相关,$r_{\pi c}$ 会有更大下降。

③ 我所著的 *Capital and Rates of Return in Manufacturing Industries*(New York,1963,pp.59—60,67—69)对集中产业和非集中产业经理人对收益的提取效应作了估计。在 1949 年到 1954 年间,报告出来的集中产业和非集中产业的差异为 0.84%,约 0.8% 是由这一因素导致的。

④ 只要一个产业符合下面的条件,就可以被定义为非集中的:拥有全国性的市场,集中率(四家最大的企业)低于 50%;或者拥有区域性的市场,且集中率低于 20%。

⑤ 主要的研究如下(每个例子都给出了产业数目与某一收益率测度相联系的相关系数):J. S. Bain,"Relation of Profit Rate to Industry Competition",*Quarterly Journal of Economics*,August 1951($n=42$,$r=0.28$);N. R. Collins and L. E. Preston,*Concentration and Price—Cost Margins in Manufacturing Industries*(即将出版)($n=20$,$r=0.42$ 到 0.70);V. Fuchs,"Integration,Concentration,and Profits in Manufacturing Industries," *Quarterly Journal of Economics*,May 1961($n=38$,$r=0.28$ 到 0.42);F. Kottke,"The Relationship of Measurable Characteristics of Industry Structure and Experience to the Profitability of the Industry Leaders",未发表($n=38$,$r=0.46$);H. Levinson,"Postwar Movements of Prices and Wages in Manufacturing Industries"(Joint Economic Committee,1960),($n=19$,$r=0.37$ 到 0.76);R. Miller,"Marginal Concentration Ratios and Industrial Profit Rates," *Southern Economic Journal*,October 1967($n=106$,$r=0.28$ 到 0.34);G. Stigler,(1) *Capital and Rates of Return in Manufacturing Industries*(New York,1963),pp.67—69($n=99$,$r=0.19$ 到 0.23);(2) "A Theory of Oligopoly," Chapter 5,above($n=17$,$r=0.52$ 到 0.73);L. W. Weiss,"Average Concentration Ratios and Industrial Performance",*Journal of Industrial Economics*,July 1963($n=22$,$r=0.73$)。

14

含运费价格系统的理论*

关于基点（basing point）价格系统的优点和合法性的争论始于 20 世纪 20 年代早期，随后是一段风平浪静的时期，直到 1948 年 4 月 26 日才发生了变化。在那一天，最高法院判水泥产业多基点价格系统违法，接着则争论不断且急促，有时争论还是缺乏诚意的。这一争论异乎寻常的地方在于：参与争论的人使用相同的相对无争议的事实支持相对立的论点。产品的交叠运输（crosshauling）被一方理解为良性竞争的副产品，而被另一方解释为合谋的证据。一方认为免收运费是企业希望竞争的证据，而另一方则认为是价格歧视的证据。

如果说关于基点价格的争论有时具有人为的不确定性，那么经济学家之间的不确定性更助长了这一争论。据我所知，还没有哪位经济学家对含运费价格系统的出现给予满意的解释。作为文献的一个重要分支，弗特（Fetter）和芒德（Mund）以及联邦贸易委员会都认为基点价格只是合谋的寡头垄断者们想出来的一个工具。[①]另一个以德蔡泽（de Chazeau）和 J.M.克拉克为代表的学术分支认为：在以高固定成本、周期性波动的需求和寡头垄断为特征的产业中，基点定

* 原载于 *American Economic Review*，Vol.XXXIX，No.6（December 1949）。

价系统是不可避免的或极有可能发展的。没有哪一学派能解释为什么这一特定的营销系统得以演进（而不是可能的替代系统，例如地区划分），他们也无法解释为什么其他具有他们所强调的特征的产业却采用了离岸价格（FOB）和其他的定价系统。[②]

如果这里要给出的解释正确的话，基点价格代表了一个合谋的寡头垄断政策，这一政策将在特定的（但并不是不同寻常的）经济和法律条件下最大化寡头垄断者的利润。因此，我接受了两个学派的积极论点，并且试图通过研究含运费价格系统的详细原理来使他们的论点相一致。我将先讨论一下术语，然后勾画出统一的含运费价格理论，接着对理论进行检验，最后提出理论对经济政策的主要含义。

地理价格系统类型

买方对被运送的商品支付的价格可能随生产地点和交货地点之间的距离而连续变化，也可能是离散地变化，或者根本不随距离而变化（区域价格系统）。导致含运费价格连续变化的报价形式主要有：

（1）FOB厂价。在任一地点的含运费价格等于在生产中心（即采购发生的地点）的价格再加上到达交货地点的实际运输费用。

（2）平衡运费（freight equalization）。在任一地点的含运费价格等于最低厂价加上从任一生产中心出发的运费，即使采购发生的地点是在另一个生产中心。

（3）基点价格。这一价格系统与平衡运费的不同之处在于并不是所有的生产中心都标明厂价。[③]

这些区别都是定量的，而非定性的。如果运输成本只是含运费价格的很小一部分，所有的可变含运费价格系统与区域价格（zone prices）并无二致。[④]如果在所有重要的生产中心都标明厂价（基点），那么平衡运费和基点价格之间的区分就显得并不重要了。如果在一个工厂的价格等于最近的工厂的价格再加上运输成本，前一个价格就是无效的，并且我们可以实现一个基点价格系统。当运输成本为价格的可观部分时，FOB厂价和含运费价格系统之间才有根本的差别。我们现在就为这一差别建立分析标准。⑤

　　首先我们来考虑一个常见情形,在一个生产中心有两个以上的企业。相对于企业坚持与竞争者相同的FOB厂价时的销售量,企业可以通过两种降价措施来提高销售量:第一,在中心的自然领域内(比如说,由稳定的FOB厂价所定义)降价;第二,通过免收运费进入其他生产中心的领域。如果企业厂盘净价的降低仅仅或主要是通过免收运费,根本不或者极少通过降低自然领域内对客户的价格,这种做法我将其称为系统的免收运费。如果企业常常既使用领域内降价,又使用免收运费,这样的行为我称之为竞争性的。⑥如果企业两种形式的降价都很少用,那么它很可能加入了划分市场和固定价格的协议。

　　如果一个生产中心只有一家企业,那么它要夺取其他企业的销售量就只能通过侵入其他企业的自然领域。前面的论述仍然适用,但是我们必须将其局限于有两家以上企业的区域的销售:在一个没有竞争者的地区是很难定义竞争行为的。表14.1中的假设例子将说明这一情形。如果企业Ⅰ施行系统的免收运费,当它的销售量超出其自然市场限度(F)时,它的厂盘净价会下降;在交叠销售的地区(比如说D到H),价格(厂盘净价)降低的唯一形式是通过免收运费。如果企业Ⅰ的行为是竞争性的,为了夺取企业Ⅱ的销售

表 14.1　系统的免收运费数值举例

(厂价:50美元;单位:美元)

消费点	从企业Ⅰ出发的运输成本	从企业Ⅱ出发的运输成本	含运费价格	厂盘净价	
				企业Ⅰ	企业Ⅱ
A	0	10	50	50	40
B	1	9	51	50	42
C	2	8	52	50	44
D	3	7	53	50	46
E	4	6	54	50	48
F	5	5	55	50	50
G	6	4	54	48	50
H	7	3	53	46	50
I	8	2	52	44	50
J	9	1	51	42	50
K	10	0	50	40	50

量,在它开始免收运费进入 H 的自然领域之前,它会在厂盘净价的最高点(在我们的例子中为 D 到 F)降低含运费价格。因此在交叠销售地区,I 的厂盘净价 e 不会随销售点变化而系统地变化。

两种情况——一个生产中心有一家企业和多家企业——都可以被归入一个系统的免收运费定义中。如果在消费点有一个企业和一个或多个竞争者进行销售,而该企业的厂盘净价随消费点距离的变化而变化,那么我们就说这个企业正在实行系统的免收运费。系统的免收运费仅发生在寡头垄断情况下。这一做法在生产点存在价格歧视,因此与真正的竞争并不一致:销售的含运费价格由其他厂价(基价)确定时比按照企业自己的厂价销售时,企业的厂盘净价较小;在竞争情况下,企业将只会在或主要在更高的厂盘净价地区销售。[7]具有分散各地的多个工厂的垄断者也不会实行系统的免收运费,因为这是不理性的价格歧视。这个垄断者会改变自己的厂盘净价,但这种改变不是根据买方的需求弹性,而是基于对发货工厂的选择。

这一系统的免收运费定义(以及隐含的含运费价格系统的定义)是否合意取决于其有用性。这一定义表明报价的方法不足以划分产业的地理价格系统,这对于理论的检验会造成一定的困难。

一个含运费价格的理论

下面的分析局限于如下的产业:(1)对许多客户来说,运输成本占了含运费价格很大一部分;(2)生产中心只有少数几家企业(或少数几家大企业);(3)这些企业希望(或被迫)合谋。在这样的产业中,企业必须解决两个问题:在每一生产中心,如何划分各企业的销量;[8]以及如何划分各生产中心的销量,以最大化产业利润。

如果要避免相互之间无利可图的价格竞争,生产中心各企业的销量分配只能基于非价格因素:解决这一问题的最简单的合法方式是使用 FOB 厂价,然后使用非价格竞争在各企业间划分销量。[9]对于解决这一问题来说,任何含运费价格系统都相对较次一些,这是因为含运费价格系统要求额外的计算,因此也容易产生更多的误差和企业间的误解。在基点价格产业中存在着许多争吵,这些争吵主要关于在不同的小数点后位置四舍五入、联邦政府采购运费的不确定性、货车运输和水路运输,等等。但是含运费价格系统的缺点是很小的。

第二个问题,即如果不是由于一个需求特点(根据我们的理论,就是对统一的含运费价格系统的基本要求),生产中心间产量划分的问题也可以由FOB厂价来解决。⑩这一需求特点就是需求并不是按照地理位置平均分布的,也就是说,在每个消费中心的全国销量比例或地区销量比例波动都很大。如果一个生产中心只能在一个给定的区域内销售,那么相对于产业来说,它不是过饱就是过饥。

由于各地理区域的需求不稳定,FOB厂价会对制造非储藏产品的产业造成两种影响。如果一个生产中心的企业保持稳定价格(相对于其他的生产中心),那么企业的产出率的波动就会很大。⑪这一不稳定的产出率不仅提高了给定产出的生产成本,而且会损害企业间的协议关系:一些企业有货币损失,而另一些企业(可能是有多个工厂的企业,其中有一个工厂在本例中的这个生产中心)却欣欣向荣。或者,如果生产中心的价格根据需求变化而波动:在生意兴隆时期提高价格来吸引其他生产中心的产出;在生意不景气时降低价格以获得在其他区域的销售。这种不可预测的灵活厂价使得生产中心的各企业间保持合谋极为困难,而不同生产中心的企业间的合谋就更加困难了。

如果产品可储藏的话,对FOB厂价的反对意见就没有这么强烈了。稳定的生产率和不稳定的销售率可以通过调整库存达到一致。但是库存调整并不可能消除这一问题。如果产品有许多种规格和质量,那么库存量就会变得很大。例如,钢铁产品的规格如此之多,库存无法提供应付需求区域波动的可行方法。⑫只有当区域性需求波动很快被消除时,库存调整的方法才是完全令人满意的。⑬

如果合谋可以是完全的——如果可以采用垄断者的做法——FOB厂价仍然是可能被运用的。寡头垄断者可以建立一个联合销售机构,订单接到以后,由机构根据生产率和与买方的距离确定盈利水平最高的企业来完成订单。寡头垄断集团可以对在一给定时期内产出较小的企业给予补偿,这些补偿由那些产出较大的企业来负担。但是,联合销售机构是违反反托拉斯法的,而且也很容易被发现。

系统的免收运费为所有这些问题提供了一个满意的解决方案。市场中每个地点的价格都相同(如果运输费用也达成一致的话),因此价格竞争是不存在的。一个生产中心为了得到其产业销售量份额,可以在其他生产中心的"自然"领域内销售;这种远距离销售包含了免收运费,并且因此具有部分的自我约束。各种各样的价格不需要经常变化,因而合谋是可能的。由于需求的地理性波动和反托拉斯法的存在,系统的免收运费提供了一种有效率的合谋方式。

交叠运输(各个生产中心同时向其他生产中心运输雷同商品)通常被认为是系统的免收运费的一个重要副产品。考虑到系统的内在性质,要理解交叠运输为什么会出现是比较困难的:只有当生产中心 A 无法再在自己的区域内销售产业的产出份额时(因此,B 也不会在 A 的领域内销售),它才会在生产中心 B 的区域内销售。有些交叠运输的出现是由于订单和交货之间的变动时间间隔,这种类型的交叠运输在竞争条件下会存在,在垄断条件下也可能会存在。还有些交叠运输的出现是由于企业希望在重要的市场中保留销售代理,这种类型的交叠运输(有更多的产品运输和更少的销售员)则为寡头垄断所特有。在系统的免收运费条件下,交叠运输并不是一种主要的浪费,而且也没有实证证据能反驳这一观点。⑭ 这并不是说,从社会的角度来看,保证每个生产中心拥有稳定的总销量份额的分配系统是有效率的,而且它也并不是有效率的。

产业选择平衡运费还是基点价格系统主要取决于生产中心的性质。如果生产中心分散得很好,那么平衡运费就是既简单又合意的方式。如果生产中心四处扩展,在一个中心的各个企业与重要的消费中心的距离不相等(以运费来表示),基点价格系统就能消除由平衡运费所带来的诸多问题。这两个系统之间的差别在显著性和持久性方面都不及 FOB 厂价和含运费价格之间的差别。⑮

理论的检验

我们将简要讨论有关上述理论的检验,我们先提出了一些假定来验证理论的有效性,然后指出尚未完成的更进一步的检验。

　　提供原料给大型建筑项目的产业很可能有需求的地理区域波动。实际上,正是这一预期导致了理论的产生。一个实例研究就可以充分地证实这一预期,例如对表 14.2 所归纳的关于加固钢筋合同数量的研究。[⑯]合同量在各个重要的消费州之间的百分比分配更明显地显示了波动(表 14.3)。[⑰]这些表格也间接表现了较长期需求波动。例如,加利福尼亚几乎消费了 4/10 的钢筋,但是只有不到 1/15 的产业产能来生产钢筋,而主要的生产州(宾夕法尼亚、俄亥俄和伊利诺伊)消费量相对较小。[⑱]

表 14.2　加固钢筋(reinforcing steel bars)合同数量,1936 年

(单位:吨)

地区和州	第 1 季度	第 2 季度	第 3 季度	第 4 季度
东北部州				
康涅狄格	750	750	100	660
缅因	0	0	200	0
马萨诸塞	1 276	2 005	2 908	3 315
新罕布什尔	0	0	100	0
新泽西	1 760	1 755	2 826	2 270
纽约	15 340	4 200	14 088	4 169
宾夕法尼亚	6 400	5 700	425	950
罗得岛	1 010	0	500	100
佛蒙特	0	0	150	240
中北部州				
伊利诺伊	10 768	6 406	13 670	5 755
印第安纳	700	920	1 325	800
艾奥瓦	0	0	0	625
堪萨斯	1 700	350	0	0
密歇根	3 150	0	600	400
密苏里	2 855	925	1 375	750
俄亥俄	650	2 950	715	2 000
威斯康星	945	1 550	985	653
西部州				
亚利桑那	525	528	0	0
加利福尼亚	43 874	31 901	30 185	20 039
科罗拉多	1 128	8 412	4 343	7 356
爱达荷	122	0	125	518

（续表）

地区和州	第1季度	第2季度	第3季度	第4季度
蒙大拿	15 891	726	3 575	152
内华达	100	681	0	502
新墨西哥	197	697	0	1 255
俄勒冈	100	1 315	0	124
犹他	0	0	0	280
华盛顿	4 509	2 282	706	117
怀俄明	357	389	597	0
南部州				
特拉华	0	250	0	0
肯塔基	0	750	500	0
马里兰	2 700	0	0	0
田纳西	0	0	300	0
华盛顿特区	2 500	0	1 365	0
西弗吉尼亚	0	0	360	0

资料来源：根据 *Iron Age*，1936 年编辑整理。

表 14.3　主要消费州加固钢筋合同数量百分比，1936 年

州	第1季度(%)	第2季度(%)	第3季度(%)	第4季度(%)
加利福尼亚	36.8	42.3	36.8	37.8
科罗拉多	0.9	11.2	5.3	13.9
伊利诺伊	9.0	8.5	16.7	10.9
马萨诸塞	1.1	2.7	3.5	6.3
蒙大拿	13.3	1.0	4.4	0.3
纽约	12.9	5.6	17.2	7.9
宾夕法尼亚	5.4	7.6	0.5	1.8

　　前面已经说过，为了反映需求地点的变化和生产中心销售区域的扩展和收缩，FOB厂价必须具有非常大的灵活性——事实上其是如此灵活，以至于合谋都是不可行的。我们通过比较 FOB厂价时期的价格和基点定价时期的价格来检验这一观点（表 14.4）。遗憾的是，对于这两个时期并不能使用完全相同的产品，但是对于所要研究的问题来说，两种商品都代表了所在时期；[19]在两个时期，对钢铁的需求都在上升。这一比较受到以下两个因素的

表 14.4 三个市场中的钢铁价格比较:1898—1999 年,1939—1940 年

市　　场	1898—1899 年 钢坯(%)	1939—1940 年 钢筋(%)
匹兹堡		
可能的价格变化	51	103
价格变化	27	1
费城		
可能的价格变化	51	103
价格变化	38	1
芝加哥		
可能的价格变化	48	103
价格变化	21	1
匹兹堡和费城之间的价差		
可能的价差变化	51	103
价差变化	39	0
匹兹堡和芝加哥之间的价差		
可能的价差变化	48	103
价差变化	34	0

资料来源:数据取自附注中表 14.A1 和 14.A2。

限制:较早时期的未知合谋数量;以及两个时期中报价重要性的不确定性。但是关于 FOB 厂价和基点价格的变化频率以及不同生产中心价差稳定性的预测的理论都得到了极大的证实。[20]

基点价格产业在其产品区域需求稳定的时期内的价格表现的变化提供了另一类型的理论检验:理论预测系统性的免收运费将会减少。钢铁产业由于实行非价格的客户配给,所以在战后拥有稳定的需求:每个工厂可以如愿地以厂盘净价进行销售。理论预测完全得到了证实:

由于战争,几乎所有的工厂都停止了在一些远距离市场中销售一些产品,有些工厂甚至停止了在某些地区所有产品的销售……

在今天的卖方市场中,钢铁公司完全可能通过精心选择客户和市场区域,在面临不断上升的运费率时减少自己的运费支出(freight bill)……

其他的 FOB 厂价销售则较不明显,但是我们知道某些客户在不存在歧视时能够按照 FOB 厂价购买,即当客户意识到自己在一家工厂当前市场区域以外时,特别要求以 FOB 厂价购买钢铁。并不是所有工厂

都会以这样的方式销售。[21]

随便标出某一底特律生产基地价格的做法也被放弃了。[22]

水泥产业的需求区域性波动是比较突出的,[23]混凝土路面工程和大型建筑项目都记录了这种区域波动。[24]

我们的理论预测,在区域需求波动的产业,基点定价系统下各生产中心产量的相对分布比消费的相对分布更加稳定,而这两个分布在FOB定价下都不稳定。[25]如果不是矿业署在报告中合并了工厂的市场区域(无疑是由于禁止披露),那么我们就有可能准确比较每个工厂区域消费和生产的相对稳定性。根据公布的数据资料,我们至多只能比较某些相邻的州(伊利诺伊、艾奥瓦、堪萨斯和密苏里)。[26]我们计算了从1921年到1940年每个州的总生产和总消费的百分比(共有四个州),这些百分比变化的相关系数列在下表中:

州	变化的相关系数	
	总生产百分比(%)	总消费百分比(%)
伊利诺伊	7.5	11.0
艾奥瓦	12.2	19.6
堪萨斯	12.7	20.4
密苏里	5.9	15.1

正如理论所预测的那样,在每个州,相对消费比相对生产的变动更大。

我们的理论将合谋视作含运费价格系统的前提条件。如果一个产业中只有少数几家大企业,对每家大企业来说,合谋(无论是隐藏的还是公开的)或是强迫通常都比价格竞争更有利可图。因此,无论被告被假定为无罪这一法律原则多么正确,在经济学中都不会存在这样的假定。实际上,假定正好相反,经济学家更应该问这样的问题:为什么寡头垄断者如此频繁地竞争?

在水泥和钢铁产业中,公开合谋的证据非常充分。在法官加里(Gary)的铁腕之下,基点价格系统在钢铁产业有很牢固的基础,在N.R.A.时期又得到了很大的强化。* 水泥产业存在许多公开合谋的例子。国外这些产业的经历进一步支持我们的结论:合谋是含运费价格安排的必要条件。德国的水泥产业一直

---

* N.R.A.即美国国家复兴管理局。——译者注

实行FOB厂价系统,自从组建了一个卡特尔以后,水泥产业使用了含运费价格。㉗德国的钢铁卡特尔使用了一个基点系统,㉘而英国的钢铁产业则在合并和联合充分发展之后,于20世纪20年代以含运费价格系统取代了FOB厂价。㉙

烟煤产业提供了一些极好的例子来说明合谋的作用。㉚在美国,当煤炭产业不受规制时,煤炭是按照FOB厂价出售的;按照1937年《国家烟煤法》,美国制定了含运费价格并且允许有限的免收运费,在有些情况下,还需要名义的运费。㉛英国也有着相类似的发展:在1930年强制卡特尔化之前使用FOB厂价;此后产业转为使用含运费价格系统。㉜高度发展的Rhenish-Westphalian辛迪加就像一个垄断者一样,因为它控制了"无竞争"地区的所有煤的销售,并且由它设定了FOB厂价。㉝

已经有学者宣称或证明下列产业中存在含运费价格系统:铸铁管,㉞固钢管,㉟各种木材,㊱铜、铅和锌,㊲石膏和石灰,㊳平板玻璃,㊴地面砖和墙面砖㊵以及许多其他产业。㊶这些产业中的某一些很可能具有波动的区域需求,例如铸铁管、钢管和建筑材料。㊷在其他一些产业中,是否存在系统的免收运费则值得怀疑。㊸甜菜糖产业的区域需求是稳定的,而且坚持使用含运费价格;我还未能完全证实它是一个特例。㊹

我们可以很容易地提出其他一些检验理论的方法。生铁在N.R.A.以前按FOB厂价出售,之后则按照基点系统出售。根据我们的理论,这一变化是由于寡头垄断的增加或需求波动的提高。据说水泥在太平洋沿岸以FOB厂价出售;如果确实如此的话,这个例子具有类似的含义以待检验。

最一般的且令人满意的检验要求寡头垄断产业区域需求波动存在一般性的测度,这一测度可以与这些产业的定价实践作比较。如果区域需求相对波动的产业主要使用含运费价格,而那些区域需求稳定的产业主要使用FOB厂价,那么毫无疑问,我们的理论在很大程度上是正确的。

使用当前公布的数据资料难以实现这样的检验。关于需求模式的最有希望的信息来源是关于各州铁路货运种类的季报。㊺遗憾的是,这一系列报告向后只能到1940年(除了按照更大的地区范围);它将各类商品都混合在一起;而且以州作为单位也常常显得太大了。另一个严重的问题,我们已经提到过,即不得要领的形式上的报价方法。测度需求区域波动和系统的免收运费程度所需的数据资料存在于企业的销售分类账中,这些资料学术研究人员不是总能获取到的。

结论

如果我们的含运费价格理论是正确的,我们就可以很容易反驳对水泥产业决策的主要批评:决策将使整个国家分成许多地方性的垄断企业。姑且不论这一批评本身完全是含糊不清的(它并没有告诉我们这些地方性的垄断企业有多强),仅仅由于它忽略了这些产业正常的需求波动,这就足以表明它是错误的。如果工厂生产区域内的需求存在波动,那么工厂就不可能有效率地运营,它必须经常地侵入其他工厂的区域。

在实行非价格的客户配给的时期中,FOB 厂价的直接影响自然是增加了那些免收运费的工厂的收入。[46]当恢复以价格决定客户量和需求区域波动时,FOB 厂价要求一定的价格灵活性,而这种灵活性常常会超出合谋的寡头垄断者所能控制的范围,因此我们将会看到更频繁的价格竞争。价格竞争不断增强可能会导致进一步的兼并或者其他的联合销售形式,也可能是更激烈的竞争行为。这两种结果出现的相对概率主要取决于反托拉斯政策的其他更基本的要素,而不是禁止价格歧视。

附注

表 14.A1　费城、匹兹堡和芝加哥的钢坯价格,1898—1999 年

(单位:美元/每吨)

日　　期	价　　格			超出匹兹堡价格部分	
	匹兹堡	费城	芝加哥	费城	芝加哥
1898 年 7 月 6 日	14.50	16.50	16.25	2.00	1.75
13 日	14.50	16.50	16.25	2.00	1.75
20 日	14.50	16.50	15.75	2.00	1.25
27 日	14.50	16.50	15.75	2.00	1.25

（续表）

日　　期	价　　　格			超出匹兹堡价格部分	
	匹兹堡	费城	芝加哥	费城	芝加哥
8 月 3 日	14.50	16.25	15.75	1.75	1.25
10 日	15.25	17.00	16.00	1.75	0.75
17 日	15.90	18.00	16.50	2.10	0.60
24 日	16.00	17.75	16.50	1.75	0.50
31 日	16.00	17.75	17.00	1.75	1.00
9 月 7 日	16.00	18.00	17.50	2.00	1.50
14 日	16.00	17.75	17.50	1.75	1.50
21 日	16.00	18.00	17.00	2.00	1.00
28 日	16.00	17.75	17.00	1.75	1.00
10 月 5 日	15.75	17.75	17.00	2.00	1.25
12 日	15.50	17.75	17.00	2.25	1.50
19 日	15.50	18.00	17.00	2.50	1.50
26 日	15.50	17.75	17.00	2.25	1.50
11 月 2 日	15.15	17.25	17.00	2.10	1.85
9 日	15.00	17.25	17.00	2.25	2.00
16 日	14.85	17.00	17.00	2.15	2.15
23 日	15.25	17.00	17.00	1.75	1.75
30 日	15.25	17.00	17.00	1.75	1.75
12 月 7 日	15.50	17.25	17.00	1.75	1.50
14 日	16.00	17.25	17.50	1.25	1.50
21 日	16.00	17.35		1.35	
28 日	16.25	18.50	17.50	2.25	1.25
1899 年 1 月 5 日	16.25	18.55	17.50	2.30	1.25
11 日	16.50	18.90	18.25	2.40	1.75
18 日	16.50	19.50	18.50	3.00	2.00
25 日	17.25	19.10	18.50	1.85	1.25
2 月 1 日	17.25	19.25	18.50	2.00	1.25
8 日	17.25	19.50	18.50	2.25	1.25
15 日	18.00	20.50	20.00	2.50	2.00
22 日	19.50	22.00	21.00	2.50	1.50
1899 年 3 月 1 日	22.00	24.00	23.00	2.00	1.75
8 日	23.50	25.50	23.50	2.00	1.75
15 日	25.50	26.00	24.00	0.50	1.25

（续表）

日 期	价 格			超出匹兹堡价格部分	
	匹兹堡	费城	芝加哥	费城	芝加哥
22 日	25.50	26.00	25.50	0.50	1.25
29 日	25.00	26.50	25.50	1.50	0.50
4 月 5 日	25.00	28.00	25.50	3.00	1.25
12 日	25.50	27.50	25.50	2.00	0.75
19 日	25.50	27.50	25.50	2.00	0.60
26 日	25.50	28.00	25.50	2.50	1.00
5 月 3 日	26.00	27.50	25.50	1.50	1.50
10 日	26.00	28.50	27.50	2.50	1.50
17 日	27.00	29.00	28.00	2.00	1.00
24 日	28.00	29.75	28.50	1.75	1.00
6 月 1 日	29.00	30.50		1.50	
8 日	30.00	31.00	32.00	1.00	2.00
14 日	31.50	31.50	32.50	0	1.00
21 日	31.50	34.00	34.00	2.50	2.50
28 日	31.50	34.00		2.50	

资料来源：根据 *Iron Age* 编辑整理。

表 14.A2　匹兹堡、费城和芝加哥的钢筋价格，1939—1940 年

（单位：美元/磅）

日 期	价 格			超出匹兹堡价格部分	
	匹兹堡	费城	芝加哥	费城	芝加哥
1939 年 1 月 7 日	2.25	2.57	2.25	0.32	0
…					
…					
…					
5 月 13 日	2.25	2.57	2.25	0.32	0
20 日	2.15	2.47	2.15	0.32	0
…					
…					
…					

（续表）

日　　　期	价　　　格			超出匹兹堡价格部分	
	匹兹堡	费城	芝加哥	费城	芝加哥
12月23日	2.15	2.47	2.15	0.32	0
1940年…					
…					
…					
12月28日	2.15	2.47	2.15	0.32	0

资料来源：根据 *Steel* 编辑整理；在未报告的周内无价格变化。

注　释

① F. 马克卢普（F. Machlup）教授的 *The Basing-Point System*（Philadelphia：Blakiston，1949）也属此类观点。实际上，与大多数研究这一问题的学者一样，在某几个点他触及了本文要提出的理论的基本要素（pp.165—166，197，211—212）。

② A. 史密瑟斯（A. Smithies）教授不属于上述两个学术分支，他认为基点价格系统一般并不能最大化利润，而且实际上只有在特殊的假定前提（这些特殊假定前提与基点产业的相关性并未被展示出来，而且也不明显）下才能理解这一点。参阅"Aspects of the Basing Point Price System"，*American Economic Review*，Vol.XXXII，No.4（December 1942），pp.705—726。

③ 如果输入点（importation points）不被视为生产中心的话，那么第二个一般性差异为：并不是所有标明厂价的地方都是生产中心。

④ 如果运输成本不随距离连续变化的话，区域价格也会出现在连续可变的含运费价格系统中。例如，在20世纪30年代末期，从太平洋西北地区到所有俄亥俄河以北和芝加哥以东所有地点的花旗松的运输成本都相同。因此，在这一区域内价格的相等与FOB厂价是一致的。如果我们将距离定义为经济距离的话，就不存在这样的例外了。

⑤ 我们不打算讨论区域价格系统；但是读者可以参阅后面的第15条注释。

⑥ 如果企业在进行某些销售时，降低其地域内价格（相对于竞争者），但是却没有免收运费，这种行为是无法理解的。

　　如果企业的行为是竞争性的，按照上面的定义，它的价格和FOB厂价无法区分。如果新古典理论被修正（它也应当被修正），包括了如下事实：对于所有的交易(除了完全集中的交易),在价格变化期间,竞争性的企业以不同的价格向不同的消费者进行出售,那么这里的竞争定义就与新古典理论完全相同了。

⑦ 对此很少存在争议,除非有人固守偏见,而这样的偏见都有令人吃惊的隐含的竞争定义。其中一个很常见的竞争定义就是利润最大化政策。例如,"正如已经指出的,距离基点很远的工厂在向工厂附近领域的客户销售方面比其他工厂有运费优势。这些工厂自然地相互竞争,当它们向顾客收取可以实现这一优势的价格时。"(U.S. Steel, *The Basing Point Method of Quoting Delivered Prices in the Steel Industry*, T.N.E.C. Monograph, No.42, p.66.)

⑧ 我们主要关注在每个重要生产中心有两个以上企业的情形,因为这种情形在实证方面更加重要。基点理论文献的一个小秘密为:几乎所有的分析都针对每个生产中心只有一家企业的情形。

⑨ 一些非法的系统,例如配额或联合销售机构加配额,可能更有效率。但是在同质的原材料市场中,非价格竞争不大可能代价高昂。

⑩ 也可以通过市场区域划分来解决——这实际上与稳定的FOB厂价系统有相同的效果。

⑪ 有时生产中心的产出量不得不大得难以做到。例如,有些西部大型建筑项目无法由西部钢铁和水泥产量在规定的时间内供应。

⑫ 有趣的是,水泥产业认为自己的产品是易损品;参阅 *Argument of George S. Leisure*(New York: Grosby Press, 1942), pp.77—78。

⑬ 如果对产业产品的总需求也是周期波动的,那么库存调整的方法就又多了一个不足之处。在萧条首先发生的地区,库存会被堆积起来,因为这些地区相信萧条只是区域性的波动。

⑭ 有些学者使用"交叠运输"来表示所有运输方面的浪费(给定工厂的地理位置);参阅联邦贸易委员会, *Price Bases Inquiry*(Washington, D.C., 1932), chap.viii。这一期大部分是讨论术语,但是不经济的产品运输的度量——联邦贸易委员会认为免收运费是对这种产品运输的度量——是严重错误的。

⑮ 这里的理论并不考虑工厂地理位置、价格基地的数目、基地间的差别,等等。通常,需求的地理性波动越大,生产中心的数目就会越少(因为每个企业都会选址在能够在多个区域销售的地方),基价的数目也就会越少。如果一个生产中心很大,它必须常常在每个区域内销售,而其他的生产中心则很小,它们很少需要向占支配地位的生产中心销售或是经过该中心进行销售,这时单一的基价就会被使用(显然,如果几乎所有的生产都发生在一个中心,那也就不可能存在系统的免收运费或者是地理区域价格的问题)。如果运输成本并不是唯一确定的话,需求的地理区域波动就会导致区域价格(zone prices）；19 世纪末的油床提供了几个例子。

多种产品的价格之间的公式化的差别系统与系统的免收运费之间是很近的类比关系。

⑯ 数据资料夸大了短期的需求的地理区域波动，这是因为数据仅包括了 100 吨以上的合同，这些合同无疑比小订单更加缺乏地域稳定性。由于在完成订单方面存在不确定的时滞，这些合同数量无法与总产量进行准确比较，但是在这段时期内约 35％的总销量是由这些合同完成的。

⑰ 月度合同当然显示了更大的波动。对我们的理论来说，正确的时间期间随着产业（如果存在存货则变长）和订单与交货之间的时间间隔的方差而变化。有意思的是，如果将各个季度的计算时间提前一周，那么加州各个季度加固钢筋合同吨数波动更大，分别为：41 351、15 969、46 360 和 21 804。

⑱ 参见 *Directory of the Iron and Steel Works of the United States and Canada*，1938（New York：American Iron and Steel Institute, 1938），p.441。

⑲ 在前一个时期中，钢坯有更广阔的市场，此时纵向一体化并没有迅速发展。

⑳ Chazeau 详细说明了在后一个时期中基地间价格差别的合谋特征；参阅 D. R.Daugherty, M.G. de Chazeau, and S.S.Stratton, *Economics of the Iron and Steel Industry*（New York：McGraw-Hill, 1937），Vol.II, chap.xiii。

㉑ *Iron Age*，May 13, 1948, pp.119—120；又见 *New York Times*，December 6, 1947, p.23。

㉒ Jones and Laughlin withdrew sheets and strip, and Republic and Carnegie—Illinois withdrew alloy bars from the Detroit arbitrary base, *Iron Age*, May 13, 1948, p.120.

㉓ 参见 *Aetna Portland Cement Company et al. v. Federal Trade Commission*, in the United States Circuit Court of Appeals of the Seventh Circuit, October Term, 1945, Appendix A to Brief of Respondents-Petitioners, pp.80 ff.

㉔ 关于市和州的混凝土路面铺筑的资料，可以参阅一年一期的 *Cement and Concrete Reference Book*。

㉕ 假设生产基地间的价格差别是稳定的，就如同在水泥产业中一样；参见 Federal Trade Commission, *Cement Industry*（Washington, D.C., 1933），Exhibit Tables 9 and 10。

㉖ 每个州都有四到六个工厂。印第安纳州没有单独报告；由于它是芝加哥市场的主要货源，这使我们的分析有些失真（实际上，有一个印第安纳州的工厂就是确定芝加哥市场价格的生产基地）。参见一年一期的 *Minerals Yearbook*。

㉗ K. Ehrke, *Ubererzeugung in der Zement Industrie von* 1858—1913（Jena：

Gustav Fischer，1933），pp.14—15，161.

㉘ 参阅 *Die Deutsche Eisenerzeugende Industrie*，in *Ausschusz zur Untersuchung der Erzeugungs—und Absatzbedingungen der deutschen Wirtschaft*（Berlin：E. S.Mittler，1930）。联合销售机构被使用了，但是合谋是不完全的。每家大企业都保留了一个销售机构，这是因为，用弗里茨·蒂森（F.Thyssen）的话来说，"卡特尔会在某一天分崩离析的⋯⋯"（同上，p.315）。

㉙ 参阅 D.L.Burn，*The Economic History of Steelmaking*，1867—1939（London：Cambridge University Press，1940），p.377。

㉚ 煤的区域需求明显比钢铁和水泥稳定得多，但是更高密度的生产中心减弱了这种稳定性。关于德国的区域需求模式，请参阅 Johannes Schroder，*Der Absatzraum der Ruhrkohle*（Gieszen：Otto Kindt，1929）。

㉛ R.H.Baker，*The National Bituminous Coal Commission*（Baltimore：Johns Hopkins University Press，1941），pp.140—141，157，193—194.

㉜ 可参阅 *Iron and Coal Trades Review* 的年度调查数字，例如，1937 年 1 月 15 日，pp.90—91；1938 年 1 月 21 日，pp.82—83。

㉝ 参阅 J.H.Jones，G.Cartwright，and P.H.Guenault，*The Coal-Mining Industry*（London：Pitman and Sons，1939），pp.274—275。比利时卡特尔使用了一个多重基点价格系统（同上，pp.227—228）。

㉞ Clair Wilcox，*Competition and Monopoly in American Industry*，T.N.E.C. Monograph No.21，p.157.

㉟ *Triangle Conduit and Cable Co. v. Federal Trade Commission*，168 Fed.2d 175（1948）.

㊱ T.N.E.C. Monograph No.33，*Geographical Differentials in Prices of Building Materials*，chap.xiii；A.R.Burns，*The Decline of Competition*（New York：McGraw-Hill Book Co.，1936），pp.291 ff.

㊲ F.A.Fetter，*The Masquerade of Monopoly*（New York：Harcourt，Brace，1931），chap.xiv.

㊳ T.N.E.C.Monograph No.33，chaps.iv，vii.

㊴ U.S.Tariff Commission，*Plate Glass*，Report 110，Second Series（Washington，D.C.，1936），p.25.

㊵ U.S.Tariff Commission，*Earthen Floor and Wall Tiles*，Report 141，Second Series（Washington，D.C.，1941），pp.86 ff.

㊶ 有证据表明，在棉籽产业的采购中［Federal Trade Commission，*Report on Cottonseed Industry*（Senate Doc.209，Part 13，71st Cong. 2d Sess.），esp. pp.15，823 ff.］以及原油和废铁的采购中都存在含运费价格系统的等价

形式。

㊷ 钢缆产业也具有这样的需求特征;参阅 *Study of Pricing Methods*[Hearings pursuant to S.Res. 241(所谓的 Capehart Committee), pp.311—312]。

㊸ 例如,在铜产业,是否存在单一的基点则值得疑问。大多数精炼厂靠近纽约,而大多数消费者则在新英格兰。"报价几乎总是含运费价格——也就是说,由卖方支付到买方工厂的运费。但是,如果买方要求的话,卖方也愿意按照 FOB 厂价出售。"E.H.Robie, "The Marketing of Copper", *Engineering and Mining Journal-Press*, April 21, 1923, pp.704—709, quotation at p.707.

㊹ 玉米糖浆产业也有一些棘手。该产业长期按照一个基点(芝加哥)报价。区域需求看来是稳定的,至少短期内是如此。人们倾向于使用生产和消费的地域集中来解释单一基点现象。一半以上的玉米糖浆由伊利诺伊州生产,余下的大部分则由与其相邻的州生产。对玉米糖浆的需求集中于糖果业,在 1939 年 30.5%的糖果由伊利诺伊州生产,而所有其他生产大量玉米糖浆的州只生产 8.2%的糖果(参阅 Census of Manufactures, 1939)。因此,芝加哥基点价格仅仅与少量的非理性的(减少利润的)价格歧视有关,并且它简化了价格结构。

㊺ Interstate Commerce Commission, Tons of Revenue Freight Originated and Tons Terminated in Carloads by Groups of Commodities and by Geographic Areas[Statement No.Q-550(S.C.S.)].

㊻ 当钢铁产业转而使用 FOB 厂价时,它同时提高了厂价:从 1948 年 5 月到 7 月,半成品价格提高了 10%,成品价格提高了 20%(*Steel*, January 3, 1949, p.303)。

15

论成套订购*

电影的成套订购(block booking)现象——只提供成套的电影给放映者——已经成为几个反托拉斯案例的主题。在最近一个美国对 Loew 有限公司的案例中,[①]法官戈德堡(Goldberg)在当庭宣判时,又一次直接抨击了这种做法:"反托拉斯法不允许依法授予的垄断的复合"。

在判决中,对成套订购做法的解释并不明确,一个比较好的解释是这样的:两部影片的所有者使用其中一部流行的电影来迫使放映者购买另一部影片。这一解释还不充分,因为它没有说明为什么卖方会希望出售劣质影片。

考虑如下的简单例子。法官戈德堡举例说,第一部影片《飘》对购买者来说值1万美元,而第二部影片《吉蒂的奖赏》对购买者来说毫无价值。影片所有者可以以1万美元的价格出售第一部影片,而将第二部影片弃置一边,因为无论其成本几何,覆水难收。但实际情况却是影片卖方迫使买方同时买下两部影片。由假设可知,对买方来说,两部影片的价值为1万美元,卖方获得的收益当然也可能不超出1万美元。简而

---

* 本章来自 Philip B. Kurland, *The Supreme Court Review* (1963)。Copyright 1963 by the University of Chicago.

言之,为什么卖方不直接对合意的影片使用垄断权力?根据这一逻辑,成套订购两部电影的做法并不见得比迫使放映者同样以1万美元购买《飘》和七个占卜板(Ouija boards)的做法更加明智。

我们只能从其他的角度来解释这种做法。最简单的可能解释为:有些买方对两部影片的评价差别很大。考虑如下两个买方:

A愿意为影片 X 支付8 000美元,为影片 Y 支付2 500美元。

B愿意为影片 X 支付7 000美元,为影片 Y 支付3 000美元。

如果影片卖方将两部影片分开定价,他将得到:

(1)出售 Y 得5 000美元,每个买方支付2 500美元。更高的价格会使A退出,因此减少卖方的收入。

(2)按照同样的逻辑,出售 X 得14 000美元,每个买方支付7 000美元。

卖方的总收入为19 000美元。但是对于成套订购,对两部电影只设定一个价格1万美元,卖方将得到20 000美元。②

按照这种解释,成套订购是一种获取更大收入的销售方法。十部电影的价值等于两家有相当市场和广告费率的电视台,但是每部电影的相对价值在各城市都不相同。对这些差异的度量,卖方不可能与买方相一致,因此卖方使用成套价格来获取更大收益。③

这是一个对成套订购符合逻辑的解释,但是它是正确的解释吗?若干实证检验列示如下:

(1)在过去,人们可以从《综艺》(Variety)杂志中查阅到在各个城市影片放映的收入。如果在不同城市中,影片相对受欢迎程度差异很大,那么理论就是合理的;如果在大多数城市中,影片的相对受欢迎程度大致相同,那么理论就是错误的。

(2)人们还可以使用商业信息源提供的信息,来确定一家影院的平均收入(每年)是否由上座率、消费者收入等因素决定。如果存在较大相关关系,那么就可以比较准确地确定成套价格,而且不会损失因区分不同的电影院而得到的巨大收益。

(3)通过查看记录,人们可以确定给定的成套影片的销售价格是否与电台支付能力的客观标准(主要是广告费率)紧密相关。如果是这样的话,个人价格歧视的可能性就又不会存在了。

産 业 组 织

我们没有进行系统的检验,但是一些具有启发性的支持性证据将在附录中给出。

不管这一简单的假说是否成立,有一点是清楚的,即法院声称垄断一定不能被复合是徒劳无功的。假设一个人拥有相关产品的两个专利,比如说,燃气涡轮机和柴油机,或拥有两部电影《飘》和 *Leaving with the Gale* 的版权。两者是替代品,当给其中一个定价时,这个人必须考虑对另一个产品销售量的影响,因此将会出现复式垄断。

规定成套订购为非法这一决定受到反对并不是因为该决定基于不完备的分析。该决定生效后带来的结果是:减少了影片所有者的收入,而增加了另一群垄断者的收入,即电视许可证所有者。如果电视许可证由政府来销售,那么再分配将是有益的;看来,要下一个明确的结论并不容易。

附注

两个独立的研究部分地说明了如下假说的合理性:成套订购实质上是一个价格歧视的手段。

1. 在一些美国大城市中,数部电影的第一周首场票房收入已经列入表中。我们选择了电视冲击以前的一段时期。基础数据见表 15.A1。

表 15.A1　影片第一周上映的收入,1946—1947 年

（单位:千美元）

城 市	影 片*											
	A	B	C	D	E	F	G	H	I	J	K	L
华盛顿特区	31.0	28.0	33.0	25.0	24.0	26.0	29.0	20.0	25.0	26.0	23.0	29.0
印第安纳波利斯	27.0	22.0	19.0	21.0	17.0	14.0	20.0	13.0	12.0	13.0	18.0	15.0
洛杉矶	62.5	65.7	111.0	75.6	80.0	66.0	23.0	74.9	65.2	67.0	73.8	62.0
明尼阿波利斯	38.0	22.0	21.0	23.0	15.0	11.0	27.0	15.0	14.0	20.0	26.0	17.0
蒙特利尔	17.0	22.5	16.0	16.0	14.5	13.0	18.0	14.2	14.0	15.0	13.0	14.5
费城	52.0	47.5	50.0	53.5	31.5	37.0	53.0	32.0	33.0	32.0	35.0	45.0

（续表）

城 市	影 片*											
	A	B	C	D	E	F	G	H	I	J	K	L
匹兹堡	40.0	27.0	26.1	28.0	24.0	20.0	32.5	13.0	19.5	24.0	22.0	22.0
布法罗	31.0	28.0	24.0	29.5	24.0	16.0	27.0					
辛辛那提	36.0	30.5	29.5	18.0	16.0	13.0	26.0					
西雅图	27.3	16.0	26.0	16.0	16.8	13.2	27.0					
旧金山	45.0	23.0	46.0	37.5	24.5	30.0	45.0					
圣路易斯	24.0	30.0	21.0	32.0	24.0	19.0	24.0					
奥马哈	23.0	9.3	18.0	15.3	12.2	8.5	17.2					

注：* 影片名参见表 15.A2 的说明。

资料来源：*Variety*，Nov.6，1946—May 7，1947.

我们计算了每部电影在每个城市的收入值（比如说，r_e），这一计算是基于如下假定：这部电影在一个城市中的收入份额等于它在所有城市合在一起统计时的收入份额。预期收入（r_e）与实际收入（r_a）的比较由如下公式表示：

$$\frac{|r_a - r_e|}{r_e}$$

取绝对值是因为我们对相对离差（relative deviation）的符号不感兴趣。

对 7 个城市的 12 部影片来说，相对离差绝对值的平均值（这一令人生畏的名称其实表示上面表达式的平均值）为 14.4%，对 13 个城市的 7 部影片来说，为 14.9%。因此，如果在某个城市中向影院出售（实际是出租）影片的影片所有者认为该影片在其他城市也会受到相同程度的欢迎（相对于其他影片），那么平均来说，他高估或低估的水平为 14%。这实际上低估了城市之间的差别，因为我们的程序排除了在某些城市以两部连映（double features）形式出现的或与舞台表演一起出现的影片。

与各城市间影片爱好的差异相关的一个方面是首次上映的放映周数（表 15.A2）。与表 15.A1 中的数字相对应的周数表现了更大的城市间相对差异，这主要是由于时间单位（周）不够细。

表 15.A2　影片首次放映的周数，1946—1947 年

城　　市[a]	影 片[b]											
	A	B	C	D	E	F	G	H	I	J	K	L
华盛顿特区	2	2	5	2	3	2	2	1	2	5	3	2
印第安纳波利斯	3	4	2	2	2	2	3	3	1	1	2	2
明尼阿波利斯	5	8	5	3	2	1	4	2	4	6	6	4
蒙特利尔	4	7	2	1	2	1	2	2	2	1	2	2
费城	9	8	5	4	3	4	4	4	4	4	4	3
匹兹堡	4	7	6	4	3	3	2	3	3	4	4	3
布法罗	3	5	3	4	2	2	3					
辛辛那提	4	6	4	4	3	3	3					
西雅图	7	15	6	4	2	3	5					
旧金山	3	3	4	3	2	3	5					
圣路易斯	7	8	4	4	3	3	3					
奥马哈	2	3	3	2	1	1	2					

注：a. 首映周数不包括洛杉矶是由于洛杉矶存在多个首映。

b. 参见下面对影片名的注释。

影片名

A. *Blue Skies*
B. *Jolson Story*
C. *Razor's Edge*
D. *Till the Clouds Roll By*
E. *Undercurrent*
F. *Humoresque*

G. *Two Years before the Mast*
H. *Dark Mirror*
I. *Deception*
J. *It's a Wonderful Life*
K. *Margie*
L. *The Time，the Place，and the Girl*

资料来源：同表 15.A1。

2. 按照我们的假说，一家电视台的所有影片的总价值可以由电视台的权力很好地解释，并且与电视台所服务的人口相关，等等。如果情况确是如此，那么成套订购并不会使得来自影片讨价还价的收益消失。

哈维·莱文（Harvey Levin）教授所做的一项有意义的研究[④]支持了上面的观点。他于 1956 年到 1959 年间对 31 家电视台的销售价格超出有形资产重置成本部分（作为特许权价值的测度）进行了统计分析。解释变量如下：

电视台市场中的零售额；

市场中的购买收入（buying income）；

每个电视台拥有的家庭数；

电视台网络小时收费；

电视台一分钟全国性广告收费；

电视台开播年数；

电视台网络附属关系(network affiliation)；

市场城市化人口百分比；

他得到的复相关系数为 0.935。

注 释

① 371 U.S. 38,52(1962).

② 当然,可以对买方 A 定价 10 500 美元,但是对需求测度的准确程度不可能
达到这种水平。如果这是可能的,我们现在就没有必要来解释成套订购了。

③ 受到米尔顿·弗里德曼(Milton Friedman)的启发,这里我可以简单描述一
下正式的理论。令 p_{1a} 表示买主 1 愿意为影片 a 支付的最高价格,其他的下
标依此类推。分开定价时:

$$p_a = \min(p_{1a}, p_{2a})$$
$$p_b = \min(p_{1b}, p_{2b})$$

成套订购时:

$$p = \min(p_{1a} + p_{1b}, p_{2a} + p_{2b})$$

当 $p_{1a} > p_{2a}$, $p_{1b} < p_{2b}$ (或相反)时,p 将大于 p_a 与 p_b 之和。由于 $2p_a$ 可
能小于 p_{1a} 或 p_{2a},所以上面的论述是不完备的,但是通过使用诸如
$\max[2\min(p_{1a}, p_{2a}), p_{1a}, p_{2a}]$ 之类的表达式,上面的论述可以包括没有
任何一个买主购买影片的情形。

④ "Economic Effects of Broadcast Licensing", *Journal of Political Economy*,
April 1964.大部分解释变量并没有什么用:购买收入和一分钟全国性广告
收费说明了大部分特许权价值。

16

信息经济学[*]①

　　学者都知道信息是一种有价值的资源：知识就是力量。但是在经济学的"城镇"中，信息还位于"贫民窟"。大多数时候信息都被忽略了：最好的技术被假定为已知；商品和消费者偏好的关系是已知数。广告业作为提供信息的产业之一，常常为经济学家所批判，就像经济学家对关税和垄断一样。

　　经济学中确实有许多问题是可以甚至有必要忽视信息的，但是对另一些问题则不能如此。我希望说明，当从信息搜寻的角度考虑经济组织的一些重要方面时，我们会得到一些新的认识。在本章中，我尝试系统地分析一个重要的信息问题——市场价格发现。

搜寻的本质

　　价格在各市场中的变化频率不同，并且除非市场是完全集中的，否则无人能知各个卖方（或买方）在任一给定时间的

---

[*] 原载于 *Journal of Political Economy*，Vol. LXIX，No. 3（June 1961）。Copyright 1961 by the University of Chicago.

所有报价。希望发现最有利价格的买方（或卖方）必须向各个卖方（或买方）询价——这一现象我称之为"搜寻"。

关于各个卖方要价的离散问题，我将在下文讨论，但是我现在有必要强调：即使是同质的商品也普遍存在价格离散。表 16.1 显示了消费品和生产资料的要价。汽车价格（同一型号）是由平均数量的"讨价还价"水平定出的：平均价格是 2 436 美元，价格范围为 2 350 美元至 2 515 美元，标准差为 42 美元。无烟煤的价格是联邦政府采购的投标价格：平均每吨 16.90 美元，价格范围为 15.46 美元至 18.92 美元，标准差 1.15 美元。在这两个例子中，无论以何种标准来衡量，价格范围都是很大的。

表 16.1　两种商品的要价

A. 雪佛兰牌汽车（芝加哥），1959 年 2 月[a]

价格（美元）	经销商数目	价格（美元）	经销商数目
2 350—2 400	4	2 450—2 500	8
2 400—2 450	11	2 500—2 550	4

B. 无烟煤交货价格（华盛顿特区），1953 年 4 月[b]

每吨价格（美元）	投标者数目	每吨价格（美元）	投标者数目
15.00—15.50	2	16.50—17.00	3
15.50—16.00	2	17.00—18.00	1
16.00—16.50	2	18.00—19.00	4

注：a. Allen F. Jung, "Price Variations Among Automobile Dealers in Metropolitan Chicago", *Journal of Business*, January, 1960, pp.31—42.

b. 由 John Flueck 提供。

价格离散是对市场无知的表现，而且实际上也可以作为对这种无知的测度。如果我们把销售条件包括在商品概念中，那么没有一种商品是绝对同质的，所以用价格离散来测度市场无知程度，是存在偏差的。因此，某些汽车经销商会提供更多的服务，或存有更多的汽车品种，我们所观察到的价格离差有一部分就是由这些差异造成的。但是如果认为所有价格离散都是由商品异质性导致的，则会脱离现实而无益处。

在任一时点,各卖方的报价都存在一个频率分布。如果买方满足于从遇见的第一个卖方处购买商品,他将支付这个卖方报出的任何价格。但是如果各卖方的价格差别很大(相对于搜寻成本),那么一般来说,多问几个卖方则对买方是有利的。考虑下面这个简单例子:设卖方被分为数目相等的两组,分别要价 2 美元和 3 美元。随着搜寻的继续,形成了最低价格的分布,见表 16.2。询问两个卖方的买方要比只询问一个的预期每单位产品节约 25 美分,其余依此类推。

表 16.2　按问价次数不同假设的最低价格分布

问价次数	最低价格的概率		预期最低价格（美元）
	2.00 美元	3.00 美元	
1	0.5	0.5	2.50
2	0.75	0.25	2.25
3	0.875	0.125	2.125
4	0.937 5	0.062 5	2.062 5
8	1.0	0	2.00

关于卖方要价(或买方出价)的频率分布的研究,还不足以支持任何一种关于其性质的假说。一般说来,要价很可能向右偏,因为可再生产的产品的卖方所能接受的价格只有最小值,没有最大值。如果要价的分布是正态分布,那么分别搜寻一个卖方时、两个卖方时、三个卖方时的最低价格分布见图 16.1(A)。如果分布是矩形的,相应的最低价格分布见图 16.1(B)。矩形分布的假定并没有强有力的证据支持,但是由于其代数运算简单,所以有时还是被使用的。

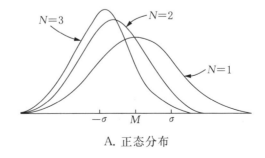

A. 正态分布

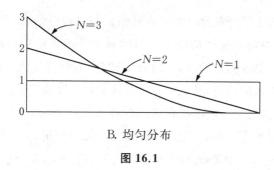

B. 均匀分布

图 16.1

实际上,如果卖方的要价 p 服从 0-1 的均匀分布,那么可以证明:[②]
(1) n 次搜寻的最低价格分布为:

$$n(1-p)^{n-1} \tag{16.1}$$

(2) 平均最低价格为:

$$\frac{1}{n+1}$$

(3) 平均最低价格的方差为:

$$\frac{n}{(n+1)^2(n+2)}$$

不论价格的精确分布如何,有一点是肯定的:如果以最低要价的预期减少额作为搜寻的报酬,那么随着搜寻次数的增加,报酬是递减的。这对 n 次搜寻的预期最低价格为 $1/(n+1)$ 的矩形分布来说,显然是正确的;对于正态分布也是正确的。[③]实际上,如果要价的分布不具备这一性质,那么该分布就是不稳定的,其原因我们随后进行说明。[④]

对于买方来说,增加一单位搜寻的预期节约额近似等于他愿意购买的数量 q 乘以作为搜寻结果的价格预期减少额:[⑤]

$$q \left| \frac{\partial p_{\min}}{\partial n} \right| \tag{16.2}$$

价格离散程度越大,给定搜寻次数的预期节约额越大。在商品上的支出越大,节约额显然也更大。我们暂不考虑支出的时期问题,从而不考虑支出的总量,我们且考虑一件不可分割的、很少购买的商品,比如二手车。

我们可以认为消费者搜寻的成本近似地与所接触的(已明确的)卖方数目成比例,因为时间是主要的成本。当然并不是所有消费者的时间成本都相同:除了个人偏好的差别,收入较高的人时间也更有价值。如果搜寻成本等于搜寻的预期边际收益,那么最优搜寻次数就可以确定了。[6]

当然,卖方也完全可以进行搜寻。在商品是独一无二的情况下,卖方常常会像买方一样搜寻。在这样没有实证意义的例子中,卖方的最优搜寻次数由边际搜寻成本与预期收入增加相等这一条件来确定,这与对买方的分析是相同的。

如果商品是独一无二的,那么买方和卖方的搜寻效率都将很低,因为无法确知潜在的卖方——搜寻成本必须除以潜在买方(或卖方)占搜寻对象总数的比例。如果我打算卖掉一辆旧车,并为此搜寻买方,即使我的车是流行样式,在一百个随机选择的家庭中,我的潜在买方也少于一个家庭。结果,每一售价的搜寻成本提高了100倍以上。

在这些条件下,搜寻的成本如此之大,使得交易本地化成为确定潜在买方和卖方的方法。在中世纪,通过禁止在给定的市场范围内或非市场交易时期买卖指定的商品,从而提高了市场的效率。卖方常常要交纳市场税(即使缺乏对非市场交易的有效制约),这清楚地显示了进入地区性市场的价值。

广告自然是发现买卖双方的现代方式:特别是分类广告,它是买卖双方相遇的地方。买方和卖方的确定大大地降低了搜寻成本。但是广告也有自身的不足:广告是一项支出,而且是一项基本与被广告产品价值无关的支出。如果一种商品的潜在买方数目相对于广告媒介的传播范围来说很少,那么广告就显得尤其昂贵。我们暂且将广告方法搁置一边,而考虑另一种方式。

发展专业的交易商则是另一种解决方式,实际上这类交易者的主要服务就是提供买卖双方交易的场所。二手车交易商每年要转卖1 000辆汽车,也许要碰到3 000或5 000次买方或卖方报价,使得交易活动高度集中。我们现在来考虑这种交易商市场,由于存在许多独立的交易商,所以我们假定该市场是竞争性的。

每个交易商面临(比如说)买方的报价分布,并且可以改变其售价,从而影响购买行为。即使是在可分割(故而不是独一无二的)商品市场,每笔交易也都存在讨价还价(价格歧视)空间:买方心目中有一个最高价格,这个价格是由他在搜寻(或打算搜寻)各交易商的过程中所碰到的最低价格决定的,但买方心目中并无最低价格。我们也许可以假定交易商发现价格歧视代价太高,[7]从而排除这种价格不确定性,在此条件下来研究交易商所面对的需求曲线是如何决定的。

每个交易商定出一售价 p,并向所有以此价格为最低价格的买方销售。若交易商的要价服从均匀分布,那么对每个交易商来说,现实买方的数目是:

$$N^i = KN_b n(1-p)^{n-1} \qquad (16.3)$$

N_b 是他的潜在买方总人数,K 是常数。[8]交易商的价格下降了,其买方数目就会增加,并且是以递增的速度增加。[9]而且,若价格小于搜寻次数的倒数,则在要价均匀分布的条件下,搜寻次数越多,则现实买方越多。[10]一般来说,高价卖方的销量较小。

交易商要价分布的稳定性取决于交易商的成本。如果规模报酬不变,那么收益率相等这一条件就决定了交易商的买卖价差是一个常数。这一条件一般得不到满足:任何交易商只要满足于小额交易量,都可以低买高卖,这样他的收益就大于成本(包括竞争性的收益率)。其他交易商无法消除这一非竞争性的收益率,尽管他若制订同样价格,可以分享交易量,若制订较低售价,会提高搜寻的收益从而增加搜寻次数。

在存在规模经济的情况下,交易商之间的竞争会消除低买高卖所得利润,并使得极高或极低的报价不可能出现。因此,随货物量增加而产生的平均成本的下降幅度越大,则价格的离散程度越小。[11]许多价格分布形式将和任何可能的交易商成本条件不一致,[12]而且一般无法证实交易商收益率的严格相等是可能存在的。

如果规模经济的交易比固定成本的交易带来更小的要价离差,那么通过减少付高价的买方数目,较多的搜寻次数也会导致类似的效果。下面我们进一步分析搜寻次数的决定因素。

搜寻次数的决定因素

只有当采购是一次性时,例如房屋、特别的旧书等的购买,确定最优搜寻次数的方程式才是明确的。如果采购是反复进行的,我们就必须考虑基于搜寻次数的购买量。

如果各交易商在继起时期的要价是完全相关的(并且是正相关),那么只需要搜寻一次就够了。此时搜寻的预期节约额是所有未来购买节约额的贴现值,而未来的节约额则包括了买方或卖方的整个生命期(以较短的为准)。[13]另一方面,如果各继起期间的要价不相关,搜寻的节约额则仅与该搜寻发生的期间有关,[14]而且每个时期的搜寻都与以前的经验无关。如果各继起期间的要价正相关,消费者在初期的搜寻次数将多于继起时期。[15]

在我所考察的一些案例中,卖方在继起期间的要价通常是正相关的。8个无烟煤投标者在 1953 年和 1954 年的投标价格之间的相关系数为 0.68(见表 16.1)。芝加哥的 29 个雪佛兰汽车经销商 1959 年 8 月和 2 月的价格相关系数是 0.33,但是同期福特汽车推销商的价格相关系数是 0。因为产品或服务方面的差异是稳定的,所以大多数观察到的相关关系都是正相关。但是我们的分析将限定在产品或服务同质的条件下。

通常,对于同质产品来说,应当存在正相关关系。个人搜寻次数会因为在产品上的支出不同或搜寻成本的不同而不同。如果客户特别看重搜寻的收益或者搜寻的成本较低,那么卖方要想获得这些客户的不断惠顾,报价就必须相对较低。实际上,商誉这个概念,或许应定义为顾客无须不断搜寻(即只是偶尔验证一下)就会不断光顾。

继起期间要价的正相关关系支持这样一个被广泛接受的观点:无经验的买方(游客)支付的价格比有经验的买方高。[16]前者没有积累售价方面的信息,即使搜寻次数达到最优,他们支付的价格一般说来也更高一些。由于预期最低价格的方差会随搜寻次数的增加而降低,无经验买方支付的价格的方差也较大。

如果买方进入一个全新的市场,他不会知道价格的离散情况,因此也无法知道合理的搜寻次数。在这样的情况下,也许要使用某种连续的过程来估计价格离散程度,这一方法会带来一系列的问题,只能留待其他人去研究了。但是,通常来说,一个进入市场的人具有价格离散程度的一般知识,因为价格离散本身是平均搜寻次数的函数,而平均搜寻次数又是商品属性的函数:

(1)买方在商品上的开支部分越大,搜寻的节约额越大,从而搜寻的次数也越多。

(2)市场中反复购买的(有经验的)买方比例越大,有效的搜寻次数则越多(在继起期间的价格正相关的条件下)。

(3)反复销售者的比例越大,继起期间价格的相关度也就越高,从而根据条件2,累积搜寻次数越多。[17]

(4)市场的地理范围越大,搜寻的成本越高。

买方人数的增加对卖方要价离散程度的影响是不明确的。买方人数的增加会引起交易商人数的增加,而且若其他情况相同,会扩大要价的范围。但是,除了广告,信息共享的现象会增加。两个买方比较价格,实际上就是信息共享:如果每人接触 s 个卖方,通过价格信息的比较,他们实际上接触了 $2s$ 个卖方,两人接触的是同一个卖方的情况除外。[18]消费者对某些商品价格(例如酒类)的比较比其他商品(例如口香糖)频繁得多——实际上,信息共享可被视为较便宜的搜寻形式(但可靠性差一些)。

价格离散的原因

价格离散的一个原因为交易商要探明竞争对手的要价需要成本,但即使成本为零,价格离散也不会消失。买方搜寻次数的有限性是更重要的原因。如果市场条件及参与者固定不变,价格将立即趋于同一。只有那些小于增加一次搜寻的成本的价格差别才会存在。最优搜寻次数的条件为(在继起期间的价格完全相关的条件下):

$$q \left| \frac{\partial p}{\partial n} \right| = i \times 搜寻的边际成本$$

其中 i 表示利率。如果增加一次搜寻的成本为1美元,利率为5%,那么在均衡时,增加一次搜寻的预期价格减少额将等于 0.05 美元$/q$——其数额往往小于最小的货币单位。但是,除了不可分割以外,消除所有离散通常对买方和卖方都是不利的。

价格离散的存在主要是由于知识的老化。供求条件和卖方要价的分布会随时间推移而变化。除非通过搜寻,否则买方和卖方不可能知道在新条件下的市场平均价格。由于存在搜寻成本,即使卖方希望进行搜寻,他们也无法保持各继起期间价格完全相关。因而,买方不可能依价格完全相关确定对搜寻的"投资量"。供求越是不稳定,价格离散程度越大。

另外,买方和卖方的变化也会导致无知。每个市场都会流入一些新的买方和卖方,他们至少在开始时不了解价格,而且他们的出现会使有经验的买方和卖方的信息变得过时。

价格离散的程度还与另一个特征有关:市场的规模(从交易金额的角度和交易者数目的角度)。当市场在交易金额和交易者数目方面都增长时,就会出现一些企业专门收集并出售信息。这些企业可以做专门的经纪商,也可以出版贸易期刊。由于信息收集的成本(几乎)独立于信息的使用(但传播信息的成本并非如此),在信息的提供方面有很强的垄断趋势:通常会出现"标准的"贸易信息来源。

广告

广告是一种为潜在买方提供关于卖方信息的方法。它显然是消除无知的有力工具——可以大范围地使用书本而不是口头交谈来传播知识。刊登在大城市报纸上的只有 5 美元的广告或许有 25 000 名读者,这样 1 美分则能获得 50 名读者。即使只有一小部分是潜在的买方(或卖方),与随机问询相比,在搜寻方面所实现的经济也是非常巨大的。

我们首先讨论有助于确定卖方的广告;有助于确定买方的广告我们不作明确探讨,价格广告问题则留待后面讨论。确定卖方是有必要的,因为卖方是随时间而变化的,但主要原因还是买方的变化。在每个消费品市场,总有一批新的买方(由于移民或金融证券的到期),他们需要知道卖方的情况,此外,明确卖方对于更新非经常购买者的知识也是必要的。

简单假定某一规模为 a 的广告在给定的时期内可以被潜在买方中比例为 c 的人所知道,故 $c = g(a)$。[19]这一函数将表现出规模报酬递减,至少在达到一定的广告规模之后是如此。一定比例 b 的潜在客户将"出生"(和"死亡"),而潜在客户的总数保持不变。这里"死亡"的含义不仅包括离开市场,而且包括忘记了卖方。b 的值显然会因商品属性的不同而不同,例如,采购次数很少的商品(例如房屋),则 b 的值较大。在广告(广告费率给定)的第一个时期,若 N 表示潜在买方总人数,那么 cN 为接收到广告的潜在买方人数。在广告的第二个时期,cN 中 $cN(1-b)$ 个人仍了解卖方的广告,cbN 个新的潜在买方也了解了情况,老的潜在消费者中有 $c[(1-b)N-cN(1-b)]$ 个现在第一次了解了有关信息,所以两个时期接收到广告信息的总人数为 $cN[1+(1-b)(1-c)]$。推广到 K 个时期,则为:

$$cN[1+(1-b)(1-c)+\cdots+(1-b)^{K-1}(1-c)^{K-1}]$$

若 K 足够大,上式则趋近于:

$$\frac{cN}{1-(1-c)(1-b)}=\lambda N \tag{16.4}$$

所以,潜在购买者中认明卖方的人的比例 λ,取决于 c、b。

如果 r 个卖方每人的广告量相同,那么 λ 就是任何一个卖方的广告被任何一个买方接收到的概率。N 个消费者中接收到 r 个卖方广告的人数服从二项分布:

$$N[\lambda+(1-\lambda)]^r$$

比如,接收到 m 个卖方广告的买方人数是:

$$\frac{Nr!}{m!(r-m)!}\lambda^m(1-\lambda)^{r-m}$$

一个买方所知道的卖方数目的范围为零到 r,均值为 $r\lambda$,方差为 $r\lambda(1-\lambda)$。[20]

即使在这样简单的模型中,市场相关信息的数量也难以使用单一尺度来概括——频率分布的常见问题。如果所有买方希望搜寻 s 个卖方,那么,凡了解的卖方数目少于 s 的买方拥有的信息不足,凡了解的卖方数目多于 s 的买方拥有的信息又过多,尽管多余的信息不是没有价值。[21]由于信息的价值是买方预期采购成本的减少额,如果搜寻 1、2……次的预期减少额是 ΔC_1、ΔC_2……那么对买方来说,信息的价值近似为:

$$\sum_{m=1}^{r} \frac{r!}{m!(r-m)!} \lambda^m (1-\lambda)^{r-m} \Delta C_m$$

但是,买方拥有的信息并不是一个简单的机会问题。那些在商品上花费更多的买方,或者在给定支出下搜寻次数更多的买方,搜寻广告的次数也更多。拥有更多信息的买方,一般来说,搜寻的次数也更多,所以信息的价值大于上式值。

我们稍许停顿一下来讨论如下事实:刊登在报纸上的广告费通常由卖方来"支付"。按照我们的分析,广告对买方来说是有价值的,他将愿意花更多钱买一份有广告的报纸。让卖方"免费"登广告,而由买方直接支付广告费,这样做的困难在于难以分配广告版面:卖方会有提供给买方并不需要的信息量(或某一类信息)的动机。而既然各种各样的广告是一起登载出来的,买方不可能清楚地指明他究竟需要哪个广告(不过,货物价目表常常是卖给买方的)。向卖方收取广告费使得他有激励仅提供买方所需要的信息。

人们常常抱怨广告和商品一起提供的做法,因为买方只需要商品,而他必须对两者都作支付。广告与商品分开销售则要求(生产不同商品的)各个卖方联合起来提供广告:商品的各个卖方通过一份多用途的期刊散布信息极为经济,故而某种联合形式是不可避免的。但是,人们通常的抱怨都夸大了:买方如果愿意,可以通过搜寻挑出那些广告少(当然还要能被人发现)的卖方,而这样的卖方由于节约了广告成本,售价较低。

以上所述似乎最适于报纸分类广告,应如何说明通过壮观的电视演出或每周喜剧演员的表演做广告的情况呢? 我们无法讨论一般性的广告问题,因为我们通过同质产品的假定而回避了质量问题。即使是在我们较狭窄的分析框架中,通过使用娱乐来吸引买方关注有关信息也是一个可以理解的现象。对大多数人来说,吸收信息并不是一件容易或愉快的事情,他们可能愿意为以娱乐形式提供的信息支付更多。从理论角度看,信息需求和娱乐需求的互补关系等同于消费者对商品的需求和送货上门服务或商店空调开放的需求之间的互补关系。人们或许会发现一个矛盾的现象:一些人在抱怨广告太精巧的同时,也抱怨校舍太粗劣。

垄断者根据利润最大化要求决定广告量(及给产品定价):

$$\pi = Npq\lambda - \phi(N\lambda q) - ap_a$$

$p = f(q)$ 为单个买方的需求曲线，$\phi(N\lambda q)$ 是除广告之外的生产成本，ap_a 是广告支出，最大化利润的条件是：

$$\frac{\partial \pi}{\partial q} = N\lambda\left(p + q\frac{\partial p}{\partial q}\right) - \phi' N\lambda = 0 \qquad (16.5)$$

及

$$\frac{\partial \pi}{\partial a} = Npq\frac{\partial \lambda}{\partial a} - \phi' Nq\frac{\partial \lambda}{\partial a} - p_a = 0 \qquad (16.6)$$

方程式（16.5）表达了常见的边际成本和边际收益相等，方程式（16.6）表达了价格与边际成本之差等于广告的边际成本 $[p_a/Nq(\partial\lambda/\partial a)]$。[22]

根据古诺关于山泉水（生产成本 $\phi = 0$）的例子，垄断者的广告量在价格等于广告的边际成本处达到均衡，也就是说，垄断者不会（不能）像他利用欲望那样去利用消费者对市场的无知。"死亡"率（b）越高，则广告量越大，除非 b 值相对于"接触"率（c）来说很大。[23]垄断情形和竞争情形是不可比的，因为前者缺乏后者的一个基本特征——由价格离散而产生的搜寻价值。

关于竞争企业的广告的一个高度简化的分析请参见附录。假定所有企业都是相同的，并且所有买方都有相同的需求曲线，搜寻数量也相等，我们得到最大化利润方程为：

$$\text{边际生产成本} = p\left(1 + \frac{1}{\eta_{qp} + \eta_{Kp}}\right) \qquad (16.7)$$

η_{qp} 表示买方需求弹性，η_{Kp} 是从某一卖方处购货的买方比例关于价格的弹性。后一弹性表示一个买方搜寻量的多少。如果卖方要价服从均匀分布，搜寻的增加会导致低价卖方增大广告量，高价卖方减少广告量。随着企业数目的增加，企业的广告量会下降。

价格广告对价格的离散程度有决定性的影响，此时搜寻变得极为经济。但是也提出了这样一个问题：为什么在产品质量没有差别的情况下，价格离散现象不会消失。答案很简单：如果大部分卖方都做价格广告，那么价格差别会急剧缩小。（在某一市场中）价差不能完全消失是因为无论使用什么样的广告媒体组合，也不可能在有限的时间内让所有潜在买方都接收到广告。

我们假定所有卖方的地理位置都是同样方便的，难道我们一定要说买方就是固执地不看广告？显然不是,问题在于确保得到个人所要购买的一切商品的最新信息,其成本实在太高。一个典型的家庭一个月可能要购买数百件不同的商品。如果(在某些商店)这些商品的价格平均每月变化一次,必须阅读的广告数目(至少有几个卖方)就多得令人生畏。

卖方的问题甚至更大:他可能销售 2 000 种商品(对于杂货店或五金店来说,这一数字还是保守的),对每种商品的每次价格变化都做一次广告——并保持足够的频率以便提醒买方注意他的售价——代价太大,不可能实行。要使一个市场中的买方了解所有商品的当前价格,也许需要使报纸广告量增加上千倍。

从生产者的角度看,其价格的不确定性当然对其是不利的。搜寻成本也是购买成本,因此价格离差越大,最优搜寻次数越大,消费量则越小。这或许是那些全国商标广告的商品卖方制订统一价格的原因之一(不过,我猜测这只是一个次要原因):如果这些卖方消除了价格差别,他们就降低了商品的采购成本(包括搜寻成本),那么经销商的利润平均来看会更高一些。

因此,价格广告的影响等同于相当大一部分的潜在买方进行了大量搜寻的影响。根据我们在本章第 1 部分的讨论,卖方要价的离差将大大减小。由于价格广告主要针对搜寻的边际价值高的产品,所以价格广告会减少总支出大的商品的价差。

结论

明确卖方并了解其售价只是经济生活中信息搜寻诸多功能的一个例子。在发现有利的投资领域和工人的产业、地理位置和职业的选择方面都存在类似的问题。本章有意回避了对产品质量信息的搜寻,这个问题并没有特别重要的意义,但分析起来确实较困难。经济学还未能成功地明确质量的含义,在所有与质量有关的问题中都存在这样的不确定性。

某些经济组织形式可以被理解为消除质量方面不确定性的工具。米尔顿·弗里德曼曾向我提起,百货商店可以看作是一个谋求商品的高质量以及确保商品的高质量的组织。"声誉"这个词意味着长期保持高质量,但是声誉是有价(或罚金)的,因为它使搜寻次数最小化。当经济学家为消费者对商家声誉的信赖痛心疾首时——虽然他们自己也是按此方式选择要阅读的文章——他们实际上隐含地假定,消费者有一个能为其迅速并免费提供当前信息的大实验室。

无知就像零度以下的气候:只要有足够的支出,它对人的影响就能维持在可以忍受甚至是使人感到舒适的限度内。但是要消除其所有影响则是完全不经济的。正如如果忽略了寒冷气候,对人的住房和衣着的分析就不够全面;如果我们不能系统地考虑无知这股冷风的话,我们对经济生活的理解也是不全面的。

本章附录

在竞争条件下,任一卖方 i 的广告量可以按如下的分析来确定。每个买方搜寻 s 次,这是由本章第 1 部分讨论的因素决定的。每个买方平均知道 $(r-1)\lambda + \lambda_i$ 个卖方。λ_i 由方程式(16.4)定义,表示潜在买方中知道卖方 i 的比例。所以,知道卖方 i 的买方中有比例为 $\dfrac{\lambda_i}{(r-1)\lambda + \lambda_i}$ 的人会在一次搜寻中碰上卖方 i。由此推知,有比例为 $\left(1 - \dfrac{\lambda_i}{(r-1)\lambda + \lambda_i}\right)^s$ 的人在 s 次搜寻中不会碰上卖方 i,$s \leqslant (r-1)\lambda + \lambda_i$。所以,在知道卖方 i 的买方中,碰上至少一次的人的比重是 $1 - \left(1 - \dfrac{\lambda_i}{(r-1)\lambda + \lambda_i}\right)^s$。[24]

如果我们以 $\dfrac{\lambda_i}{r\lambda}$ 来近似表示 $\dfrac{\lambda_i}{(r-1)\lambda + \lambda_i}$,并仅取二项式 $\left(1 - \dfrac{\lambda_i}{r\lambda}\right)^s$ 的展开式中前两项,$1 - \left(1 - \dfrac{\lambda_i}{(r-1)\lambda + \lambda_i}\right)^s$ 就成为 $\dfrac{s\lambda_i}{r\lambda}$。

任一卖方的收入为下面三个代数式之积:(1)碰到他的买方的数目,令 $\dfrac{s\lambda_i}{r\lambda} \lambda_i N = T_i$;(2)在碰到他的买方中购买了他的商品的人的比例 K,K 取决于他的相对价格(以及搜寻量和竞争对手的数目);(3)对每个顾客的销售量 pq。如果 $\phi(T_iKq)$ 是生产成本, ap_a 是广告成本,利润则为:

$$\pi = T_iKpq - \phi(T_iKq) - ap_a$$

利润最大化的条件为:

$$\frac{\partial \pi}{\partial p} = T_i\left(K\frac{\partial pq}{\partial p} + pq\frac{\partial K}{\partial p}\right) - T_i\phi'\left(K\frac{\partial q}{\partial p} + q\frac{\partial K}{\partial p}\right) = 0 \quad (16.8)$$

和

$$\frac{\partial \pi}{\partial a} = Kpq\frac{\partial T_i}{\partial a} - \phi'Kq\frac{\partial T_i}{\partial a} - p_a = 0 \quad (16.9)$$

前一个式子可以用弹性来表示,

$$\phi' = p\left(1 + \frac{1}{\eta_{qp} + \eta_{Kp}}\right) \quad (16.8a)$$

并不像在垄断场合那样,价格超出边际成本的部分为($-p/\eta_{qp}$),这里超出部分较小一些,为 $\dfrac{-p}{\eta_{qp} + \eta_{Kp}}$,其中 η_{Kp} 一般是一个买方搜寻次数的多少。[25] 方程式(16.9)表示广告的边际收益和广告的边际成本相等。设 ϕ' 为常量,关于 s 对方程式(16.9)微分,可以证明买方搜寻的增加会导致低价卖方增加广告,而高价卖方减少广告(若价格服从均匀分布)。[26]

用同样的方法可以证明,卖方数目 s 的增加,会减少每一卖方的广告量[27],产业总的广告量的增加或减少,取决于 λ 和 a 的关系。

注　释

① 作者在此感谢以下学者的评论:加里·贝克尔(Gary Becker)、米尔顿·弗里德曼(Milton Friedman)、兹维·格林里奇(Zvi Griliches)、哈里·约翰森(Harry Johnson)、罗伯特·索洛(Robert Solow)和莱斯特·特尔瑟(Lester Telser)。

② 如果 $F(p)$ 表示 p 的累积频率函数, n 个观察值中的最低价格大于 p 的概率为: $[1 - F(p)]^n = \left[\int_p^1 \mathrm{d}x\right]^n$。

③ 平均值为 M，方差为 σ 的正态分布的预期最低价格为：

搜寻次数	预期最低价格
1	M
2	$M-0.564\sigma$
3	$M-0.846\sigma$
4	$M-1.029\sigma$
5	$M-1.163\sigma$
6	$M-1.267\sigma$
7	$M-1.352\sigma$
8	$M-1.423\sigma$
9	$M-1.485\sigma$
10	$M-1.539\sigma$

④ 罗伯特·索洛已指出，有 n 个观察值的随机样本的最低期望值是 n 的递减函数：

$$E(n) = n\int_0^\infty p(1-F)^{n-1}F' \mathrm{d}p$$

而且 $[E(n+2)-E(n+1)]-[E(n+1)-E(n)]$ 是正的，因此最低值是以递减的速度下降的。证明则需要用到下面的事实：对于一个有 n 个观察值的样本，第 r 次观察到样本最大值的密度函数为：

$$n\binom{n-1}{r-1}F^{n-r}(1-F)^{r-1}F' \mathrm{d}p$$

⑤ 精确的节约额应为(1)价格减少额乘以如果价格没有减少将会购买的商品数量——正文中的表达式——加上(2)由于价格减少，所增加的购买量的平均节约额。我忽略后一数额，因为这一数额一般较小。

⑥ 买方们常常共享信息，这样就降低了搜寻的实际成本。本书将在后面对这一方法作一些评述。

⑦ 这是零售业(除了耐用消费品)中的典型情况。

⑧ 既然 $n(1-p)^{n-1}$ 是密度函数，我们须将它乘以 $\mathrm{d}p$，$\mathrm{d}p$ 代表相邻价目间的价格差距。此外，若两个或两个以上的卖方报出同一价格，他们将分摊销售量，所以 $K = \mathrm{d}p/r$，r 表示定价为 p 的企业数目。

⑨ 因为 $\dfrac{\partial N_i}{\partial p} = -\dfrac{(n-1)N_i}{(1-p)} < 0$，且 $n > 2$ 时，$\dfrac{\partial^2 N_i}{\partial p^2} = \dfrac{(n-1)(n-2)N_i}{(1-p)^2} > 0$

⑩ 由式(16.3)得：$\log N_i = \log K + \log N_b + \log n + (n-1)\log(1-p)$，则

$$\frac{1}{N_i}\frac{\partial N_i}{\partial n} = \frac{1}{n} + \log(1-p) = \frac{1}{n} - p \quad \text{（近似值）}$$

⑪ 这一论点假定，在买方搜寻为既定的条件下，交易商会发现异常有利可图的价格，这当然只是部分正确的：在价格方面，还有一个交易商的搜寻问题。

⑫ 在要价服从矩形分布的场合，若每个买方购买量相同，则随价格下降，需求弹性持续下降，所以，如果在每一个销售率上（一个卖方一种价格）平均成本都等于价格，那么在产出水平较高时，边际成本为负值。当然，售价较低的卖方数目较少。

⑬ 令预期最低价格在时期 1 为 $p_1 = f(n_1)$，$f' < 0$；以 r 表示继起期间售价的相关性，则时期 2 为 $p_2 = \left[\dfrac{p_1}{f(n_2)}\right]^r f(n_2)$。如果每单位的搜寻成本为 λ，并忽略利息，单位时间固定购买量 Q 的总开支 E 为：

$$E = Q(p_1 + p_2) + \lambda(n_1 + n_2)$$

$$\frac{\partial E}{\partial n_1} = Qf'(n_1) + Qr[f(n_1)]^{r-1} \times [f(n_2)]^{1-r} f'(n_1) + \lambda = 0$$

且

$$\frac{\partial E}{\partial n_2} = (1-r)Q[f(n_1)]^r \times [f(n_2)]^{-r} f'(n_2) + \lambda = 0$$

开支最少。当 $r = 1$，$n_2 = 0$ 时，n_1 由 $Qf'(n_1) = -\lambda/2$ 决定，搜寻成本实际上减少了一半。

⑭ 参见注释⑬；在这一场合，$r = 0$，$n_1 = n_2$。

⑮ 令 $f(n) = e^{-n}$，根据以上注释的说明，$n_1 - n_2 = \dfrac{2r}{1-r}$（近似值）。

⑯ 就这一问题而言，负相关会有相同的效应。

⑰ 如果卖方人数 (s) 和要价分布在两个时期是相同的，而 k 是新的卖方，那么一个普通的时期 1 买方将失去时期 1 搜寻成果的 k/s。

⑱ 由于共享信息更可能发生在居住地点、嗜好等相近的买方之间，所以卖方重合的可能性比完全随机时大。

⑲ 广告的效果也是广告技术和潜在买方中接触广告媒介的人所占比例的函数，我们且不考虑这些复杂的问题。

⑳ 这一方法和 S. A. Ozga 的方法有相似之处，也有不同之处。参见 S. A. Ozga, "Imperfect Markets through Lack of knowledge", *Quarterly Journal of Economics*, Vol. LXXIV (February 1960), pp.29—52。

㉑ 已了解的卖方人数越多,在 s 次搜寻后,卖方间的价格范围就越大,预期最低价格越低,但是这个效应一般较小。

㉒ 广告支出的边际收益为 $\dfrac{Npq}{p_a}\dfrac{\partial\lambda}{\partial a}$,根据式(16.5)、式(16.6),其等于需求弹性的绝对值。参阅 R.Dorfman and P.O.Steiner, "Optimal Advertising and Optimal Quality", *American Economic Review*, Vol.XLIV(1954), p.826。

㉓ 关于 b 对方程式(16.6)微分,可以发现 $\partial a/\partial b$ 在 $b<\dfrac{c}{1-c}$ 时为正,在 $b>\dfrac{c}{1-c}$ 时为负,在 $c\geqslant\dfrac{1}{2}$ 时,$\partial a/\partial b$ 必定为正。

㉔ 若一个买方多次碰到一个卖方,这一公式就略有错误。

㉕ 在均匀分布情形下,η_{Kp} 等于 $\dfrac{-(s-1)p}{1-p}$。

㉖ $\partial a/\partial s$ 的符号与 $(1+\eta_{Ks})$ 相同,而在价格均匀分布的条件下,这一弹性等于 $1+s\log(1-p)$。

㉗ 关于 r 对方程式(16.2)微分,得到:

$$r\frac{\partial a}{\partial r}\left[\lambda_i\frac{\partial^2\lambda_i}{\partial a^2}+\left(\frac{\partial\lambda_i}{\partial a}\right)^2\right]=\lambda_i\frac{\partial\lambda_i}{\partial a}\left(1-\frac{r}{K}\frac{\partial K}{\partial r}\right)$$

左式括号中的项根据稳定条件为负,而右式是正的。

17

劳动力市场中的信息^{*①}

对于第一次进入劳动力市场的年轻人来说，第一天雇主看起来可能很少，但实际上存在着大量的潜在雇主。如果这个年轻人是一个不熟练工人或半熟练工人，那么潜在雇主的数目可以百万计。即使他受过专门教育培训，潜在雇主数目也有数千。以年轻的经济学博士为例，大量的高等学府、政府机构、工商企业以及福特基金会都是潜在的雇主。随着劳动者年龄的增长，潜在雇主数目往往会缩减，但极少会低于 1 000。

除非劳动者的专业化程度不健全，否则他在任一给定时刻都无法从潜在雇主那里了解到自己的未来收入，更不要说不断更新这一信息了。他所面临的问题就是如何获得关于工资、工作的稳定性、工作环境和其他与职业选择有关的因素的最新信息。本章集中讨论工资的决定。

工资率的离散

即使商品完全相同，我们通常也能发现卖方要价或买方

---

* 原载于 *Journal of Political Economy*，Vol. LXX，No. 5（October 1962），Part 2，Supplement。Copyright 1962 by the University of Chicago。

出价有某种程度的离散。只有当卖方完全了解所有买方的出价，或所有买方完全了解所有卖方的要价，才会有单一价格。但是，由于了解各个价格的边际成本大于边际收益，[②]卖方或买方都不会获得完全的知识。

　　劳动力市场也具有这些特点，但由于劳动者缺乏同质性（以及非工资工作条件也缺乏同质性，但后者的异质程度低得多），分析劳动力市场更为复杂。为了估计源自知识不完全的"纯粹"工资离散的性质，我们试从大学毕业生中的一个非常特殊的等级开始。

　　可以用对同一个人提供的当前报酬来估计同质劳动力工资率的离散程度。这一估计接近于"纯粹"。1960 年和 1961 年，芝加哥大学商学院 44 个毕业研究生，在求职期间，从各公司共得到 144 份答复，所提供的月薪标准差是 43 美元，平均值是 540.7 美元，所以变异系数是 7.9％。[③]

　　既然这个职业市场完全局限于一个办事机构之中，而且那些招聘雇员的全国性公司之间（以及这些未来的雇员之间）很容易沟通信息，所以据此对同质劳动者报酬离差所作的估计是偏低的。每个学生平均收到 2.25 份答复，这也会使估计偏低。但另一方面，不同工作非工资因素的吸引力是不同的，而这种差异又不可能发现。[④]总的说来，在上述例子中，真正的离散程度被大大低估，而下文提供的实例将说明，在组织较差的市场，离散程度要高得多。

　　遗憾的是，任何较大的职业集团或地域较广的市场，都无法得到个人所得报酬的分布资料。我们只能分析个别雇主或雇主集团支付的工资率，和我们所希望得到的真实分布相比，这种工资率的离散或偏大，或偏小。如果这些工资率反映劳动者（或工作）质量的差别，或包括若干劳动力市场，那么公司平均率分布的离差会大一些；[⑤]如果消除公司内部的工资率差别，那么这一离差就会小一些。在我们的商学院毕业生例子中，各公司提供的平均工资率的标准差是 40 美元，而各毕业生的相应数字是 43 美元。虽然上面提到的各种离散之间会呈现多样关系，但我们可以合理地假定，对于相似的劳动力市场来说，它们之间是密切相关的。

　　上述芝加哥样本中工资率的离散情况，和弗兰克·恩迪科特（Frank Endicott）每年搜集的全国工资率样本的情况非常相似，[⑥]见表 17.1。除工程师外，各集团的方差系数从 6.4％—9.1％；在我们的样本中，相应数字是 7.9％。

表 17.1 若干大公司雇用学院毕业生的月薪：1958—1960 年

职 业	公司数目	平均薪金（美元）			方差系数（%）		
		1958 年	1959 年	1960 年	1958 年	1959 年	1960 年
工程师	66	472	493	515	4.04	4.22	4.26
会 计	40	421	435	457	6.45	6.93	6.42
推销员	29	410	426	447	8.78	8.18	9.11
一般职员	41	403	416	431	8.60	8.96	8.64

资料来源：Endicott Survey 工作表。

如果打算工作一年以上的话，劳动者就还要估计各雇主间未来工资的差别。用弗兰克·恩迪科特的资料，可以估计继起年度的工资率相关性，见表 17.2。相关程度是很高的，特别令人惊讶的是，当时期延长至 2 年，4 种职业中有 2 种没有显示相关程度降低的趋向。如果在长期内相关程度仍很高，工资差异或许就是工资以外就业条件方面差别的补偿。但是，一般来说，随着时期的延长，只要像高尔顿回归现象那样，相关系数必会逐渐变小。

表 17.2 学院毕业生 1958 年、1959 年、1960 年薪金的相关系数

职 业	数目	相 关 系 数		
		1958 年和 1959 年	1959 年和 1960 年	1958 年和 1960 年
工程师	66	0.660	0.761	0.577
会 计	40	0.723	0.872	0.720
推销员	29	0.849	0.885	0.871
一般职员	41	0.853	0.891	0.873

资料来源：同表 17.1。

如果初始工资率的差别被以后工资提高率的差别所抵消，那么不同工作的现值就是相同的。弗兰克·恩迪科特 1960 年的调查报告显示了学院毕业生工作一年以后的平均薪金，可以以此和初始薪金相比较。就会计的薪金而言，两者的关系是：

$$W_2 = 24.71 + 1.039 W_1 \qquad (N = 67)$$
$$(0.062)$$

W_2、W_1 分别是 1960 年、1959 年的薪金,相关程度很高($r=0.900$)。这说明初始工资是以后时期工资的一个很好的指示器。

这些零碎的例子只是显示了在雇用同质劳动者的工资率中存在着很大的离差,却不能说已证明这一存在。对这种离散不能精确地计量,即使在某个大学的学院毕业生那样组织得很好的市场上,离散也会达到 5%—10% 这样的程度。

信息问题

劳动者搜寻工资的提供者(雇主搜寻工资的需求者),这种搜寻活动要到搜寻的预期边际收益等于边际成本时才会停止。那么,在什么样的条件下,这种搜寻能完全消除同质劳动工资率的差异呢?

这些条件是很难满足的。即使在无限长的时期内,需求和供给都是稳定的,从而均衡工资率不变,也不能构成消除所有差异的充分条件。如果劳动者要改变工作(或许是因为他的技术有所提高),或者雇主要改变他的事业(因为商店的变化),要完全消除差异,仍需进行搜寻。但是,如果这些变化是间断性的——比如,每三年或三年以上变动一次——工资率的离散将会很小,虽然并不是微不足道的。⑦ 所以,由于劳动者的嗜好和技能、雇主事业的改变所引起的工作变化,给工资率的离散确立了某种底线。如果市场的地域广大,劳动者(及工厂)的交通成本就是这一最低离散的一个增量。

供求条件的波动是工资率离散的又一个原因。在这里,劳动者(和雇主)掌握的信息会随时间的推移而过时。工资水平的变化,不同雇主(和劳动者)相对工资率的变化,都要求再进行搜寻。均衡工资率变动得越快,搜寻的收益便越小,从而搜寻次数越少,结果,工资率离散也就越大。

下面,我们就运用这一方法来分析各类劳动者搜寻的成本和收益。由于不能得到间隔很近的工资分布时间序列,所以不可能揭示均衡价格变动率对离散程度的影响。

劳动者搜寻的收益

我们从构造一个收益量和搜寻量的函数关系开始我们的分析。假定所

有可能的雇主所提供的工资服从正态分布,⑧那么一名劳动者在 n 次搜寻中预期得到的最高工资接近于:⑨

$$w_m = 0.65 n^{0.37} \sigma_w + \overline{w}$$

增加一次搜寻能增加的边际工资率为:

$$\frac{\partial w_n}{\partial n} = \frac{0.24 \sigma_w}{n^{0.63}}$$

如果 $\sigma_w = \overline{w}/10$,则增加一次搜寻边际工资率所得是:

搜寻次数(n)	增加的工资率
5··············	$0.0087\overline{w}$
10··············	$0.0056\overline{w}$
15··············	$0.0044\overline{w}$
20··············	$0.0036\overline{w}$

如果年工资率是 6 000 美元,那么在这个搜寻范围中,边际工资率所得的范围是 20 美元到 50 美元。

如果雇主提供的工资的结构固定不变,且劳动者长命百岁,那么增加搜寻的边际收入所得就是边际工资率所得的资本化价值;如果工资结构不变而受雇时间为 t_0 年,边际收入所得便是相应的年金价值:

$$\frac{\partial w_n}{\partial n} \frac{(1+i)^{t_0} - 1}{i(1+i)^{t_0}}$$

在这个工资结构固定不变的场合,假定 $\sigma_w = \overline{w}/10$, $i = 6\%$,来自搜寻的边际收入所得情况见下表:

受雇的时间长度(年)	接触过的雇主人次	
	5	15
3	$0.023\overline{w}$	$0.011\overline{w}$
5	$0.037\overline{w}$	$0.018\overline{w}$
10	$0.064\overline{w}$	$0.032\overline{w}$

若薪金水平为 6 000 美元,边际收入所得便在 66 美元(15 名雇主,3 年)到

384 美元(5 名雇主,10 年)的范围之中。

但这些收益是夸大的,因为雇主在继起时期提供的工资之间不可能完全相关。即使雇主们令人费解地希望保持各时期工资的完全相关,他们自己也不知道所提供的工资是否足以做到这点,而新雇主的出现又成为劳动者继续搜寻的进一步原因。

在各时期工资正相关但相关系数(r)小于 1 时,在较早时期做更多的搜寻对劳动者更有利一些,因为这种搜寻对继起时期有价值。在一个简单的两个时期模型中(详见本章附录),若由于工资率相关而增加第 1 期的搜寻,预期最高工资将与 $br^2/(1-b)$ 成比例,或近似地与 $r^2/2$ 的提高成比例。如果 $r=0.5$,第 1 期的搜寻量会增加 20%,工资约增加 12%。

若各时期工资的相关程度为已知,就可以分析各种现象。比如,相关程度越高,则一名劳动者在某一公司的预期工作时期就越长,从而辞职率越低。遗憾的是,就我所知,并无公开出版的资料能用于计算这种相关性,当然,在许多工资调查的记录中能找到这些资料。

作为一个不太理想的替代方法,我们可以考察以地区为基础的平均工资率(以劳动者平均收入计量)。某产业的劳动者在某州的平均收入是该产业工资率的指数,该产业在各州的职业结构和工资结构越是相似,这个指数越是接近真实。表 17.3 是据此计算的结果。

各地区收入的差异有若干特点值得注意。在后一时期,各州收入的离散要小得多,平均方差系数在 25 个产业中有 21 个是下降的。由此可以推断,全国市场变得更完全了,下述事实支持了这一推论:在这一时期中,迁移成本相对工资率大大下降了。比较两个时期,可以发现,平均来看,相关系数略有下降,虽然第 2 时期间隔 7 年(包括战后因大量复员而混乱的 1 年),第 1 时期间隔 5 年。[⑩]也许不那么有把握,但还是可以说,这一比较说明收入的差异越来越反映出劳动力质量的差别,而不是对不同就业条件的补偿。

理论分析的最直接含义是:预期的受雇时期越长,搜寻的所得就越大;而搜寻越是广泛,最高工资率的离散就越小——由于知道有更好的待遇,提供最低工资常常会遭拒绝。[⑪]所以,预期受雇时期越长,所形成的工资率离散就越小。对这一含义,可作若干验证。

表 17.3　若干制造业平均收入的特点：1904—1909 年，1947—1954 年

产　　业	州数目	相关系数		平方差系数（%）	
		1904 年和 1909 年	1947 年和 1954 年	1904 年和 1909 年	1947 年和 1954 年
非铁铸造品	8	0.895	0.663	15.3	8.7
机动车及设备	9	0.349	0.106	8.9	4.9
建筑用黏土制品	23	0.982	0.938	29.4	19.3
船只建造	9	0.894	0.703	17.6	10.6
橡胶制品	8	0.270	0.672	8.1	6.4
乐器及零部件	7	0.953	0.460	25.7	8.7
糖果糕点	17	0.819	0.876	15.3	17.8
啤酒	12	0.921	0.834	15.4	10.8
床垫和弹簧床面	9	0.830	0.906	22.0	22.9
家具和屋内固定装置，床垫和弹簧床面除外	33	0.941	0.912	26.2	17.0
肥料	13	0.905	0.952	20.4	20.4
肉类产品	29	0.728	0.922	18.5	15.8
面粉、谷及豆类粗粉	14	0.935	0.530	21.8	12.0
面包房制品	20	0.952	0.918	18.2	12.6
瓶装软饮料	15	0.954	0.874	20.1	18.4
经加工的冰块	21	0.926	0.854	22.8	25.5
毛织品和精纺毛织品	8	0.987	0.844	17.6	8.7
编织物	17	0.955	0.774	23.5	11.2
纸板容器	18	0.906	0.926	17.1	14.0
印刷和出版	47	0.912	0.906	21.3	11.8
医药	13	0.725	0.924	16.2	14.0
肥皂及有关产品	10	0.950	0.681	14.8	12.0
油漆及同类产品	15	0.742	0.870	18.4	11.2
硝皮及皮革成品	9	0.968	0.906	19.0	13.8
鞋（胶鞋除外）	12	0.932	0.703	13.1	9.2
平均		0.853	0.786	18.7	13.5

　　一般说来，妇女逗留在劳动力大军中的时期比男子短一些，所以对于同一工种的男子和妇女来说，我们应推测妇女的工资率更为离散。在各职业的工资调查中，确实能发现这种区别。[12]对这一推测作更广泛验证的主要困难，在于使用普查资料不能消除年龄（就业男子的年龄更为离散）和种族（黑

人妇女占妇女劳动力的比重要高于黑人男子占男性劳动力的比重）的影响。[13]

可以对不同年龄的劳动者作类似的比较。在工程师场合,方差系数随年龄增加而提高(见表 17.4)。1949 年,水管工收入的方差系数是 40.8％,而学徒的相应数字是 32.9％。[14]大学教师的级别越高(或年龄越大),其薪金越是离散。[15]若比较暑假外出工作的学生和离开学校、走上工作岗位的同龄青年的工资,一定更能证明我们的理论。

表 17.4　按年龄分组的工程师月收入,1929 年

年　龄	平均月收入	标准差	方差系数(％)
23	161.0	85.1[a]	52.9[a]
24—25	189.5	58.2	30.7
26—27	230.1	86.4	37.6
28—31	282.8	117.5	41.6
32—35	349.9	175.7	50.2
36—39	400.0	221.6	55.4
40—47	464.1	294.5	63.5
48—55	510.0	346.0	67.8
56—63	544.3	399.8	73.4
64 及以上	487.6	356.3	73.1

注:a. 这一组别似乎是异质的:有两名回答者的薪金高于平均值 20 个标准差。
资料来源:A.Fraser, Jr., "Employment and Earnings in the Engineering Profession, 1929—1934", *Bureau of Labor Statistics*, Bull. No.682, 233, Table 2.

在本章第一部分,我们估计收入的方差系数是 10％左右,表 17.4 中方差系数的差别——55 岁的工程师是 60％,在 25 岁的工程师是 30％——表明,对信息不完全的后果应作更充分的估计。总的离散至少由以下三个因素引起,但只有前两个才和信息有关:

(1)工程师年龄越大,收入越离散,因为年轻人搜寻的范围更广一些。

(2)随着年龄的增长(以及在一雇主处工作年份的增加),对各工程师能力方面的差别能有更多的了解。[16]

(3)年龄较大的工程师在提高自身技能方面的"投资"量是不同的,这会扩大他们之间能力的差别。

要把第(2)(3)个因素分解开来特别困难,我们又一次得到下述结论:劳动者质量的差异给计量由掌握信息不同(或者说,另一些形式的投资不同)而引起的纯粹离散蒙上了一层浓厚的阴影。

下一部分将考察收入绝对水平的影响,这也是决定搜寻所得的一个因素。

搜寻成本

在一给定的雇主所愿提供的工资离散水平上,若搜寻成本越大,则劳动者搜寻的次数越少。而职业特点的不同,决定了搜寻成本的不同。

劳动者未来的雇主若易于被识别——这部分地和该劳动者的专业化程度如何有关——搜寻的成本则较低:劳动者的搜寻范围明确,不会在完全无关的领域里浪费时间。所以,我们可以推测,雇主越是易于被识别,实际工资率的离散就越小。

对 1950 年 20 个都市区若干收入的分析支持了这一推测。在 19 个区域中,家庭仆人的收入方差系数(平均 75.2%)要比洗衣工(平均 54.0%)高。另一对比较似不太有力:在 13 个区域中,出租汽车司机的收入方差系数反倒比货车司机低,但两者的平均数基本一致,分别为 44.2% 和 45.7%。[17]

一个给定的、已识别的雇主接受求职申请的可能性越大,则搜寻成本越低。由此似乎可以说,在就业扩张时期,工资离散较小。但是,一个等级的劳动者中的失业也会在相反的方向上降低搜寻成本。在地区性市场上,搜寻成本主要是搜寻所花时间的成本,其价值以闲暇时间的价值来衡量,即(至少接近于)平均工资率。但对于失业者来说,这种闲暇的成本是微不足道的。但是,如到其他劳动力市场去搜寻,则交通费用和所放弃的收入就必须计入成本。[18]

收入水平对搜寻量的影响也很难分解出来。如果绝对离散(σ_w)与平均工资成比例,平均工资又成比例地影响搜寻的成本和收益,那么收入水平对搜寻量就没有什么影响。另一方面,职业介绍机构的通常做法似乎是累进收费的——介绍的工作的初始薪金越高,则收费的比例越高。[19]最简单的解释是,初始工资率越高,则预期受雇时期越长。总的来说,这类事实证据要比基于各职业比较的证据更有说服力。

　　搜寻信息可采取直接求职之外的形式:在报上登广告、求助职业介绍机构、雇主的搜寻以及劳动者共享信息的许多形式。某些形式只要花费很少时间,若只是使用这些形式,我们就会推测,不论工资水平有多大区别,工资率离散的绝对数量(标准差,不是方差系数)应当处处相同。但是,这类信息是不完全的、有局限的,如果需要更多的信息,最终还要直接联系。而随搜寻的增加,搜寻的边际成本会上升。

　　对由这一观点出发所作的调查研究来说,私人职业介绍机构提供了一块"肥沃的土地"。它们存在的理由就是信息,就那些雇主或劳动者最难得到有关信息的职业而言,它们应当专业化。我们能够以这些机构的收费,来直接估计有关职业信息的边际成本。

雇主的搜寻

　　在某些产业中,雇主的直接搜寻,完全可以和劳动者的搜寻相比较。大学教育就是一个明显的例子:雇主通过访问研究生院、查阅专业杂志等活动搜寻潜在的雇员,请他们前来面谈。当然,在劳动者专业化程度很高时,这类直接聘任的可能性最大。

　　由劳动者承受寻职负担的主要原因是,它和由雇主承受的此类负担相比,前者较为便宜。当一个雇主有众多雇员时,其增加雇员的可能性要比一劳动者接受某一工作招聘的可能性大得多。劳动者识别雇主通常也比雇主识别劳动者容易一些——钢铁工人无效搜寻的比重要比钢铁公司少得多。但在雇主和雇员比例接近 1 的场合(家庭仆人,负责营销的副董事长),雇主通常部分或全部承担搜寻的任务。

　　雇主的搜寻不仅仅是识别潜在的劳动者,他还必须按雇员个人在实际工作中的表现对他们进行"分类",还须在一段时期内支付培训成本(包括承受较低的生产率)。Walter Oi 估计,国际收割机公司的每个劳动者最初雇用成本和培训成本约为 382 美元(1951 年),技术要求越高,则成本越高,且上升得很快。[20]

　　减少雇用成本的一个方法是支付较高的相对工资。这样,不仅可以降低现有职工的离职率,而且平均说来,更多的质量明显较高的劳动者会来应聘。对雇主来说,工资率和搜寻技能是替代关系:他越是能有效地找到高质量劳动者,他为该质量必需支付的工资就越是少。

就判断劳动者质量而言,小公司在雇佣过程中具有明显的优势,雇主可以直接观察新职工的表现,无须求助于费用很大但又不确定的评价方式去估计职工的绩效。众所周知,小工厂的工资率要比大工厂低一些,这个差额至少部分地(或许全部)反映了小企业雇主判断职工质量的成本较低。若比较工资离散程度,会得到类似的结果,见表 17.5。一般说来,男性劳动者的能力越强,则进入的公司越小。

这里关于工资离散的论述在某种意义上和本文的主要论点是相矛盾的。在前文,我用工资离散来度量信息不完全的程度;而在这里,用它来度量劳动力的能力(即离散越小,雇主掌握的关于劳动者能力的信息越少)。但这一矛盾只是表面上的,因为前文分析的是质量相同条件下关于价格的信息,这里分析的是质量不同条件下关于质量的信息。但是,这一转换又一次提出了我们先前遇到的主要困难:分解劳动力市场上的质量差别和价格差别。

表 17.5　若干制造业按熟练程度分组的男性雇员小时工资率的方差系数

产业和雇主	工厂数目	方差系数(%)		
		熟练工	半熟练工	非熟练工
无线电:2 家最大公司	2	12.8	16.7	13.8
其他公司	22	24.6	24.9	20.9
肥　皂:大公司	13	15.1	16.8	17.2
其他公司	59	25.6	24.5	23.3
爆炸物:3 家最大公司	28	16.2	14.1	15.8
其他公司	23	19.8	17.4	19.5
肉类加工业:4 家最大公司	59		20.4	
小公司	182		28.1	

资料来源:*Hourly Earnings of Employees in Large and Small Enterprises* ("Temporary National Economic Committee Monograph", No.14,1948), pp.21,54,59,66,70.女性雇员的工资离散情况相同,肉类加工业的资料是北部工资区所有雇员的情况。

作为资本的信息

一个人掌握的关于劳动力市场的信息是一项资本:信息要以搜寻为成本生产出来,掌握信息能获得较高的工资率。从个别劳动者的观点看,他所掌握的信息的资本价值可以用估价一项资产的常用方法来计算,那就是对未来收益贴现。我们在本文第一部分已给出来自搜寻的边际收入所得:

$$\frac{\partial w_m}{\partial n} \frac{(1+i)^{t_0}-1}{i(1+i)^{t_0}}$$

即边际工资所得乘时期长度为 t_0 的年金现值。由搜寻得到的总收益是这个式子在整个搜寻范围内的积分,或者是:

$$(w_m - \overline{w}) \frac{(1+i)^{t_0}-1}{i(1+i)^{t_0}}$$

我们已经指出,就各雇主支付的未来工资和当前工资并不完全相关的情况而言,如按这个式子计算会过高地估计收益。但另一方面,若受雇于某一雇主的时期长度为 t_0,那么现在获得的信息对 t_0 以后寻找工作是有价值的。各时期提供的工资相关性越强,这个抵消因素就越大。

劳动者变换工作单位的频率和年龄、技能的关系有规律可循。根据格拉迪斯·帕尔默(Gladys Palmer)的研究,年龄在 25—34 岁的男子在一个单位工作的平均时间为 3 年;而在 65 岁以上的年龄组,这个数字提高到 6 年。[21]变换工作在非熟练工人中较为频繁。若预期工作时间为 3 年,工资的方差系数为 10%,那么按上式(设 $i = 0.06$),该劳动者掌握的信息的资本价值为:

若搜寻 5 次,则为 $0.32\overline{w}$

若搜寻 15 次,则为 $0.47\overline{w}$

如果把这些数字应用于全体劳动力,那么劳动者拥有的信息这一私人资本总额可高达 1 000 亿美元左右。

雇主也有相应的信息资本价值,它等于支付给既定质量劳动者工资率的节约额的现值(或既定工资率条件下劳动者较高质量的现值)。劳动者的搜寻量越大,则雇主在工资率方面获得既定节约额的机会越少(或成本越大)。雇主和劳动者信息投资的分工是由市场惯例决定的:在一方获得信息更经济的地方,另一方必作较少的投资。

从社会的观点看,对信息投资的报酬是对劳动力更有效的配置:劳动力市场的信息越充分,在任一给定时间,每个劳动者的(边际)产品越接近极大。从这个观点看,信息的作用是阻止低效率的雇主获得劳动供给,使无效率的劳动者不能得到较好的工作。在闭塞的制度中,恩里克·弗米(Enrico Fermi)只能是个花匠,约翰·冯·诺依曼(John von Neumann)则只会是个药铺的收款员。

社会资本并不必定等于私人资本的总和。如果大多数劳动者都作充分搜寻,提供较低工资率的雇主就不能招收到足够的雇员,将被迫关闭企业或提高工资率。所以,如果我进入劳动力市场,不作搜寻,我也能由于其他人了解该市场而得利。这个效应的产生是因为存在规模经济。

无论从劳动者,还是从雇主,或是从社区的角度看,劳动力的有效配置所需的信息量和信息种类,远远超出决定工资率所需的信息。劳动者应该掌握的技能种类及其水平,同样是个信息问题,就业的非货币条件也是如此,传统文献并没有给这些问题以应有的地位。如果说,要夸大信息问题的重要性才能使其获得应有地位,这是不妥当的。但是,以下说法则一点也没有夸张成分:对未来的研究来说,精确地分析信息问题,分析某一经济体用来处理这些问题的方法,是一个前景光辉的领域。

本章附录

令 n_1 和 n_2 分别为两个时期的搜寻,λ 为搜寻的平均成本。撇开利息,一劳动者从搜寻中所得利润是 $\pi = w_1 + w_2 - \lambda(n_1 + n_2)$,其中 $w_1 = an_1^b$,$w_2 = a(n_2 + r^2 n_1)^b$。

最大化利润的条件为:

$$\frac{\partial \pi}{\partial n_1} = abn_1^{b-1} + ab(n_2 + r^2 n_1)^{b-1} r^2 - \lambda = 0 \qquad (17.1)$$

$$\frac{\partial \pi}{\partial n_2} = ab(n_2 + r^2 n_1)^{b-1} - \lambda = 0 \qquad (17.2)$$

根据式(17.1)、式(17.2),得:

$$n_2 = n_1 \left[(1-r^2)^{1/(1-b)} - r^2 \right] \tag{17.3}$$

由式(17.3)可得:当 $r=0$ 时,$n_2 = n_1$。 可以算出,当 $r=1$ 时,$n_2=0$,[22] 且 $n_1 = \left(\dfrac{\lambda}{2ab} \right)^{1/(b-1)}$。

时期 1 的搜寻对时期 2 的边际工资率的贡献是:$\dfrac{\partial w_2}{\partial n_1} = ab(n_2 + r^2 n_1)^{b-1} r^2$。 由式(17.1)、式(17.2)所得时期 1 的最优搜寻量是:

$$n_1 = \left(\frac{\lambda}{ab} \right)^{1/(b-1)} (1-r^2)^{1/(b-1)} \tag{17.4}$$

和 $r=0$ 时相比,若 $r>0$,时期 1 的工资率要高一些,高出的比例是:

$$\frac{a(\lambda/ab)^{b/(b-1)}(1-r^2)^{b/(b-1)} - a(\lambda/ab)^{b/(b-1)}}{a(\lambda/ab)^{b/(b-1)}}$$

即 $(1-r^2)^{b/(b-1)} - 1$,或者说接近于 $br^2/(1-b)$。

注 释

① 作者感谢克莱尔·弗里德兰(Claire Friedland)为本章统计资料方面所做的工作,H.格雷格·刘易斯(H.Gregg Lewis)对本章初稿所作的有益评论。

② 参见 G. J. Stigler, "The Economics of Information", *Journal of Political Economy*, June 1961(即本书第 16 章)。

③ 得到 2、3、4、5 家或更多公司答复的毕业生,在月薪标准差方面并无有规律的或显著的差别:

公司答复个数	学生数目	标准差(美元)
2	17	46
3	13	35
4	7	49
5 及 5 以上	7	43

基本数据来自 David Huntington of the Placement Bureau of the Graduate School of Business。

④ 初始工资率究竟在多大程度上可作为以后工资率的可靠指数,将在下文讨论。

⑤ 在一特定专业内,和同一个人得到的多种工资率许诺的方差相比,不同个人的工资率方差要大得多。

⑥ 感谢恩迪科特允许我们查阅各公司三年的报告。

⑦ 如果工资率服从 0-1 的矩形分布,在 n 次搜寻中平均最高工资是 $n/(n+1)$,所以 $(n+1)$ 次搜寻的预期边际工资率所得为:

$$\frac{n+1}{n+2} - \frac{n}{n+1} = \frac{1}{(n+1)(n+2)}$$

再乘以预期受雇时期的长度,就可以得到搜寻的边际收益。如果预期受雇时期为 m 天,搜寻的成本是 k 天,搜寻量就是:

$$\frac{m}{(n+1)(n+2)} = \frac{kn}{n+1}$$

据此,$n \approx \sqrt{m/k}$;或者说,如果 $k=1$,预期受雇 3 年,则 $n \approx 25$。 工资的方差系数为:

$$\sqrt{\frac{n}{(n+1)^2(n+2)}} \frac{n+1}{n} = \frac{1}{\sqrt{n(n+2)}} = \sqrt{\frac{k}{m}}$$

在我们的例子中,$\sqrt{k/m} = 4\%$。 这里应用了"The Economics of Information", *op.cit.*, p.215 中论述的原理。

⑧ 芝加哥大学毕业生的工资分布和这一假定相吻合,凭直觉,可以认为正态分布比矩形分布更合情理,后一假设是为了计算上的方便才使用的(例如,在"The Economics of Information"和注释⑦中)。

⑨ 这一表达式就是规模为 n 的随机样本中正态区域平均最大观察值的近似值($3 < n < 20$),精确值见 W.J.Dixon and F.J.Massey, *Introduction to Statistical Analysis*(New York, 1957), p.407.

⑩ 在后一时期,产业更为同质,这会提高相关系数。

⑪ 更精确地说,最好待遇的分布的方差,随搜寻增加而变小。

⑫ 例如,芝加哥制造业船运部门的包装工的小时收入(单位:美分)有如下特征:

	1952 年		1957 年	
	男性	女性	男性	女性
四分位数间距	23.54	28.44	43.84	45.84
中位收入	144.2	109.8	182.0	175.7
四分位数间距率(%)	16.2	24.1	25.9	26.1

资料来源:Bureau of Labor Statistics, Bulls. 1105 and 1202—1215.

在正态分布条件下,四分位数间距率为 1.35 乘方差系数。

⑬ 一个范围略广一些的分析是关于 1949 年一些大城市若干职业的收入离散,另一个则分析了 1939 年侍者的收入。1949 年的资料表明,妇女收入比男子收入更为离散,而 1939 年对一个职业的分析结果则正好相反,由于年龄、种族的差别没有被剔除,我觉得这些结果完全不能说明问题。基于同样理由,在这两种资料中妇女的平均工资都低一些,虽然这符合我们理论的推测,但也不能看作是支持我们理论的证据。

⑭ 另一方面,机械工和工具制造工的收入方差系数是 30.1%,学徒的相应数字是 29.7%,两者基本相同。这些都是美国的情况,这些数据受到兼职工作程度的影响(在学徒中兼职工作的比在机械工中更多)。

⑮ 1959—1960 年大学薪金的四分位数间距率 $[(Q_3-Q_1)/Q_2]$(%)为:

级别	男性	女性
教授	33.0	31.8
副教授	23.3	26.2
助理教授	19.7	24.2
讲师	19.3	21.7

　　根据 National Education Association,"Higher Education Series",*Research Report*,1906-R3 计算,还可参见 G. J. Stigler,*Trends in Employment in the Service Industries*,New York,National Bureau of Economic Research,1956,p.128。

　　在各类提供报告的学院和大学里,女性教授的薪金离散都小一些。在教授中,女性比重低于 1/12,在副教授中,比重高于 1/6。搞清产生女性收入离散反而小这一反常现象的原因——女性的能力问题和对女性的歧视——是一项很有趣的工作。

⑯ 基于对能力差异较好识别(搜寻有关劳动者质量的信息)之上的收入离散的增大,同样可视作同质劳动者收入离散的变小。

⑰ 在上文我们曾指出使用普查资料的不可靠性,在这里,可信程度高一些,因为在这些例子中,由种族、兼职工作、年龄引起的差别小一些。

⑱ 所以,一项工作的平均工资率,在一个范围广大的地区的诸企业间,比在单一的劳动力市场内,区别要大得多。

⑲ P. H. Douglas and A. Director,*The Problem of Unemployment*,1931,p.267.

⑳ Walter Oi,"Labor as a Quasi-Fixed Factor",*Journal of Political Economy*,December 1962,p.546.

㉑ Gladys Palmer,*Labor Mobility in Six Cities*,New York,1954,p.53.计算出

来的结果低估了青年人的平均工作时间长度,因为并非所有人在整个 10 年中都在劳动力队伍中。

㉒ 当 r 接近 1,依式(17.1)、式(17.2)得 $\dfrac{ab}{n_1^{1-b}}=0$,即 n_1 无穷大。从式(17.2)可得 $n_2+r^2 n_1=\left(\dfrac{\lambda}{ab}\right)^{1/(b-1)}$,所以当 n_1 接近无穷大时,n_2/n_1 接近 $-r_2$。既然 n_2 以 0 为低限,当 $r=1$, $n_2=0$ 时,依式(17.1)得出的 n_1 值如正文中所示。

18

拐折寡头垄断需求曲线和价格刚性[*]

就在二战前,经济学家提出了这样的理论:寡头垄断者的需求曲线存在一个拐点,这一拐点甚至可以解释所观察到的寡头垄断产业的价格刚性。该理论迅速得到广泛认可:许多经济学家在自己的理论体系中给予该理论一席之地,并且有一些经济学家称其为寡头垄断价格理论。

在 20 世纪 30 年代,许多关于价格的统计研究都报告了价格刚性问题,这一理论对此提供了一个开创性的合理解释,无怪乎它会如此流行。但是据我所知,还没有人细致地研究拐折需求曲线理论本身,也没有人研究根据该理论推导出的价格模式和实际观察到的寡头垄断产业价格模式之间的一致程度。本章的第一部分和第二部分分别来承担这两个任务。

正式理论

公认的理论

拐折需求曲线理论几乎由英国的 R.L.霍尔(R.L.Hall)和

* 原载于 *Journal of Political Economy*,Vol.LV,No.5(October 1947)。

C.J.希契(C.J.Hitch)与美国的保罗·M.斯威齐(Paul M.Sweezy)同时独立提出。[①] 我们先简单介绍一下后者的理论模型。

斯威齐模型　斯威齐考虑的市场情形是这样的:竞争者会迅速对降价做出同样的反应,但是对提价的跟进(如果确实发生的话)则是迟疑且不彻底的。这一预期的行为模式导致了寡头垄断者产品需求曲线在当前价格(等于图 18.1 中的 p_0)处有一拐点,[②] 并且相应的边际收益曲线会出现跳跃断点,跳跃的长度与需求曲线上支与下支的斜率之差成比例。[③] 斯威齐认为"边际成本曲线从边际收益曲线的两部分中间穿过",因此边际成本的波动不会影响产出和价格。

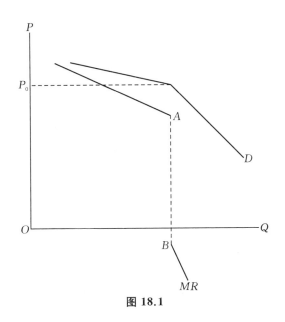

图 18.1

他还考虑了另外两种可能性。寡头垄断者可能相信秘密削价不会为人所知,这样的话,需求曲线就始终具有弹性,拐点也会消失。或者寡头垄断者可能是一个价格领导者,其他企业会跟随其提价,拐点也会消失。[④]

斯威齐认为需求的移动不会影响拐点价格,他还认为需求的增加和减少的结果是不对称的:

(1)需求的增加会使需求曲线的上支更缺乏弹性,这是因为竞争者已接近产能极限;[⑤]需求的增加会使需求曲线的下支更具有弹性,这是因为竞争者"不必担心业务损失"。如果需求增加时,边际成本也向上移动,"需求增加更可能导致价格上升而不是下降"。

（2）需求的减少具有相反的效应——上支弹性增加,下支弹性降低——因此边际收益的断点跳跃距离将增大,寡头垄断者将"更急于"保持当前价格。

除非价格领导者存在或可能发生秘密削价,否则寡头垄断价格在好时期会上升,在坏时期不会下降。[6]

牛津模型　霍尔和希契在与约 38 名企业家面谈了企业价格政策之后,得出结论:企业家定价意在补偿平均成本,而并不考虑边际收益和边际成本（他们很少了解这方面的信息）。[7] 这一"全部成本"原则明显是以下一些因素导致的结果:秘密合谋或公开合谋,对长期需求和成本的考虑,有关公平的道德信念,以及价格升高和下降效应的不确定性。[8] 在这里我们并没有必要讨论访谈的特殊结论。[9]

企业家根据预期产量或某一常规产量制定价格来补偿平均成本（包括"利润"）（见图 18.2）。需求的增加或减少通常会使拐点左右移动,而使价格保持不变,但是存在两个例外:

（1）如果需求下降很大并且较长一段时间保持低水平,那么为了保持产量,企业有可能会削价。对这种削价的主要解释是:一个竞争者变得有些恐慌,他的非理性行为迫使其他人也跟着削价。

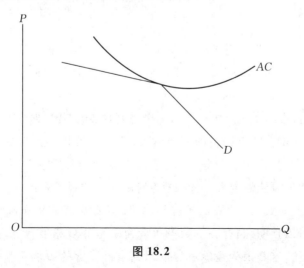

图 18.2

（2）如果所有企业的平均成本曲线都移动相同数量,可能是由于要素价格或技术的变化,这"可能会引起对'全部成本'价格的重新估算"(同上,p.25)。但是,"……(价格)下降或上升的幅度不会超过工资和原材料成本"(同上,p.32)。

全部成本原则也表明价格与产出反方向变化,即有必要使用高价格来补偿少量产出的高平均成本。寡头垄断者不会明显模仿这一价格模式,这是因为寡头垄断者:(1)看重价格稳定性;(2)受到拐点的影响;(3)希望"工厂全负荷运转,由此产生了对降价的偏爱"。⑩

不同理论模型的比较　斯威齐模型是拐折的需求曲线在价格决定中的逻辑一致应用,不存在相矛盾的原则来修正理论。牛津模型还包括了"全部成本"原则(明显也是"大产量"原则),尽管二者存在多处矛盾。霍尔和希契通过放弃拐点(例如,当价格是根据生产成本确定时)或放弃"全部成本"原则(例如,企业家在经济萧条时不提价)解决了部分矛盾。他们没有考虑各个寡头垄断者的平均成本差异带来的问题,以及"完全成本"原则的许多其他棘手的特征。他们认为拐点根据工资率和原材料价格而变化,这意味着寡头垄断者之间一定程度的合谋,或至少十分友善,这使得我们看不出为什么拐点竟会存在(见下)。他们这种灵活多变的理论模型可以解释任何价格模式,因此也无法预测任何一个价格模式,因而下面我将主要讨论斯威齐理论模型。

理论阐释

我们已经对拐折的需求曲线进行了十分简短的讨论。为了推导出特定的价格模式以便进行下面的实证检验,我们有必要详细阐述理论的一些含义。

边际收益曲线断点的跳跃距离　断点的跳跃距离与拐点两边需求曲线斜率之差成比例。断点的跳跃距离越大,不影响价格稳定性的边际成本的波动幅度越大(如果拐点价格不变,需求波动也可以越大),因此在任何时段,价格刚性的可能性越大。影响断点跳跃距离的因素有:

（1）竞争者数目(在给定的密切程度下,密切程度由交叉需求弹性度量)。我们可以预期,当存在少数竞争者而不是许多竞争者时,提价做法更有可能被模仿,这是因为竞争者将意识到来自降价的短暂获利很快就会消

失。如果情况果真如此的话,当竞争者很少时,断点存在的时间很短或根本
不存在。竞争者的数目越大,竞争者越不可能模仿一个寡头垄断者的提价;
另一方面,他们也越不可能模仿寡头垄断者的降价,至少不可能立即降价。
因此,当竞争者的数目适中时,比如说,5—10 个,断点跳跃距离可能最长。

　　(2)竞争者的相对规模(给定竞争者密切程度)。当一个企业(或内部部
门)在规模上占绝对优势,它将很可能成为价格领导者。当这个企业提高价
格时,竞争者可能会跟进(因为他们可以在主导价格下销售如其所愿的数
量);而当这个企业削价时,竞争者一定会跟进。因此,领导企业的需求曲线
没有拐点。规模较小的企业不可能定价高于领导企业,除非领导者的定价
使购买者得到定量配给,但是这些小企业可以略微降低价格而不会立即被
其他企业跟进,甚至可能根本不会被跟进。[11]这样的话,也不会出现拐点。

　　(3)竞争者的产品差异。产品的同质性越高,断点跳跃距离越大,这是
因为消费者会更快地转向低价企业。

　　(4)合谋的程度。如果出现明确的合谋,而不是理论所描述的彼此保持
距离的态度,那么拐点会消失;寡头垄断者的需求曲线就不存在拐点。

　　其他影响边际收益曲线断点跳跃距离的因素也可以在这里提一下,例
如,买主的数目。[12]但是这些因素并不适合于本章第二部分使用的实证检验
类型,在此我们并不讨论它们。

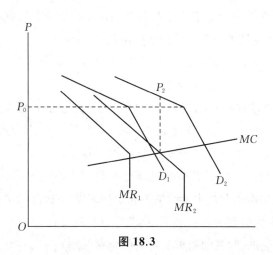

图 18.3

拐点的活动方式　为了研究拐折需求曲线的活动方式,我们来考虑两个生产类似但不完全相同产品的企业(规模相同)。双头垄断者 A 的初始需求曲线和边际收益曲线由图 18.3 给出;它们由下标 1 表示。现在假定两种商品的总需求增加,那么 A 的需求曲线移动至 D_2,但是边际成本并没有变化。A 将价格提高至 p_2。双头垄断者 B 会怎么做?

如果 B 的成本和需求与 A 相同,那么 B 就会同时将价格提高至 p_2。但是我们必须重新来画 D_2,使其高于 p_0,这是因为原图是基于竞争者价格为 p_0 这一假定的。这是经典的双头垄断情形——可能存在各种通常的行为模式。在价格水平 p_2 给 D_2(重新作图时)增加一个新的拐点将是愚蠢的。经验表明竞争者会跟着提价,企业家会学习这一经验,因此不会出现拐折现象。

另一方面,B 可能发现保持价格 p_0 仍是有利可图的。但是他的需求曲线必须右移,因为原图基于如下假定:A 的价格定为 p_0 或更少。如果需求曲线的移动导致 B 制定一个新的价格,那么 A 的需求曲线也必须重新作图。经验再一次否定了拐折的存在。

拐折需求曲线理论解释了为什么需求或成本发生变化时,价格仍然保持不变。但是该理论没有解释为什么曾经有过一次变化的价格会再次稳定下来并逐渐形成一个新的拐折曲线。一个可能的解释为:需求和成本一段时期的稳定性形成了一个稳定价格的传统,以至于当需求或成本条件有很大变化时,拐折曲线就出现来保持价格稳定性。

其他拐点和断点　就目前来说,我们并没有必要来讨论拐折需求曲线理论的其他含义,但是有两点值得简单提及。

作为拐折需求曲线基础的寡头垄断行为模式也会导致不连续的边际成本曲线。例如,如果一家企业降低其工资率,其他企业不会跟着降工资,但是这些其他企业会跟着涨工资。在与此投入拐点相对应的产出点处,边际成本曲线出现断点。拐折需求曲线理论的吸引人之处在于:很容易作出导致价格稳定性的需求和成本曲线的图形。但是如果边际成本曲线也是不连续的,这一引人之处就大打折扣了,读者可以自行验证。

根据相同的推理,其他政策变量曲线也存在拐点——广告、质量变化,等等。实际上,该理论的逻辑要求仅存在一个变量——产出,这样其他变量的不连续就可以表现出来。

其他的价格稳定性理论

对价格稳定性的解释在马歇尔时代的新古典价格理论中并不常见或并不突出。(本章第二部分提供了一些证据来说明这一现象应当得到赞扬还是受到批评。)当然,如果我们将新古典价格理论描述为要求价格对需求或者成本曲线的变动作出反应而变化,那么这只是一个滑稽可笑的描述。三个导致价格稳定性的因素一般都被纳入(并没有被强调)新古典理论。

长期考虑 需求曲线在长期内通常更具有弹性,这是因为购买者可以改变技术、承诺和习惯,这些变化都促进了替代品的使用;还因为一定的价格水平吸引了新的竞争者。因此,极高的当前价格导致的未来收益(贴现值)损失大于它带来的当前收益。这种类型的考虑可以解释需求无弹性的商品其价格不能在短期内提升过高,但并不意味着价格要保持刚性。[13]

合谋的管理弱点 如果一组生产者通过合谋达成了一个彼此满意或彼此可接受的价格,那么这一价格将有持续下去的趋势。当价格变化会给某些企业造成损失时(当他们的成本、市场领域和产品结构不同时,这种情况会经常出现),他们自然会反对价格变化。当所有人都能从价格变化中得益时,他们所希望的变化数量不同。公开价格问题因此可能会导致激战,情势很可能会失控。企业必须避免常常诉诸这种政治经济的决议,价格变化尽量被推迟。如果变化推迟的时间足够长,那么变化就不需要了。

价格变化的成本 产品和市场的性质使得少量或频繁的价格变化成本大于收益。将价格变化告知购买者需要成本:新价目表、广告,等等。如果长期合同中包括这样的条款:购买者在合同期间将接受任何降价,那么降价的短期边际收益将很小或为负。甚至当不存在合同时,降价也会引起早期"示范"产品购买者的不满。

价格稳定性理论含义的比较

没有理由可以说明为什么拐折需求曲线不能与其他的价格稳定性解释相结合。但是将拐折需求曲线理论作为新古典理论的补充也没有什么意义,除非它说明了新古典理论未能解释的价格行为或者在它与新古典理论

共同应用的领域彼此相互冲突。在第二部分的实证检验中,我们将使用的拐折需求曲线和新古典理论的含义差别如下:

(1)拐折需求曲线理论对垄断闭口不谈,这是因为不存在竞争者的报复问题。如果垄断价格是刚性的话,解释这一刚性的促进力量(比如,价格变动的成本)也足以解释寡头垄断下相同数目的价格刚性。除非引起垄断价格刚性的因素在寡头垄断下不起作用,且寡头垄断产业的价格刚性更强,我们都无需拐折的需求曲线。

(2)如果以前相互独立的企业进行合谋,边际收益曲线的断点将消失,那么价格刚性的理由也就不复存在了。另一方面,新古典理论强调合谋的管理弱点,这实际上是认为存在更强的价格刚性。

(3)根据拐折需求曲线理论,产业中有很少或许多企业时,价格相对有弹性,而当存在中等数目的企业时(比如,5—10个),价格相对有刚性。寡头垄断的新古典理论对这一问题既没有明确表述也没有形成一致看法,但是存在一个一般性的观点:价格弹性随着企业数目的增加而连续增加。

(4)根据拐折需求曲线理论,当存在一个支配企业或一组(联合行动的)企业担当价格领导者时,价格应该比没有价格领导者时更具弹性。新古典理论未谈及这一点。

(5)根据拐折需求曲线理论,给定企业的数目和规模,产品越表现出异质,价格应该更有弹性。新古典理论没有这样的含义。

理论的实证检验

你既可以实证检验作为拐折需求曲线理论基础的企业家行为假设,也可以检验由该理论推导出来的价格行为表现。前一个检验要求分析产业中寡头垄断者的价格变化序列,后一个检验可以通过比较观察到的价格刚性与理论预测的情况来进行。

假设的有效性

如果一家企业提价,竞争者没有跟进,而降价则被跟进,那么寡头垄断者就有了经验基础来相信他们的需求曲线存在一个拐点。如果竞争者不跟着降价,或者竞争者跟着提价,拐点的存在就失去了客观基础。

烟草产业(有三家大型企业)提供了一个很好的经验例子,说明了拐点的存在。1918 年 9 月 28 日,美国烟草公司将 Lucky Strikes 牌香烟的售价从每千根 6 美元提高至 7.5 美元,但是竞争者却继续收取较低的价格。从 9 月份到 11 月份,Lucky Strikes 的销售量下降了 31%,此时价格已经降回至 6 美元,但销售量仍持续下降了几个月。[14]但是烟草产业后期的价格表现就无法使人相信拐点的存在了:

1928 年 4 月 20 日:Reynolds 公司(骆驼牌香烟)宣布每千根价格从 6.40 美元降至 6 美元,4 月 21 日正式施行。美国烟草公司在 4 月 21 日即跟着降价,Liggett & Myers 公司 4 月 23 日开始降价。

1929 年 10 月 4 日:Reynolds 公司宣布将价格提高至 6.40 美元,10 月 5 日正式施行,两个竞争者也于当天跟着提价。

1931 年 6 月 23 日:Reynolds 公司宣布将价格提高至 6.85 美元,6 月 24 日正式施行,两个竞争者也于当天跟着提价。

1933 年 1 月 1 日:美国烟草公司将价格降为 6 美元,1 月 3 日正式施行,两个竞争者也于当天跟着降价。

1933 年 2 月 11 日:美国烟草公司将价格降为 5.50 美元,两个竞争者也于同一天跟着降价。

1934 年 1 月 9 日:Reynolds 公司将价格提高至 6.10 美元,两个竞争者也于同一天跟着提价。[15]

这些价格变化比其表面看来还要更大一些:由于 3 美元的税收和贸易折扣,生产者的净收益要更小一些。

汽车产业更为复杂的价格变化模式如图 18.4 所示,图中描绘了两个领导企业。两家企业在不同的日期改变价格,而且价格变化的数量也不同,提价比降价更接近于同时发生。汽车产业的价格变化情况应该不会使企业相信:降价会被立即跟进,而且数量也完全相同。企业也不会相信在经济复苏时期,竞争者不会提高价格。

1930 年 6 家无烟煤公司生产了总产量的 62.5%,而 8 家公司的产量通常能占总产量的 70%—80%。[16]7 家公司每种规格煤炭的价格每周都会(以

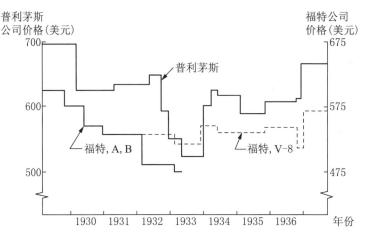

图 18.4 普利茅斯公司和福特公司四门轿车的价格 1929 年 6 月—1937 年 5 月

资料来源: Federal Trade Commission, *Report on Motor Vehicle Industry*〔76th Cong., 1st sess., House Doc.468(Washington, D.C., 1940)〕, pp.894—895, 896.

大字体)列在 *Coal and Coal Trade Journal* 杂志上。这些价格都完全相同,并且它们几乎总是在同一天变化。[17]但是没有存在拐点的证据:价格变化常常具有明显的季节性,但是绝不是刚性的价格变化。

一些直接证据否定了美国钢铁公司钢铁产品需求曲线存在拐点。例如,Bethlehem 公司就是提价的忠实追随者。[18]但是重要证据是间接的:在钢铁产业不存在价格刚性的证据。官方的价目表和贸易杂志中的报价几乎总是得不到遵守,而交易价格似乎对需求条件相当敏感。[19]拥有价格领导者的钢铁产业是否应该按照拐折需求曲线理论存在刚性价格? 价格领导者是否常常领导产业降低价格? 这些都是仍存争议的问题。

在美国,三家企业生产了大部分采矿、采石和建筑用炸药。40% 铵炸药,50 磅每袋的批发价格在 20 世纪 30 年代的变化情况如下:

1933 年 2 月 27 日:所有企业将价格从 12.25 美元降至 10.50 美元。

1934 年 3 月 12 日:杜邦公司和 Hercules 公司将价格降为 10 美元;Atlas 公司 17 天后跟着降价。

1935 年 1 月 14 日:所有企业将价格升至 10.50 美元。

1936 年 5 月 7 日:杜邦公司和 Hercules 公司将价格降为 9.50 美元;Atlas 公司第二天就跟着降价。

　　1937 年 5 月 8 日：杜邦公司和 Atlas 公司将价格升至 10.50 美元；3
天后 Hercules 公司跟进。[20]
还是没有拐点存在的实证基础。

　　Socony-Vacuum 和 Atlantic Refining 是波士顿地区的两家重要的汽油销
售商。除了在 1934 年和 1935 年间的三个时期，Socony-Vacuum 的价格低于
Atlantic，两家企业在 1929 年到 1937 年间的价格变化（次数）如下表所示。

同时价格变动	40
增加	22
反向	1
降低	17
跟随提价的延期	12
天数	
1	9
2	1
3	1
4	1
跟随降价的延期	10
天数	
1	1
2	3
3	1
10	1
21	1
23	1
28	1
47	1

　　看来，提价比降价更接近于同时发生——与拐折需求曲线理论相反。[21]
　　与拐折需求曲线理论相矛盾的最显著的例子还是苛性钾。1934 年 6
月 1 日，美国苛性钾化学制品公司开出的价目单中价格比前一年下降了
26％。其他的企业却并没有跟着降价。6 月 26 日，公司只好无可奈何地

撤销了低价："按照传统,我们预期其他苛性钾生产者会同样地宣告降价。但是这样的降价宣告并未出现。在这样的情况下,公司被迫撤销有关的价格方案。"[22]

这 7 个产业的历史无法使企业相信:竞争者不会跟着提高价格,而会跟着降低价格。这意味着不是每一个寡头垄断者都有理由相信自己有一个拐折需求曲线,大多数拐折需求曲线理论的支持者都得承认这一点。[23]另一方面,这里有 7 个产业对拐折需求曲线的存在提出质疑——即使只列了 7 个,也比表面看来存在拐折点的产业多。[24]

理论含义的正确性

如果寡头垄断价格的灵活性与垄断价格或竞争价格一样,那么拐折需求曲线理论就被证明是不正确的或不重要的。这部分地是由于寡头垄断者的产品售价并不广为人所知,因而不可能对价格刚性进行直接检验。为了进行这样的检验,我们需要交易价格;但我们得到的只是基于时间的报价,这些价格存在两方面缺陷。

第一个缺陷尽人皆知:名义上的价格表可能很稳定,而实际销售价格常常波动很大。这种不一致是由于未考虑质量、"额外收费"、运费、三包(guaranties)、折扣等;或者价格提供者仅仅为了鼓舞产业士气而欺骗价格收集者。已经提到过的各种关于钢铁价格的研究都包含了这种不一致的显著例子,而且我们还能举出其他的例子。[25]我们无法推断所有的表面上刚性的价格实际上都是灵活多变的,但是也没有证据表明这些价格实际上就是刚性的。

第二个缺陷是公布的价格仅基于一定的时间。如果 9/10 的年销售量以浮动价格在一个月中发生(如某些类型的烟草),而余下的则以固定价格在该年度其他月份中销售,那么 11 个月份的表面价格刚性是无足轻重的。对每一价格,我们应当配以相应的销售量;对于价格刚性研究来说,"四月"最好是第四个年销售量的 1/12,而不仅仅是年度的第四个月份。

尽管存在这些不足,比较拐折的需求曲线对价格表现的含义和实际观察到的价格表现(即使观察到的只是劳动统计署的价格简报)还是有些价值的。如果拐折需求曲线理论不能解释各产业的报价刚性,那么它也没有理由能够解释各产业的交易价格刚性。

我们的检验比较了观察到的一组产业的价格刚性与理论(对有这些市场结构的产业)预测的相对价格刚性。我们选择了从 1929 年 6 月到 1937 年 5 月这一段时期,这一时期包括了一个完整的经济周期和大多数价格刚性实证研究都使用的时间段。我们要求三种类型的信息:

1. 一组寡头垄断产业。两个基本标准为:(1)关于产业结构的相当精确的信息;(2)连续的价格和产出数列。附录对这些产业作了简要描述。[26]

2. 当不存在对价格变化的限制时,对预期价格变化的某种度量。需求的移动是非常重要的(尽管并非唯一重要的),我们通过 1929 年、1931 年、1933 年、1935 年和 1937 年的产量变化系数(或某一相关数列)来粗略地对其进行度量。

3. 价格刚性的度量。最基本的检验是每月报价变化频率;我们正在考查的理论意味着没有价格变化,而不仅仅是价格变化很小。这一检验由每月价格变化系数来补充,这么做有两个原因。第一,价格序列由于自身的技术特点,会导致比实际发生的更多的价格变化。这些价格常常是每周报价的平均值,因此在一个月内发生一次价格变化时,每月的平均值会显示两次变化。[27]而且这些价格常常是若干企业价格的平均值,如果一家企业变动一次价格,平均值的变动可能如企业数目一样多。第二,我们可以认为拐点是一种夸张说法——实际上企业的需求曲线存在一个突然弯曲,因此小的价格变化正如拐折需求曲线理论所预测的那样。[28]但是由于变动价格存在成本,频繁的较小价格变动还是不可能的。

用于检验的基础数据总结在表 18.1 中;附注提供了更全面的信息。我们将会看到这两个价格刚性检验差别很大:表 18.1 中列出的 19 个寡头垄断产业的价格变化次数系数与价格方差系数之间的相关系数为 0.69。

垄断与寡头垄断 尽管表 18.1 列出的垄断企业的产出变化多于大多数寡头垄断产业,这些垄断企业在价格刚性方面还是未被超越。这一发现可以由更多的案例来支持,[29]它意味着存在这样的可能性:引起垄断产业价格刚性的力量也足以解释寡头垄断产业较低程度的价格刚性。有人可能会争论说垄断产业存在一些特殊因素,但只有两点是企业所担心的,即伴随企业规模增长政府的注意或行动,以及保守主义。前一个因素甚至在反对寡头

表 18.1　21 种产品的市场结构度量及产品价格灵活性和
产出变化的度量，1929 年 6 月—1937 年 5 月

	产业中的企业数目	是否存在价格领导	价格灵活性		产出方差系数
			价格变动次数	方差系数	
寡头垄断产业：					
香蕉	2	存在	46	16	17
硼酸	3	不存在	7	17	16
金属罐	4	存在	6	5	27
水泥	12	不存在	14	11	41
铜	4	不存在	63	37	43
汽油*	11	不存在	84	22	16
谷物割捆机	2	存在	5	3	63
油毡	2	不存在？	12	9	30
新闻用纸	9	不存在	6	16	16
石膏	3	存在	4	5	29
平板玻璃	2	不存在	8	13	34
犁	6	不存在	25	6	50
人造纤维	8	不存在	26	30	34
肥皂	3	不存在	9	12	7
淀粉	4	存在	20	12	13
硫磺	2	存在	0	0	24
轮胎	8	不存在	36	9	16
拖拉机	4	存在	6	6	76
窗户玻璃	3	不存在	20	21	24
垄断产业：					
铝	1		2	6	47
镍	1		0	0	35

注：* 在宾夕法尼亚州和特拉华州。

垄断时更为有效，这是因为在反托拉斯法中合谋占有重要地位，后一个因素
应该也具有相当大的作用。我这里应当补充说明一点：新古典理论未能对
垄断价格的特别刚性作出令人满意的解释。

根据拐折需求曲线理论，当寡头垄断者明确地进行合谋时，拐点是不存

在的;因而价格将会变得更有弹性。所有的实证证据都否定了这一推断。在我们列出的产业中,至少有两家有合谋的经历。在 1931 年 10 月 21 日到 1932 年 5 月 23 日之间人造纤维生产企业联合起来固定价格:[30]在这段时期中没有价格变化,在前面相同时间长度的时期中也没有价格变化,而在随后的相同时间长度的时期中有四次价格变化。铜的价格序列在两个时期存在长期刚性:第一次发生于 Copper Exporters(一个 Webb-Pomerene 卡特尔),第二次则是由于 N.R.A.。

其他产业也提供了大量的例子。1932 年 8 月 30 日,6 家重要的菠萝种植和罐头制造企业达成了一项 10 年期协议,通过菠萝生产者合作协会来限制产出和市场。[31]在此之前的 39 个月里,菠萝罐头的价格发生了 17 次变化;而在此之后的 57 个月里只有 8 次变化。在 4 家重要的打字机生产者因合谋而被起诉的一段时间里,打字机的价格非常有刚性。[32]在中西部油床开发运营期间(Madison Oil 公司的案例),价格"表现出了该产业历史上从未有过的刚性"。[33]

如果合谋使拐点消失,并具有提高价格灵活性的倾向,这种倾向也会被由关于卡特尔价格政策的行政约束所形成的反作用完全抵消。

企业数目　参与价格政策形成的企业数目很难确定;完全令人满意的确定需要了解需求的交叉弹性、企业家的知识和目标,以及类似的数据资料。作为对所需信息的一个差强人意的替代形式,有两个标准指导着我们的工作:企业的数目要足够多,使得这些企业产出能占产品产出的 2/3 到 3/4;未被计算在内的最大企业销售量小于产业最大企业销售量的 1/10。尽管这些规则有些随意性,但是它们都集中于相关变量:如果我们没有包括占支配性产出份额的足够多的企业,这些企业就不能控制价格(衰减的寡头垄断);如果被我们排除在外的企业相对大于包括在内的企业,我们就可能遗漏了处于寡头垄断关系中的企业。使用这样随意的标准,在表 18.1 列出的产业中,有超过一半的产业企业的准确数目是难以确定的,但是我们认为给出一个单一数字要优于给出数目范围,这是因为数目范围还需要使用平均值计算来得到单一数字。

根据拐折需求曲线理论,我们的预期为:少数几个竞争者将拥有相对灵活的价格,因为很明显企业不可能保持一个低于竞争对手的价格。另一方面,当存在许多竞争对手时,企业对降价会被跟进的担心就减弱了,拐点也就消失了。我们不对后一个推断进行检验,因为它与新古典理论完全相同。

表 18.1 中的数据根据企业的数目进行了汇总。我们发现了一个明显的趋势:价格灵活性随产业中企业数目的增加而增加(表 18.2)。企业数目和价格变化数目之间的相关系数为 0.41,企业数目与价格变化系数之间的等级相关系数为 0.31。产出变化与企业数目之间基本上没有关系;如果有着价格领导者的产业是分割的,那么企业的数量和价格灵活性之间关系的强度和方向都不受影响。[34] 因而,存在一个弱趋势:更大的企业数目与更大的价格变化频率和幅度相关。这一趋势与拐折需求曲线的含义相反。

表 18.2

产业中的企业数目	样本中的产业数目	价格灵活性		产出的方差系数平均值
		价格变动次数	方差系数	
2	5	14.2	8.2	33.6
3,4	8	16.8	14.4	29.4
6,8	3	29.0	15.0	33.3
9,11,12	3	34.7	16.3	24.3

价格领导 "价格领导"一词在经济学文献中有两个差别很大的意思。一个意思是指,设定价格的支配型企业允许其他企业在该价格销售自己愿意销售的数量(可能受到非价格竞争的约束),然后支配型企业提供未满足的市场需求数量。价格领导的另一个意思是指,存在一家企业,即使这家企业并未占据市场支配地位,按惯例由它首先宣布价格变化,而产业中的其他企业则通常跟着变动价格。例如,尽管国际纸业公司(International Paper)的产量小于产业产出的 1/7,它仍然在较长一段时期内是新闻用纸的价格领导者。而作为其价格领导者的继任者 Great Northern 则是一家更小的公司。俄亥俄州标准石油公司的 S.A.斯温斯拉德(S.A.Swensrud)曾对后一种价格领导有过描述:

> 在任何地区,所有供应商都关注相同的事情。他们关注整个产业的统计情况,也就是说,原油和汽油的产量、石油产品的销售量、原油和汽油的存量……他们关注地区内竞争者试图提高业务份额的野心。他们

根据如下的报告和观察结果来估计竞争者的野心：销售员对商业客户价格折让的报告；对铁道旁经营者和无品牌及地方品牌石油销售者业务量的观察；销售员对经销商得到的竞争性报价的报告；以及销售员对零售商的秘密削价、折扣和类似做法的报告。所有这些情况都不断地反馈给区域经理和总部。

现在假设在某一特定区域，由于经销商很想弄清楚损失了多少业务给提供秘密折扣的竞争者，因而经销商的秘密削价变成了公开削价。由于存在公开削价，所有供应商的区域经理都被经销商的需求所困扰，销售员也向这些经理反映，有时甚至是强调应对油罐车削价……领导企业的区域经理当然要比其他企业经理面临更大的需求。他试图评估零售价格削减所带来的业绩表现。区域经理常常选择油罐车价格保持不变。通常这一决定来源于如下结论：由于基本市场的疲软并不支持降价，因而降价必然引来区域性的价格战。在另一些时候，区域经理认为零售价格削减的主要原因是能够得到充足的低价汽油，因此他会授权或建议油罐车的区域性降价……因而这一特定区域就变成了一个异常区域，即价格与产品市场通行价格不一致的区域。

所有公司的主要销售经理都密切注视异常市场的数目和规模……如果区域性削价次数增加，对顾客的秘密折让的次数和数量增加，对经销商的秘密折让增加，那么要保持较高价格就越来越困难……最后，某一公司，通常是该地区最大的企业，意识到异常价格已经变成了正常价格，那么它就会在整个地区宣布降价……

因此，总而言之，石油产业所谓的价格领导即为：在每一地区，某一公司在大多数时候承担起辩明时势的责任……简言之，除非所谓的价格领导者能准确地把握基本情况和区域情况，否则它很快就不再是市场的领导企业。价格领导并不是指价格领导者可以设定价格，获取最大利润，并强迫其他市场中的企业遵守既定价格。[35]

从拐折需求曲线理论的角度来看，两种类型的价格领导之间的差别是基本的。支配型企业的需求曲线没有拐点，这是因为竞争者没有理由收取更低的价格：它们被允许以领导者的价格销售尽量多的产品。[36]第二种类型的价格领导者——晴雨表式的企业要求其他竞争者遵照他的价格，仅仅是由于他的价格比较迅速地反映了市场状况。晴雨表式的企业的大量发展可以保证不存在拐点,或者拐点并不能阻止对重要成本变化或需求条件变化作出价格的重新调整。

只有支配型企业的价格领导才适用于检验拐折需求曲线理论的推论:当存在价格领导时,将不会有拐折现象。相应地,只有当一个产业中有相对较大的企业,比如说,产出量最低为产业产出的 40%,如果产业中第二大企业也很大,则对第一大企业的百分比还要求更高(否则就接近于古典双头垄断情形),这时我们才称其为有价格领导者的产业。按照这一标准,在我们列出的 19 个产业中(参见表 18.1)有 7 个价格领导者,表 18.3 将这 7 个产业与余下的 12 个产业作了比较。除了只有两个企业的产业(其中香蕉是结果的主要决定因素)的价格变化次数,有价格领导者的产业的价格比那些没有价格领导者的产业价格更缺乏灵活性,尽管前者的产出波动更大。这与斯威齐的猜想相矛盾,但是与垄断产业中发现的价格刚性相一致。

表 18.3

	存在领导者的产业	不存在领导者的产业
有两个企业的产业		
样本中的数目	3	2
价格变化平均数	17	10
价格方差系数平均值	6.3	11.0
产出方差系数平均值	34.7	32.0
有三个或四个企业的产业		
样本中的数目	4	4
价格变化平均数	9	24.8
价格方差系数平均值	7.0	21.8
产出方差系数平均值	36.2	22.5

替代品优度　本章考察的大部分商品几乎都是同质的,这已成了价格统计方法的内在要求。如果产品具有异质性,那么平均价格的价值就值得怀疑,而且 BLS 也不会报告平均价格了。在我们所列出的 19 个产业中,只有 6 个产业的产品的价格在各企业间存在持续显著差异:肥皂、拖拉机、谷物割捆机、犁、轮胎和油毡。平均来说,它们的价格比起表 18.4 显示的同质产品价格的变化次数更少,变化幅度也更小。应当注意,我们可能以某种理

表 18.4

	同质产品	异质产品
产品数目	13	6
价格变化平均数	23.4	15.5
价格方差系数平均值	15.8	7.5
产出方差系数平均值	25.7	40.3

由将垄断产业（铝和镍）视作产品有差异的寡头垄断产业。

结论

价格表现的实证证据既不能使寡头垄断者相信存在拐点，也未能得出拐折曲线理论预测的报价变化模式。这些检验中所包括的产业数目并不是特别多，但是它们代表了不同的类型，而且是足够重要的，我们可以认为对于更大数目的样本也能得出同样的对拐折需求曲线理论不利的结果。

但是与理论相对的结论真的那么令人吃惊吗？拐折曲线是对能够增加利润的价格变化的障碍，而商业则汇集了各种防止利润障碍的工具。这一障碍竟会对商人造成妨碍——特别是当整个障碍都是商人们虚构出来的——是难以置信的。有许多方式可以打破这一障碍。我们所注意到的晴雨表式价格领导的发展就是其中一种工具，而且使用合谋的旧式解决方法也不应被忽视。另外，冯·诺依曼和摩根斯坦（Morgenstern）的博弈理论也揭示了一系列策略手段。在多维度的现实世界中，教授一门课程可以有许多方法，特别是当学生也非常渴望学习时。

附注

本章第二部分使用的关于产业的简要描述来自已经说明的参考文献和

C. L. James，*Industrial Concentration and Tariffs*，T. N. E. C. Monograph No. 10（Washington，1940）；*The Structure of Industry*，T. N. E. C. Monograph No. 27（Washington，D. C.，1941）；以及 C. Wilcox，*Competition and Monopoly in American Industry*，Monograph No. 21（Washington，D. C.，1940）。有关进口、集中率和一般市场结构的信息都可以参考本文。报价来自劳动统计署的简报，*Wholesale Prices*。在少数几个报价始于 1931 年的例子中，表 18.1 的报价数目是实际数目的 96/77。除非另外指出，数量资料来自 S. Fabricant 的 *The Output of Manufacturing Industries*，1899—1937（New York：National Bureau of Economic Research，1940）。

铝：

该期间所有新生产的铝都来自美国铝公司，而且该公司还控制着废品市场。

数量：产量（*Minerals Yearbook*）

D. H. Wallace，*Market Control in the Aluminum Industry*（Cambridge：Harvard University Press，1937）。

香蕉：

1936 年 United Fruit 公司经销 60％的进口香蕉，而 Standard Fruit and Steamship 则为 30％。

价格：牙买加（1931 年 7 月前），然后洪都拉斯（为了连续性而连接在一起）

数量：进口量（*Statistical Abstract*）

硼酸：

1937 年时仅有三家生产商。Pacific Coast Borax 公司生产了总量的二分之一，American Potash and Chemical 公司约 40％，余下的则由 Stauffer Chemical 公司生产。

C. L. James，*op. cit.*，chap. v.。

罐：

1937 年 American Can 公司生产了约总产量的一半，Continental Can 约为总产量的四分之一。后一个公司还以固定费用为 Campbell Soup 公司制罐。McKeesport Tin Plate 位居第三，约为总产量的 10％，Owens-Illinois Can 位居第四，少于 5％。

228

Standard Statistics Company，*Standard Corporation Reports*.

水泥：

1931 年，东北地区的主要几家公司及销售量百分比分别为：Lehigh，19.1%；Universal Atlas, 15.2%；International, 8.1%；Penn-Dixie, 7.9%；Alpha, 6.7%；总计为 57.0%。紧接其后的七家公司（我们并不清楚每家公司的所有人是否都是相互独立的），每家公司的百分比为 2.4% 到 3.6% 不等，总计为 20.3%。

价格：北安普敦

数量：产量，东北地区（*Minerals Yearbook*）

Federal Trade Commission，*Cement Industry*（73d Cong.，1st sess.，Senate Doc.71，Washington，D.C. 1933）.

铜：

1947 年主要几家公司及占总产量百分比分别为：Kennecott Copper，35.9%；Anaconda，22.9%；Phelps Dodge，18.8%；Calumet and Hecla，4.5%。

数量：产量（*Minerals Yearbook*）

The Structure of Industry，pp.248—249.

汽油：

1938 年宾夕法尼亚—特拉华地区主要的几家公司及各自的销售量百分比分别为：Atlantic Refining，21.9%；Standard Oil of New Jersey，14.5%；Gulf Oil，10.2%；Sun Oil，9.8%；Standard Oil of Indiana，8.5%；Consolidated Oil，7.6%；Socony-Vacuum，6.8%；Texas，4.8%；Tide Water，3.4%；Pure Oil，2.1%；Cities Service，2.3%。1926 年 Atlantic 的百分比为 44.5%，Gulf Oil 为 20.8%。

价格：宾夕法尼亚

数量：宾夕法尼亚和特拉华的消费量（*Minerals Yearbook*）

Federal Trade Commission，*Report on Distribution Methods and Costs*，Part IV（Washington，D.C.，1944），p.52.

谷物割捆机：

1935 年主要几家公司及占销售量百分比分别为：International Harvester，

67.2%；Deere，24.7%；还有四家其他的公司。

数量：产量（1933 年根据 *Census of Manufactures* 估计）

Federal Trade Commission，*Report on the Agricultural Implement and Machinery Business*（75th Cong.，3d sess.，House Doc.702，Washinton，D.C.，1938），p.153.

油毡：

1937 年仅有四家嵌花油毡的生产商。Armstrong Cork 和 Congoleum Nairn 提供了大部分产出。

价格：从 1931 年开始

数量：产量，从 1931 年开始

Standard Statistics Company，*Standard Corporation Reports*.

新闻用纸：

1928 年加拿大和美国主要公司占总产量的百分比分别为：International Paper，14%；Canadian Power and Paper，12%；Abitibi，11%；Great Northern，9%；Crown Zellerbach，8%；Minnesota and Ontario，5%；Price，5%；Powell River，4%。Crown Zellerbach 只在太平洋沿岸地区运营，占这一地区总销量的 70%。

数量：国内产量加进口（后者来自 *Statistical Abstract*）

Federal Trade Commission，Newsprint Paper Industry（71st Cong.，spec. sess.），Senate Doc. 214（Washington，D.C.，1930），pp.18 ff.

镍：

International Nickel 公司的产量占北美的 90%，它的主要竞争对手 Falconbridge Nickel Mines 则重点在欧洲销售。

数量：国内产量加上进口减出口（*Minerals Yearbook*）

A. Skelton，*International Control in the Non-ferrous Metals*，ed. W. Y. Elliott（New York：Macmillan Co.，1937），Part II，chap. v..

Report of Commissioner，Combines Investigation Act，*Canada and International Cartels*（Ottawa，1945），p.31.

石膏：

1937 年 United States Gypsum 几乎生产了一半的总产出。National Gypsum 和 Certain-teed Products 以及 Celotex 是另外几家大型石膏产品生产商,它们的产量合在一起约占 1937 年石膏总产量的 40%。这四家公司生产了总产出的 83.4%。

数量:产量(1933 年,根据 *Minerals Yearbook* 估计)

平板玻璃:

1935 年 Libby-Owens-Ford 公司和 Pittsburgh Plate Glass 公司共生产了 95%的平板玻璃;两家公司的产量基本相等。余下的产业产出由三家公司生产,其中一家(福特公司)自产自用。

价格:3—5 平方英尺

数量:产量[United States Tariff Commission study(见下),p.91;由于 1937 年资料不详,使用 1936 年作为替代]

United States Tariff Commission, Flat Glass and Related Glass Products (2d ser.; Rept. No.123, Washington, D.C., 1937), p.24.

"Life Goes On", *Fortune*, January, 1934, p.43.

犁:

1936 年主要公司占总销售量的百分比分别为:International Harvester, 17.5%;Oliver, 16.7%;未知公司,15%到 20%(根据 1937 年集中率 65.7%推断得出);Deere, 12.2%;Avery, 3.5%;以及 Minneapolis-Moline, 2.5%。后面两个公司在规模上是否为第五和第六并不清楚。

价格:手扶犁,两马拉犁

Federal Trade Commission, *Agricultural Implements* (73d Cong., 1st sess., Senate Doc.71, Washington, D.C., 1933), p.151.

人造纤维:

1935 年生产人造丝的主要企业产能百分比分别为:American Viscose, 34.8%;Du Pont Rayon, 17.6%;Celanese, 12.8%;North American, 7.3%;Industrial Rayon, 6.1%。另外四家较小的公司合在一起占产能的 14.9%。在该年度产出和产能相当接近。

价格:300 但尼尔,一等品

数量:人造丝产量(*Chemical and Metallurgical Engineering*, February, 1943, p.116)

The Structure of Industry，pp.263—264.

肥皂：

1931 年宝洁公司销售量约占总量的 40％，Colgate-Palmolive-Peet 约 24％，Lever Brothers 约 14％。1935 年四家最大的企业生产了总肥皂量的 73.5％（被认为比香皂集中度低），最大的八家产量为 83.1％。

价格：从 1931 年开始，香皂

数量：产量，从 1931 年开始

"Procter and Gamble," *Fortune*，December，1931，p.97.

淀粉：

1937 年 Corn Products Refining 公司销售量为总销量的一半以上。其他的大公司还有 A.E.Staley Manufacturing、Penick and Ford 以及 American Maize Products，它们约占总销量的三分之一。另外还有七家较小的公司。

C.L.James，*op.cit.*，p.15.

硫：

1937 年 Texas Gulf Sulphur 供应了总产出的 64％，Freeport Sulphur 为 26％，另外两家公司为 9％。

Minerals Yearbook.

轮胎：

1933 年主要公司占产业产能的百分比分别为：Goodyear，26.4％；Firestone，13.6％；United States，12.3％；Goodrich，12.0％；Fisk，9.1％；Kelly-Springfield，3.5％；Mansfield，2.8％；General Tire，2.6％。

价格：低压轮胎（spliced for continuity）

W.H.Gross，*Evidence Study No.36 of the Rubber Tire Manufacturing Industry*（Washington，D.C.，N.R.A. Division of Review，October，1935），p.5.

拖拉机：

1935 年主要几家公司占总销售量的百分比为：International Harvester，49.5％；Deere，24.5％；Allis-Chalmers，9.5％；J.I.Case，7.1％。1929 年 International Harvester 所占百分比为 59.9％，Deere 为 21.1％。

价格:10—20 马力

Federal Trade Commission，*Agricultural Implements*，p.153.

窗户玻璃

1935 年这一产业由 12 家公司组成,共有 21 个工厂,其中 13 个工厂在运行。Libby-Owens-Ford、Pittsburgh Plate Glass 和 American Window Glass 生产了总产出的 75%。1936 年另外四家公司成立了联合销售公司(Fourco Glass 公司),并买下了几家闲置的工厂。此后,这四家公司几乎构成了整个产业。

Price：Single B*

United States Tariff Commission，*Flat Glass*，p.24.

注　释

① Hall and Hitch，"Price Theory and Business Behavior"，*Oxford Economic Papers*，No.2(May 1939)，pp.12—45；以及 Sweezy，"Demand under Conditions of Oligopoly"，*Journal of Political Economy*，Vol. XLVII (August 1939)，pp.568—573。

② 仅在竞争者对价格的反应是已知的情况下,寡头垄断者的需求曲线才能够被定义。图 18.1 需求曲线的上面一支代表了当其他竞争者定价为 p_0 时,消费者在各个不同价格下从一个寡头垄断者那里购买的数量;下面一支代表当竞争者收取同样价格时消费者购买的数量。如果竞争者按照指明的方式行动,这一需求曲线将与市场实际情况相一致,从这个意义上可以说该需求曲线是客观的。斯威齐认为该理论具有一定主观性,这是因为理论是基于对竞争者价格反应的信念,这一信念可能需要修正(尽管在他的文章中并没有讨论信念修正问题)。

③ 参照图 18.1,如果 $f(x)$ 表示需求曲线,x_0 表示在拐点的产出,下标 1 和 2 分别表示需求曲线的上支和下支,则:

$$A-B= x_0[f'(x_0-0)-f'(x_0+0)]= p_0\left(\frac{1}{\eta_1}-\frac{1}{\eta_2}\right)$$

④ 这些可能性明显是相互排斥的,它们被显示在同一个图中(Sweezy，*op.*

---

* 一种窗户玻璃。——译者注

$cit.$,p.571,Fig.2)。如果曲线上支(对价格领导者来说)和曲线下支(对秘密削价者来说)仍连接在一起,由此产生的边际收益曲线还可能是不连续的,但是最大利润不可能在拐点价格处得到。

⑤ 同上,p.571。竞争者的更高的生产率可能使他们也跟着提价(尽管这一反应也会带来问题,见下);或者,如果他们保持价格不变,购买者则是被定量配给的。

⑥ M.Bronfenbrenner 强调了斯威齐模型对价格刚性的解释,详见他发表的文章"Applications of the Discontinuous Oligopoly Demand Curve", *Journal of Political Economy*, Vol.XLVIII(1940), pp.420—427。

⑦ 关于企业家所了解的信息的分析有些自相矛盾。一方面,霍尔和希契指出"大多数拥有信息的人对任何如弹性般精确的事物都不甚明了……而且,许多人,也许是大多数人,明显没有尝试估算需求弹性,甚至间接估算也没有……而在那些估算需求弹性的人当中,大部分人认为信息对定价过程没有相关作用,除非在十分特殊的情况下"(Hall and Hitch, *op.cit.*, p.18)。但是,另一方面,大部分企业家相信竞争者会模仿削价,但是不会模仿提价(同上,p.21,Table 3 和 Table 4),因此他们确实按照边际原则理性地行动(在一定框架范围内)。

⑧ 这些因素中有几个与需求曲线中拐点的存在相矛盾。

⑨ 对访谈的分析并不总是一致和富有成果的,也没有将一些模棱两可的答案阐释清楚。例如,由于"买主了解成本信息",所以有三个企业家的定价没有超出平均成本(同上,p.21)。如果情况相反,这是否意味着购买者将会生产该商品?为什么对不愿低于成本销售我们不给出这个解释呢?

⑩ 同上,p.28。

⑪ 如果我们更有技巧地运用拐折需求曲线理论,也能得出这些结论。领导企业价格升高会提高每个小企业的需求,使得边际成本和边际收益交点的产量低于拐点处,因此小企业也会提高价格。一个小企业的降价使对领导企业产出的需求减少,但是减少的数量太低,以至于不会导致价格变化。

⑫ 少数几个买主很难形成拐折曲线理论。如果少数几个买主面临供应竞争,他们每个都会相信,如果自己提高购买价格,竞争者也会跟着这么做,这样自己得到的供应数量不会提高多少;如果自己降低购买价格,竞争者不会跟进,自己得到的供应数量将大幅度下降。因此,企业的供给曲线会出现一个拐点(Bronfenbrenner, *op.cit.*说明了这一点)。将这种情况与卖方寡头垄断结合起来考虑,供给和需求曲线都会有一个拐点,且拐点处价格相同,该价格具有刚性。

但是整个推断并不是坚实有力的。如果一个买主出了一个更高的价格给卖方,而该卖方认为他的竞争者不会跟着提高价格,那么他自然就会将其所有产出卖给买方,因而这个买方的供给曲线对于更高的价格就变得极其有弹性——这与上面的论断相反。如果,反过来,一个卖方提供一个低价给一个买方,该买方认为自己的竞争者不愿意降低购买价格,他会抓住这一笔便宜买卖,因此卖方的需求曲线对较低的价格非常有弹性——又一次与上面的论断相反。难题在于假设前提并不总是一致的:如果卖方相信降价会被跟进而提价则不会,但是买主的信念正好相反,那么有人就可能出错了。

⑬ 马歇尔的另一个学术观点为:价格在萧条时期之所以不会降至初始成本的水平是因为担心"破坏市场"(*Principles of Economics* 8th ed.;London:Macmillan & Co.,1920,pp.374—376)。很明显,他不仅假定寡头垄断,而且假定长期需求曲线对于降价表现出缺乏弹性。

⑭ 这一段情节来自 William H.Nicholls, *Price Policies in the Cigarette Industry* (Nashville, 1951),p.50。

⑮ Federal Trade Commission, *Agricultural Income Inquiry* (Washington, D.C., 1937),I,448.1934 年以后的价格史基本上也是同样的模式,尽管尼科尔斯(Nicholls)报告了一次未被跟进的不成功提价,这次提价是由 Liggett & Myers 公司于 1946 年 7 月 30 日进行的。随后以美国烟草公司为价格领导者,发生了 1946 年 10 月 14 日的广泛提价。

⑯ C.E.Fraser and G.F.Doriot, *Analysing Our Industries* (New York:McGraw-Hill Book Co.,1932),pp.400,401.

⑰ 有时也会出现短期的不一致。例如,在 1929 年 7 月 4 日的一期杂志上,六家公司宣布每吨小块煤的价格为 4.70 美元;还有一家公司保持了以前的价格 4.60 美元。一周后这一例外情况就不见了。

⑱ Temporary National Economic Committee, *Hearings*, Part 19:*Iron and Steel Industry* (Washington, D.C., 1940),pp.10587 ff.

⑲ 请特别参阅 Bureau of Labor Statistics,"Labor Department Examines Consumers' Prices of Steel Products", *Iron Age*, April 25, 1946。美国钢铁公司的经理们向 T.N.E.C.(Temporary National Economic Committee)证明:在 1932 年到 1939 年间,伯明翰报价从未被实现过,1938 年的普遍降价只是接受支配价格的结果(*Hearings*, Part 19, pp.10546,10505 ff.)。又见 *Hearings*, Part 27:*Iron and Steel Industry* (Washington, D.C., 1940),pp.14141 f.,14172 f.

⑳ 感谢布朗大学的训导长爱德华先生提供了这一部分信息;通过与杜邦公司、Atlas 火药公司、Hercules 火药公司的通信联系,我确保了这部分信息的可靠性。三家公司的总部在威尔明顿,后两家公司于 1912 年由于反托拉斯诉

讼而成立。

㉑ 我要感谢布朗大学的 Melvin D. Sargent 先生提供了有关汽油价格方面的信息。这些价格都来自 *Oil Price Handbook*，1929—1937（Cleveland：National Petroleum News，1938）。

㉒ *Chemical Industries*（July 1934），p.49.

㉓ 但显然并不是所有人都如此。O. Lange 在讨论寡头垄断理论时就只论述了拐折需求曲线理论（参阅 *Price Flexibility and Employment*，Bloomington：Principia Press，1944，chap. vii）；L. Tarshis 也是如此，详见 *The Elements of Economics*（New York：Houghton Mifflin Co.，1947），pp.139 ff.

㉔ 价格研究会议的专题论文 *Cost Behavior and Price Policy*（New York：National Bureau of Economic Research，1943）中写道："有相当有力的理由使我们相信汽车、钢铁、农机和许多其他产业的领导企业近似于按照这种理论观点（即需求曲线存在拐点）行动"（同上，p.278）。原因却并没有给出。我们已经讨论了汽车和钢铁产业，农机产业将稍后讨论。

㉕ 参阅 N. R. A. 研究局的产业研究；在根据《鲁宾逊—帕特曼法》（Robinson-Patman Act）而进行的诉讼中所揭示的价格；Saul Nelson，"A Consideration of the Validity of the Bureau of Labor Statistics Price Indexes"，in *The Structure of the American Economy*（Washington, D.C.：National Resources Committee，1939），pp.173—184。

㉖ 特别地，Clair Wilcox 在 *Competition and Monopoly in American Industry*（"T. N.E.C. Monographs"，No.21，Washington，D.C.，1940）一文中所讨论的寡头垄断形成了基本的产业组。如果一个产业出现下面的情况，该产业则被排除在外：(1)必要的信息无法得到，(2)该产业在前一节中已经分析了，或(3)已知在整个期间企业存在合谋。另外，由于不了解替代关系，许多化工产业被排除在外。

㉗ 因而当 Pittsburgh Plate Glass 公司在期间内变动了六次价格时，B.L.S. 报告了八次变化。

㉘ 为了确保存在突然弯曲，我们必须假定当价格变化较小时，竞争者会部分地跟着提价和降价，但是不会跟着大幅度提价，也不会完全跟着大幅度降价。

㉙ 因此，镁的价格非常具有刚性；IBM 公司的租金没有变化（Wilcox，*op. cit.*，p.106）；普通尺寸白炽灯的零售价格变化了一两次，见 United States Tariff Commission，*Incandescent Electric Lamps*［Report No.133（2d ser.，Washington，D.C.，1939）］，p.47；由于 GE 具有专利所有权，这几乎成了它的垄断产品。

㉚ "Viscose et al."，*Federal Trade Commission Decisions*，Vol.XXV（Washington，D.C.，1939），p.425.

㉛ "这一行动是岛上所有罐头公司在历史上首次达成完全一致协议和合作" (New York Times August 31，1932，p.10)；又见 J. A. Shoemaker，"Labor Conditions in Hawaii"，*Monthly Labor Review*，January 1941，pp.30 ff.

㉜ Wilcox，*op.cit.*，p.140.

㉝ 同上，p.136。

㉞ 对于 7 种有价格领导者的产品,企业数目和价格变化数目之间的等级相关系数为 0.37,而对于 12 种无价格领导者的产品来说,该系数为 0.39。

㉟ W.S. Farish and J. H. Pew，*Review and Criticism. ... of Monograph* No. 39 （"T.N.E.C. Monographs"，No.39A，Washington，D.C.，1941），pp.47—49。

㊱ 这种境况下价格确定的细节可以参阅我的文章："Notes on the Theory of Duopoly"，*Journal of Political Economy*，Vol.XLVIII(1940)，pp.523 ff。

19

管理价格和寡头垄断性通货膨胀*

基福弗(Kefauver)委员会于1957年7月举行了一次听证会，听证会是关于管理价格(administered prices)以及管理价格与通货膨胀的关系的，这是该委员会三年的工作主题。虽然该委员会的工作范围超出了管理价格——从1960年开始这一主题实际上已经不再受重视了——但我的讨论主要还是针对这一原始研究主题。

猫可能有九条命，但是经济理论如果有一条命就已经够幸运的了。因此，加德纳·米恩斯(Gardiner Means)要算幸上加幸了。他的学说的第一次生命是充满活力的：在20世纪30年代，管理价格理论引起了广泛的争议和实证研究。原先不太被注意的价格刚性现象有力地吸引了每个人，并且持续的经济萎靡使得每个人都接受价格系统缺陷的说法。米恩斯的看法最为重要(如果它是正确的话，但后来被证明是错的)：刚

---

* 应Fund for the Republic的请求，为了评价基福弗(Kefauver)委员会的工作，卡尔·奥尔巴克(Carl Auerbach)教授组织了一个研究小组，研究小组的成员完成了数篇文章，本篇就是其中之一。当然，这里表达的观点不一定代表奥尔巴克教授、研究小组、Fund for the Republic或基福弗委员会大部分成员的观点。原载于*Journal of Business of the University of Chicago*, Vol. XXXV, No. 1(January 1962)。

性价格导致产出和就业水平的大量下降,而价格浮动的产业只经历了少量的产出下降(如果存在产出下降的话)。不幸的是,事实并未支持这一说法。[①]到 20 世纪 30 年代末,关于刚性价格的文献日渐减少;可以这么说,经济学家放弃对该主题的缜密研究,主要不是由于研究缺乏科学意义,而是因为它已经变得沉闷乏味。

第二次生命只引来了少数专业经济学者的参与:一个雄心勃勃的参议员和他的精力充沛而又锲而不舍的经济学家提供了理论复兴的主要动力。少数几个经济学家——主要是加尔布雷思(Galbraith)和勒纳(Lerner)——支持管理价格通货膨胀,但是大部分经济学家根本不重视该理论,更不要说支持或批评了。

听证会开始时,米恩斯就提出了如下学说:自 1955 年以来,通货膨胀的主要原因是管理价格的向上移动。米恩斯的陈述基本上是经验式的,开始时显得有些软弱无力。他出示了一张图表,该图显示了(有些价格被随意排除在外)93 个批发价格(属于劳动统计署系列),这些价格在 1926—1933 年间变动了 77 次以上,而平均来看在 1955 年 5 月到 1957 年 5 月之间没有上升;但是在前一个期间变动次数少于 8 次的 80 个价格从 1955 年到 1957 年上升了约 6％或 7％。[②]对按照 1926—1933 年间表现而分类的价格在 1955 年 5 月到 1957 年 5 月间的表现进行的分析只是一种奇怪的统计游戏;这一分析在后来的委员会上(1959 年 1 月)提出时得到了强化。在这次会上,米恩斯提出了引人注目的图表(见图 19.1)。它的结构如下:

(1) 按照劳动统计署的批发价格指数划分商品类别,每一类商品的特征表现为:由管理价格、市场价格或混合价格为主导价格形式(分别由实心矩形、空心矩形和散点矩形表示)。

(2) 令矩形的底边表示与 WPI 指数中的权重成比例的商品类型。

(3) 令矩形的高度与 1953 年到 1957 年间的价格变化成比例。

然后米恩斯发现几乎所有的价格上涨都发生在管理价格产业中,而每一个价格下降都发生在非管理价格产业。[③]我们现在可能注意到,管理价格通货膨胀开始的时间比最初的证据提前了两年。

无须对该图的详细批评,但是我们应当提及它的三个重要弱点。第一,价格区域的分类非常主观,甚至是匪夷所思。米恩斯对管理价格存在的基

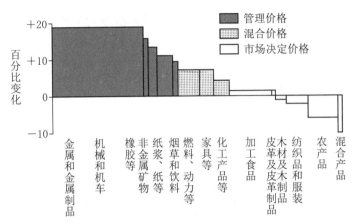

图 19.1　不同产品组的批发价格变化,1953—1957 年

(平均价格上涨,6.8%)

本检验是价格变化的频率。但是他只给出了一个比较;他将纺织品和服装归类为市场主导的,而将橡胶产品归类为管理价格主导的,尽管平均来说,这两组在 1953 年 12 月到 1956 年 12 月间都有 9 次价格变化。[④]第二,如下所示,价格变化频率这一标准是含糊不清的。最后,甚至米恩斯的有目的的方法在 1957 年之后也未产生模式上的变化。[⑤]

米恩斯绝对无法解释这一现象,这一现象在"我们的价格历史"中是观察不到的。[⑥]他指出许多企业在定价方面有很大范围的决定权,但是他没有提出任何假说来说明为什么在 1955 年(或 1953 年)这一自主决定权被用于持续地提高价格。

通过恰当地运用劳动分工理论,加尔布雷思向委员会提出了一个理论,算是一种理论。[⑦]在精心选择了说明性的价格之后(以 1951 年作为新时代的开始),他提出了价格移动和产出集中之间的一致性。他认为,寡头垄断者——加尔布雷思并不像米恩斯那样不愿意确定管理价格和垄断力量——的价格调整滞后于增长的需求:

我现在讨论中心问题。伴随着通货膨胀,企业和产业的需求曲线持续向右移动。在这些情况下,寡头垄断价格的调整通常是不完全的。价格在任一给定情况下都不处于利润最大化水平,这是因为情况是不断变化的,而价格调整的步伐则是小心谨慎的。这意味着在通货膨胀背景下,在任一时刻都存在未清算的垄断收益。需求曲线的移动要求提高价格来实现利润最大化;由于价格调整是不完全的,价格随时都可以被提高,利润随之增加。这一命题并不具有绝对的一般性。存在一个明显的可能性(尽管我认为可能性不大):尽管价格调整的步伐是小心谨慎的,但是对每次需求的移动都存在预期的调整。

当然,这只是一个假说——而且还没有回答通货膨胀时期是如何产生的问题。该假说初次提出时并没有得到检验,在委员会面前,加尔布雷思只是不断给出非常普通的例子。[8]该假说第二次出现时包括了米恩斯的实证发现,并且这些实证发现被引为证据。[9]

背景情况就介绍到这里。上述这些学者所给出的事实和理论以及相关委员会的调查提出了一系列的问题。我将讨论其中的三个:(1)管理价格的定义和存在性;(2)寡头垄断价格和通货膨胀;(3)关于垄断定价的委员会听证。

管理价格的定义和存在性

米恩斯作为管理价格概念的提出者,将管理价格定义为"由某人设定的价格,通常为生产者或卖方,并且该价格在一段时期内保持不变,在一系列交易中也不变"。[10]与此相对,市场价格则"随供求变化而波动"。这些定义非常不精确:甚至从原则上也没有指明价格固定的期间,价格刚性是否排除了根据供求变化进行的价格调整。例如,一个大学的学费每年只变化一次,但是交易一年也只发生一次,所以供求条件的有效变化一年至多只有一次。

在实践上,米恩斯以 BLS(劳动统计署)报告的批发价格变化频率来定义刚性。[11]管理价格被定义为在较长一段时期内固定不变的价格看来有实证方面的支持——米恩斯在 20 世纪 30 年代的研究展示了许多产业价格一年变化一次或更少。但是价格刚性只是一个统计幻觉,如果要对关于这一主题的文献质量作一评价,我只能遗憾地说,这一幻觉被当作事实而获得通过(当着基福弗委员会的面仍然通过了)。

在出现于批发价格指数中的约 1 900 个价格中,有 500 个以上是基于一家或两家卖方的报告。有一个基本问题从来没有人提出过：当价格报告者的数目变化时，报出的价格又会有怎样的表现？最近，有人提出并回答了这一问题，[12]他随机抽取了三分之一的 BLS 批发价格作为样本，然后分析了价格变化的频率。结果由表 19.1 给出。

表 19.1　批发价格表每月价格变化频率，1953 年 12 月—1956 年 12 月

产品类型	报告者数目				
	1	2	3	4	5 或以上
每月平均价格变化					
原材料，非食品	0.103	0.143	0.206	0.207	0.392
消费品，非食品	0.056	0.101	0.170	0.200	0.287
生产品	0.088	0.129	0.208	0.230	0.288
商品数目					
原材料，非食品	44	47	88	52	41
消费品，非食品	43	51	74	30	34
生产品	34	41	78	33	18

资料来源：McAllister, *op. cit.*, p.390.

价格变化的频率与价格报告者的数目之间的相关关系非常惊人：对于半成品生产者和成品生产者（除了食品）来说，价格变化基本上与价格报告者的数目成比例。[13]只有一个价格报告者时，成品的价格变化约为每月 0.07 次（或每 14 个月一次）；有两个价格报告者时，为每月 0.11 次（或每 9 个月一次）；有三个价格报告者时，为每月 0.19 次（或每 5 个月一次）；等等。

这一结果并不是由于 BLS 从高度相关的产业搜集了更少的价格信息。麦卡利斯特（McAllister）对有数个报价者的商品随机抽样了 1、2、3……个报价者，然后计算了这些样本的价格变化频率。计算出来的平均值与实际观察值非常接近，因此我们可以将价格变化频率的原因主要归结为报价者的数目，而不是产业的特征。[14]

由此，我们发现，米恩斯的价格变化频率表是实际价格表现与报告这些价格的企业数目的未知组合。BLS 将报告者的数目提高多少，也就能将价格灵活性提高多少。米恩斯所认为的对新古典理论的主要发展其实只是收集了许多不适于度量短期价格灵活性的价格信息。

但是刚性价格学说的更严重的缺陷还在于它仅考虑了报价(quoted price)的变化表现。经济学家总是怀疑名义上刚性的报价不能准确代表重要交易价格的实际表现。最近的两项研究有力地支持了这一怀疑。

第一项研究也是由麦卡利斯特完成的,他比较了从1957年1月到1959年12月间的批发价格报价与大型私有买主支付的价格。在每一情形下,购买价格只是单一公司的,因此它比出现多个买主时更具刚性。[15]

表19.2共包括了30项比较。只在两种情形下(废纸和水银)BLS报价变化更频繁,而且这两种情形都表现了BLS价格不是刚性的。整体来看,公司价格变化了236次,BLS价格变化了127次,因此即使是单一买主的报价的灵活性也几乎是BLS价格的两倍。公司报价有325个,最大价格变化数的有偏估计为325减去30(即295),实际价格变化数为236,为可能价格变化估计的80%。[16]另外,BLS报价中的12个刚性价格在公司报价中没有表现出任何变化,但是与这些价格相关的购买频率并没有报告,这些报价是值得怀疑的。[17]结论很明显:BLS大大低估了价格变化的频率,可能还要补充一点,价格变化的幅度。

表19.2　公司采购价格和 BLS 价格变化频率比较,1956—1959 年

| 商　　品 | 公司价目表数目 | 价格变化次数 | | | | | |
| | | 公　　司 | | | BLS | | |
		上升	下降	总数	上升	下降	总数
密尔沃基可乐	5	3	1	4	1	0	1
印第安纳波利斯可乐	11	5	4	9	1	1	2
残余燃料油	18	1	8	9	1	8	9
硫酸铝	4	1	1	2	1	0	1
二氧化碳	5	2	2	4	0	0	0
盐	6	2	1	3	2	0	2
硝酸银	14	6	6	12	4	1	5
乙醇	6	4	0	4	1	0	1
四氯化碳	11	9	1	10	1	0	1
糠醛	3	1	1	2	0	0	0
高重量甘油	4	2	1	3	1	0	1
通用酚醛塑料	10	3	3	6	2	1	3

（续表）

商　　品	公司价目表数目	价格变化次数					
		公　　司			BLS		
		上升	下降	总数	上升	下降	总数
客车轮胎	13	4	5	9	2	3	5
硫酸	8	5	2	7	0	0	0
客车内胎	12	4	5	9	2	2	4
拖拉机和农机轮胎	8	3	1	4	3	1	4
口香糖	7	2	2	4	2	1	3
废纸	18	4	5	9	5	6	11
生铅	24	7	15	22	3	10	13
铂	18	6	9	15	3	5	8
76磅瓶装水银	30	10	12	22	6	17	23
55加仑钢桶	7	4	0	4	3	1	4
焊接电极	4	2	0	2	1	0	1
汽车蓄电池	33	7	19	26	5	2	7
波特兰水泥	14	5	6	11	4	3	7
硫黄	5	0	4	4	0	0	0
氢氧化钠	5	0	3	3	1	0	1
季戊四醇	4	1	2	3	1	1	2
苯乙烯	13	8	2	10	2	3	5
天然甘油	5	2	2	4	1	0	1
总计	325	113	123	236	60	67	127

资料来源：McAllister, *op. cit.*, pp.395，417.

第二项研究由约翰·弗卢克（John Flueck）进行,他使用了对政府采购合同的竞标价格;他的数据资料被总结在表19.3中。[18]当比较接连的两个合同时,政府的竞标价格就会显示出变化:319个可能价格变化中发生了310个。另一方面,BLS报价仅显示了191次变化。弗卢克还表明了价格波动的幅度接近于BLS报价的三倍。

上述两项研究都证实了我们的怀疑:报价并不是交易价格。即使我们能忽视这样的事实,即对价格作管理价格或市场控制价格的分类取决于价格报告者的数目,我们也不能忽略由不代表实际商品销售价格的价格所造成的差异。

表 19.3　政府合同竞标价格和 BLS 报价变化频率比较

商　　品	时期（月/年）	实际观察到的次数	可能价格变化次数	
			BLS	竞标
硫酸铝	7/1949—11/1956	16	15	2
碳化钙	4/1951—9/1954	14	13	1
次氯酸钙	2/1949—3/1956	11	6	2
硫酸	11/1948—2/1954	7	4	3
二甲苯	12/1954—2/1957	5	4	0
乙炔	11/1953—10/1957	4	3	0
二氧化碳（气体）	11/1954—10/1957	4	3	0
氧气	11/1954—10/1957	3	2	2
氧气	7/1954—7/1960	3	2	1
洗衣皂	7/1954—12/1959	21	20	7
洗衣粉	3/1949—12/1955	18	17	15
内层油漆	3/1951—2/1959	19	18	12
搪瓷	12/1956—6/1957	4	3	1
汽油	4/1954—4/1958	10	9	3
无烟煤（大麦粒级）	4/1951—4/1959	17	16	16
无烟煤（栗子）	4/1951—4/1959	19	18	18
无烟煤（豌豆）	4/1953—5/1955	3	2	2
烟煤（鸡蛋）	3/1953—6/1960	7	6	6
可乐（伯明翰）	7/1957—6/1960	3	1	2
铝合金板	1/1955—6/1959	12	10	5
铝锭	12/1953—5/1956	5	4	4
黄铜棒	1/1954—9/1959	12	11	9
薄钢板	2/1949—8/1954	14	13	5
薄钢板	7/1954—4/1955	3	2	1
钢板	5/1955—6/1957	3	2	1
三合板	1/1952—5/1957	17	16	13
四合板	12/1951—8/1955	16	15	8
包装胶带	9/1951—1/1959	22	21	9
汽车内胎	4/1956—12/1959	6	4	4
蓄电池	2/1949—2/1959	6	5	5
油毡	8/1950—11/1959	16	15	10
平板玻璃	7/1949—2/1959	15	14	10
高尔夫球	6/1949—2/1960	17	16	12
总计		352	310	191

资料来源：Flueck, *op. cit.*, pp.429, 437.

经济学家长期致力于为长期价格刚性寻求一个合理的解释。长期价格刚性对于垄断者来说是不可取的,而对于竞争性的产业来说则是不可能的。除了一些次要的或特殊的情形(价格变动的成本;卡特尔或公共规制中的程序推延),经济学家未能发现任何解释。看来真实世界也未能提供足够的事实来帮助经济学家解释现象。

寡头垄断和通货膨胀

如果管理价格是从一个或两个卖方那里收集到的价格,而不是从若干买主那里得到的价格,那么任何将价格划分为管理价格或市场决定的价格的做法都缺乏坚实的基础。但是这一方法的局限性并不影响另一个不同的主题:寡头垄断产业先行于通货膨胀时期。

传统的经济理论认为寡头垄断价格及垄断价格与通货膨胀没有特殊的相关性。垄断者(考虑较简单的情形)根据给定的供求条件设定一个利润最大化的价格。如果通货膨胀导致需求或成本的上升,企业会设定一个新的、通常更高的价格。价格在任何给定的时刻通常都会高于竞争水平,但是这一模式在长期将只是对货币条件作出被动反应。

你可以如此攻击传统的观点:垄断者和寡头垄断者本身就希望定高价,并不是为了最大利润。但是,就我所知,还没有人提出这样奇特的企业家动机理论(尽管已经有人提出了这样的理论来讨论工会)。

第二个更复杂的观点为:重要的产业正趋于集中,并且行为方式更具有垄断特征。当这些产业相对于其处于竞争状态时提高了价格,那么在余下的竞争性产业中,绝对价格有必要相对下降,除非货币当局增加了货币量。在这一情形中,通货膨胀的积极力量正在提高垄断水平,而通货膨胀的消极力量则要适应货币当局。

这一看法要求经济日益集中,在我们研究的特定问题背景下,从1935年开始,集中度就不断增加了。我没有证据来证明这是实际情况;而且我怀疑1958年的统计调查提供了一个反面的证据。如果这确实是实际情况,那么基福弗听证会就应当针对新集中的产业,而不是老式的钢铁、汽车和医药产业。

前面引用的加尔布雷思的见解为：寡头垄断者的价格滞后于最大化利润的价格。在我看来，他的观点不合情理，因为他假定寡头垄断者无法认清趋势并作当期调整或作预期调整。但是对加尔布雷思理论的基本反对是，他的理论没有针对通货膨胀问题：在一个稳定价格的期间，该理论没有解释为什么寡头垄断价格会上升。他的理论至多包含了如下的隐含假说，即消除垄断利润的方式为：接受通货膨胀，然后通过使用某种工具，使垄断价格在调整到新的灵活竞争价格结构之前被冻结。我们明显应当放弃这样的观点。

理查德·塞尔登（Richard Selden）和霍勒斯·J.德波温（Horace J.dePodwin）研究了 20 世纪 50 年代生产集中度和价格上升幅度之间的关系。[19]他们对 1953 年到 1959 年之间的价格变化和 1954 年的集中度进行了比较，得出了两个结论：只有 1% 的价格变化可以由集中度来"解释"（$r = 0.12$）；在两位数的产业类型中，集中度和价格移动之间没有关系。[20]

因此，将通货膨胀归因于企业的垄断力量既缺乏理论依据又缺乏实证基础。

产业听证会

通货膨胀是总体价格水平的一个特征，而不是个别产业价格移动的特征，那么针对钢铁、汽车和若干其他产业的委员会听证会对管理价格通货膨胀到底有什么样的相关意义呢？在听证会的报告中，我们并没有看到明确的答案，但是这些报告明显说明了（如果情况确是如此的话）：在重要的寡头垄断行业中，在较宽限度内的价格不易对市场条件作出反应，而价格上升的速度快于成本条件可以证明的速度。委员会权力范围内的个别案例调查都不能说明一般性通货膨胀的原因，但是也不存在一般性的统计研究作为立法的基础。

按照对产业听证会的上述解释，钢铁产业成为合乎逻辑的候选者。这不仅因为钢铁产业是领头羊，[21]而且存在一个强固的传统：从 1948 年以来，几乎每一次钢铁产业的重要提价都接受了一个国会委员会的审查。

关于钢铁产业的听证报告(已经发展为四卷,再加上一个委员会报告)主要用来证明以下三点:

(1)所有卖方的价格变动几乎是同时且完全相同的;

(2)这一价格表现表明并不存在各个企业之间相互独立的竞争性行为;

(3)价格的提高不一定能够补偿成本的增加。

严格说来,第三点并不充分,因为还有必要证明垄断利润相对于价格在长期内是不断增加的,这一扩展任务提出了我们后面将要注意的问题。

听证会给出了提价年表,而且一般来说,报价的移动是相同并且几乎同时发生的。[22]基福弗发现这样的价格表现值得怀疑:"我想问的是,当其中一个公司提价的幅度在任何时候都没有你大时,不是更具有竞争性吗?……当这些价格至少存在某些细微差别时,不是更具有竞争性吗?"[23]这里隐含的看法是:竞争性的报价将会出现一些差别。但是如果只有少数几个卖方,因而每个卖方很容易了解其竞争对手的报价,那么持续的报价差别是不可能的,除非买方的信息极为匮乏(对于主要的钢铁产品来说,这是不太可能的)。[24]

这些问题是针对罗杰·布劳(Roger Blough)提出的,他的回答认为只有完全相同的价格(提供给购买者的价格)才是竞争性的:"我想说明的是,我们出售钢铁给一个客户的价格与竞争者对该客户开出的价格相同,这才真正是一个竞争性的价格。"[25]但是完全相同的报价并不能证明竞争的存在——合谋企业至少也像相互竞争的企业一样报出单一价格。价格同一性取决于买方和卖方是否拥有充分的信息,而不是取决于各个卖方的价格政策是否相互独立。

这里我们必须强调,即使只有少数卖方,实际交易价格与公开报价也不一定完全相同。各买方的采购量差异很大,而且销售条件就如同完成订单的成本一样千差万别。交易价格的同一性根本是不可能的。遗憾的是,委员会从未寻求过交易价格,甚至根本没想到交易价格的存在。

但是基福弗对一组完全相同的密封投标价格的竞争性的怀疑显然是正确的。信息不完全时的价格同一性与广为传播的价格信息导致的报价相同根本就是不相关的两回事。关于未来供求条件的信息显然是不完全的。不存在一组真正独立的生产者,对下个月或下个季度的市场价格作出相同的估计。如果一个密封投标涉及远期交货,那么它就基于不完全信息(除非存在有组织的期货市场)。这些条件下的价格同一性与独立的竞争行为高度不一致。

对政府采购合同的密封投标经常表现出价格同一性。㉖听证会(并没有说明完全相同的密封投标的范围。布劳提供了两个时期的大体情况以作为证据)。1954 年 11 月和 12 月关于 619 种商品的 40 个招标项目,共收到 3 000 个企业的投标;2 400 个竞争性投标中有 200 个与美国钢铁公司(该公司进行了 600 个投标)完全相同。在 1957 年第二季度,有关于 90 种商品的 26 项招标。这里有 22 个竞争性投标(共 400 个)与美国钢铁公司的完全相同(该公司进行了 90 个投标)。㉗这样的表格数据很不完全,因此价值不大。要对密封投标做法下一个明确的结论,必须要弄清楚:除了美国钢铁公司以外的投标者中价格一致的程度、与投标有关的数量信息、与美国钢铁公司规模相当的企业,以及标书递交与交货之间的时间间隔,等等。

有关钢铁产业的竞争并不完全有效的命题并没有表现出其应有的强度,这是因为委员会未能仔细研究产品价格结构和地理区域价格结构。但是如果该命题是正确的(如我所相信的),那么钢铁产业在过去的十年里,使用其集中的结构来获得不断增长的利润吗?

1957 年钢铁价格的提高不一定能使企业保持"足够的"利润,这一说法主要与论证的水平有关。员工(工会和非工会)工资增长的直接成本估计需要使产品提价 2.50 美元,达到每吨 4.00 美元,这取决于工资增长和每人时的产出。㉘另外,约翰·布莱尔(John Blair)博士估计废料价格从 1956 年到 1957 年 9 月下降了约 4.00 美元每吨钢材。㉙对所有其他的成本都只进行了随意的讨论。美国钢铁公司出于保密,拒绝提供这些成本,公司仅强调由于是按历史成本计算的,所以折旧提成(depreciation allowance)并不充足。基福弗认为将历史成本作为会计核算方法是不可接受的。㉚

即使不考虑成本分析的肤浅性,整个分析仍然是悬而未决的,这是由于没有一个合理的利润标准。委员会建议的唯一合理利润检验是接近于过去利润的利润,或接近于其他产业的利润(随产业变化)。

基福弗和 Bethlehem 钢铁公司的 A.B.霍默（A.B.Homer）之间的争论解决了这么一个问题：应该由低成本生产者还是由高成本生产者来制定价格。[31]基福弗希望低成本生产者削价并移去高成本生产者的保护伞。霍默说："参议员，我们今天已经是这么做的了"，尽管参议员不相信，但他也无法论证情况并非如此。

但是即使存在垄断利润，也不能证明寡头垄断价格是通货膨胀的新来源：需要说明的是利润在长期内不断增长。约翰•布莱尔绕开了这一问题，他使用了一个图表，将净值的收益率显示为运作率（以产能的百分比表示）的函数。该图显示甚至在 1957 年价格提高之前，1957 年上半年的利润率也处于一个史无前例的水平。[32]

即使我们接受这一点，该图还是显示了从 1957 年 1 月开始，利润率（在 20 世纪 50 年代早期实际是下降的）突然增至新的水平。[33]在当前的六个月时间里出现了新的通货膨胀了吗？

为什么在最近一些年里的某些情况下，钢铁产业提高了价格而产出却相对较低呢？这一问题尚无人能窥其一斑。我并不知道这一现象的真实性到底如何；关于钢铁产品的交易价格的数据并不充足。像这次一样的国会调查使得钢铁产业遇到合适机会（成本增加）就提高报价：如果它在萧条时期降低报价，那么当它在繁荣时期恢复原来报价时通常会面临国会听证。[34]

尽管米恩斯和其他一些学者忙于证实管理价格的提高是当前通货膨胀的原因，另一些经济学家则正在向另一个委员会证明管理价格不能下降才是通货膨胀的原因。[35]一定要确保国会知道钢铁产业是有罪的，即使对到底犯了什么罪仍存争议。

我没有经历所有的其他产业听证，但是那些我曾举例的产业通常与寡头垄断通货膨胀更不相关。在汽车产业的听证中，重点是利润的水平，根本就未注意通货膨胀问题。面包产业讨论的重点是地方性削价，主要为了符合《鲁宾逊-帕特曼法》的规定。药品产业听证则关注垄断，与通货膨胀是相对独立的。某些这样的材料无疑有助于研究传统问题，但是却与本章的主旨无关。

结论

参议员奥马奥尼(O'Mahoney)的价格通知议案(S.215)是管理价格通货膨胀学说的逻辑结果。它的主要规定有：

1. 如果出现下面两种情况,该法案则适用于任何产业的最大八家企业:

(1) 这八家企业一种产品的销售量占了该产品全国销量的50%以上(包括50%);

(2) 资产超过1 000万美元。

2. 这些公司必须在提价前30天通知FTC。

3. FTC和反托拉斯司将关于提价的原因和影响举行公开听证会,并报告这些公司关于提价合理性的意见。[36]

委员会的成员中只有奥马奥尼明确支持该议案,尽管J.K.加尔布雷思(J.K.Galbraith)、本·刘易斯(Ben Lewis)和米恩斯以及各种各样的组织(UAW是其中最重要的)和个人也都支持该议案。除了来自产业的大量反对,该议案还为FTC、反托拉斯司和许多经济学家(拉格尔斯、迪安、法克勒,等等)所反对。

该议案的细节不值得讨论;实际上,你可以说该议案没有细节。当被问及一个有上千个价格的公司是否每次价格提高都必须出席听证会时,参议员奥马奥尼的"答案"就足以说明制定该议案时的细心程度。[37]

该议案的优点不值一提。给予一个政府机构很大范围的权限,却连一个最基本的判断标准都没有,这是所有冒险中最鲁莽轻率的。该议案对提价合理性的评判最终会被某个大公司所摒弃,随之而来的则是强制的价格固定。无论是米恩斯的无关数目,还是加尔布雷思的怀疑都不足以构成如此激进步骤的基础。

基福弗委员会在过去四年的整体表现是令人很不满意的。委员会的工作缺乏重心——一会儿是管理价格,一会儿又是对汽车产业的"幻想";一会儿是地方价格歧视,一会儿又是药品广告的准确性,等等。偏离主题去调查证人的股票期权情况,这正表现了该委员会审前调查的漫无目的。证据的水平很低,而选出的经济学家人数还少于委员会代表。

美国经济仍然拥有很大的垄断力量,大部分的垄断力量都属于《谢尔曼法》处理的范围。委员会通过关注药品产业和完全相同的合同投标,也为这一领域作出了贡献。但是委员会的主要成果还是在于推广了错误的信念,即存在被称为管理价格的重要现象,而且管理价格与通货膨胀有关。

注 释

① 最全面的研究可参阅 TNEC Monograph No. 27(Washington,D. C.：U. S. Government Printing Office,1941)。

② *Hearings before the Subcommittee on Antitrust and Monopoly of the Committee on the Judiciary*,*United States Senate*,1957(Washington,D. C.：U. S. Government Printing Office,1957),Part I,p.90;又见 pp.124,149。

③ *Hearings*,Part IX,p.4748;Part X,p.4899.

④ *Hearings*,Part IX,p.4756.我重新计算了这些平均数,除去了 1952—1953 年权重在批发价格指数中低于 1 000 BLS 单位(约为总指数的 0.04%)的商品:纺织品和服装的平均价格变动次数为 10.0,橡胶产品为 14.9。

⑤ 从 1957 年 5 月到 1961 年 3 月,按照米恩斯分类的价格的平均增长为:管理价格,2.64%;混合价格 0.34%;市场主导价格,3.19%。

⑥ *Hearings*,Part I,p.88;又见 Part IX,p.4752。

⑦ *Hearings*,Part I,p.88.

⑧ Galbraith 提出了一个推论:限制性货币政策仅针对非寡头垄断者的趋势(*Hearings*,Part I,p. 44);但是这一推理也没有实证基础(参阅 I. Schweiger,"Adequacy of Financing for Small Business since World War II",*Journal of Finance*,Vol.XIII[1958],pp.323—347)。

⑨ *Hearings*,Part X,p.4927.

⑩ *Hearings*,Part I,p.75.

⑪ 在 20 世纪 30 年代,月价格为周价格的平均值;现在 BLS 在每月中期报告价格。因此,如果 20 世纪 30 年代的价格变化不是发生在月初,则会被报告为两次变化。

⑫ By Harry E. McAllister in Staff Paper No. 8 of the report,"Price Statistics of the Federal Government",printed as Government Price Statistics by the Joint Economic Committee(Washington,D. C.：U. S. Government Printing Office,

January 21，1961）。

⑬ 更精确地说，数据资料与如下假说一致：一个卖方报价的变化与另一个卖方价格的变化是相互独立的。令 p 表示一个卖方（每月）报价变化的概率。如果价格变化是不相关的，那么（1）两个报价者价格变化的概率为 $2p-p^2$，即每个卖方价格变化概率之和减去两个卖方在同一个月变化价格的概率；（2）类似地，三个卖方价格变化的概率为 $3p-3p^2+p^3$，以消费品成品为例，观察到的和计算出的价格变化概率为：

报告者数目	每月价格变化概率	
	实际的	假设的
1	0.056	0.056
2	0.101	0.109
3	0.170	0.159

⑭ 比较如下：

报告者数目	每月价格变化概率	
	实际的	随机样本
消费品，非食品		
1	0.056	0.068
2	0.101	0.098
3	0.170	0.177
4	0.200	0.187
5	0.287	0.322
生产品		
1	0.088	0.076
2	0.129	0.128
3	0.208	0.201
4	0.230	0.233
5	0.288	0.342

资料来源：McAllister, *op. cit.*, p.391.

还有一个有点相关的问题尚未进行研究：如果给定报价者的数目，报价变化的频率随产业中企业数目的变化而变化吗？

⑮ 这里不仅对价格报告者数目的分析是相关的，而且买方也并不是每月都进行购买。购买价格是与具有三个月以上的刚性的 BLS 价格进行比较的。

⑯ 公司报价中有一含糊不定的地方值得注意。有些公司仅报告价格变化的月份，而并没有说明采购是否发生在其他月份。有些采购可能发生在未报告的月份，采购价格并未变化，如果这些采购月份被报告的话，将会降低相对价格变化频率。

⑰ 麦卡利斯特列出的商品有调味糖浆、打字色带、乙烯乙二醇，等等。即使在这里我们也要有所保留。例如其中一种商品（盐酸）的价格在该期间固定为每吨 30 美元，在 1950 年 7 月 31 日，这一商品的政府竞标价格曾降至每吨 18 美元。

⑱ John Flueck，Staff Paper No.9 in "Price Statistics of the Federal Government"，*op.cit*.

⑲ R.Selden and H.dePodwin，"Business Pricing Policies and Inflation"，*Journal of Political Economy*，April, 1963.

⑳ 有一个显著的相关关系的符号为负。

㉑ 这一词汇是基福弗所使用的，但是这一信念的广泛程度就像其可疑程度一样大，并且这一信念流传范围很广。

㉒ *Hearings*，Part II, p.309；Part III, pp.952 ff.

㉓ *Hearings*，part II, pp.310, 312.但是在关于汽车产业的听证报告中（Part VI, pp.2515 ff.），价格的细微差别也被发现是不合意的。

㉔ 在我下面的文章中对此问题有详细讨论："The Economics of Information"，*Journal of Political Economy*，Vol.LXIX（June, 1961），pp.213—225。

㉕ *Hearings*，Part II, p.310.

㉖ 参见 V.A.Mund, *op. cit*。

㉗ *Hearings*，Part III, p.957.

㉘ *Hearings*，Part II, p.389.

㉙ *Hearings*，Part II, p.664.这样的时间期间看起来更适合于批评价格刚性而非价格水平。

㉚ 同上，p.386。基福弗还认为股本分散（stock splits）有通货膨胀效应（p.370），如果公司收益降低（通过降价），公司所得税会随之降低，并且公司发行新的股票，那么公司的资本成本也就降低了（p.407）。

㉛ 同上，p.631。经济学家当然可以说二者都应当制定价格，并且实际上二者都制定了价格。

㉜ 同上，p.270。数据资料没有根据价格水平的变化加以修正，并且散点明显表现出了非线性，但是我们这里不必讨论分析细节。

㉝ 在我对制造产业的资本和收益率的研究中，我给出了如下的金属产业税后收益率（*Capital and Rates of Return in Manufacturing Industries*，Princeton，1963）：

年份	鼓风炉收益率（账面价值）	钢铁铸造收益率（账面价值）	所有原生金属	
			账面价值	稳定价格（1947年）
1950	10.24%	9.53%	10.08%	7.27%
1951	7.84%	8.84%	7.90%	5.27%
1953	6.78%	6.27%	6.23%	3.16%
1954	4.86%	4.92%	4.75%	4.15%
1955	8.35%	7.74%	7.85%	3.44%
1956	7.59%	8.83%	7.52%	5.91%
1957	7.49%	6.69%	6.33%	5.41%

㉞ 这写于肯尼迪总统最近对钢铁定价的干预之前,这次干预是对大公司个体价格不断增长的政治关注的有力例证。

㉟ 例如,可参阅 Charles L. Schultze，*Recent Inflation in the United States*（"Study Paper" No. 1，Joint Economic Committee，September，1959，pp. 54 ff.，132）；以及另一篇相关的文章,O. Eckstein and G. Fromm，*Steel and the Post-war Inflation*（"Study Paper" No. 2，Joint Economic Committee，November，1959）。

㊱ *Hearings*，Part XI，pp.5183—5185.

㊲ *Hearings*，Part XI，pp.5655 ff.

第Ⅳ部分

反托拉斯政策

两篇关于政策的文章讨论了政策建议和过去政策的效果。如往常一样，在研究过去政策效果之前政策建议就先提出来了。在这两篇文章之前，我们对普通法中允许的几个附加商业限制的经济效应进行了理论分析。

第 20 章

普通法中的商业限制，或者如果法官塔夫脱（Taft）是个经济学家的话。

第 21 章

反托拉斯法的经济效应（*Journal of Law and Economics*，1966）。

第 22 章

兼并和预防性反托拉斯政策（*University of Pennsylvania Law Review*，November 1955）。

20

普通法中的商业限制

商业限制（restraints on trade）合同在普通法下是不可强制执行的，但是作为合同附加条款的限制条件是被允许的，只要主合同被认为是合意的。巡回法庭法官威廉·H.塔夫脱（William H. Taft）在一个著名判决中重申了这项法律：

　　普通法对商业限制的禁止起初看来没有例外。参阅 Justice Hull, Year Book, 2 Hen. V., folio 5, pl. 26。过了一段时间，人们和法院都开始认识到：为了有利于行业发展，某些商业限制约定应当可以执行。它为产业和诚实交易提供了重要激励。一个人创建了一个企业，且企业拥有良好的商誉，他应该能够以最有利的条件出售企业和商誉；但是他不能做到，除非他签署可执行的合同，同意不再从事相同的企业经营，以防止对他将要出售的东西造成损害。这对于公众和行业都是有利的，当合伙人解散时，其中一个合伙人获得了企业，或者他们将企业分掉，每个合伙人可能都承诺此后不再从事同一行业中任何会减损以前的合伙人所得收益的事情。另外，当两个人成为企业合伙人时，尽管他们的联合可能降低竞争，但这种影响并不是他们联合资本、事业计划和能量来开展有益于社会的成功企业的主要目的。合伙企业中对合伙人商业行为的限制性条款保证了他们对共同企业的全力投入,当然,这些条款只是从属于联合的主要目的,但是也应当得到鼓励。当企业中的一个人出售财产,买方使用此产权可能建立一个竞争企业时,卖方应当能够阻止买方对其造成伤害,这是完全合理的,因为如果不是发生了这样的销售行为,买方根本没有能力对卖方造成伤害。这并不是减少了竞争,而只是保护卖方,防止他自己导致的竞争增加。这样一个例外对提升财产的自由买卖是非常必要的。另外,它对于商人和专业人员有动力雇用有能力的助手并细心全面地指导他们起着重要作用。但是商人和专业人员自然不情愿这样做,除非助手能够做出承诺:在学习了雇主的生意细节和秘密之后不会在附近开展相同的生意……

由于上述原因,部分商业限制方面的协议(covenant)一般被作为有效协议加以支持,协议一般规定:(1)财产或企业的销售者不能与购买者竞争,以至于降低了所出售的财产或企业的价值;(2)从一个企业退出的合伙人不能与原企业竞争;(3)加入合伙制企业的合伙人不能通过竞争或其他方式干预企业的正常业务;(4)财产的购买者不能使用该财产与销售者保留的企业进行竞争;(5)助手、仆人或代理人在服务期满后不能与其主人或雇主竞争。[①]

下面将分析其中两类限制。这些分析至少能表现出经济学家和非经济学家的观点差异,至多能揭示部分限制的影响。

土地销售

地主 A 出售或租出土地,限制性合同条款为:该土地不会被用于(比如说)食品杂货销售业而与 A 形成竞争。

如果存在许多同样好的地方可以开一家相竞争的杂货店,那么限制性合同就没有什么作用。如果有利可图,竞争自然会出现,对 A 的土地的限制性合同既不会影响食品杂货零售业的竞争,也不会影响该土地的价值(如果该土地还有其他用途的话)。

假设 A 在他的商店周围有一大块土地,那么没有人可以成为 A 在杂货业方面的竞争对手,除非将杂货店开在 A 的土地上。

1. 通过使用限制性合同，A 将按照非杂货业用途的价值出售或出租土地。如果有人想使用 A 的一块地来开另一家杂货店，A 的收费为下面两项之和：

（1）土地用于其他用途时的价值；

（2）购买者将得到的 A 的部分垄断利润。

2. 如果没有限制性合同，A 可能希望收取如下两项之和：

（1）土地用于其他用途时的价值；

（2）A 得到的垄断利润值乘以购买者进入杂货零售业的概率。

对第 2 种情形，我假定土地仅具有固定的竞争性价值，除了在杂货店方面具有垄断价值（如果这块土地很大，使得在加油站、饭店等商务领域也具有垄断价值，对每一种这样的用途只需重复上面的分析即可）。那么，如果购买者不是一个杂货商的话，他不会愿意（或可能）支付多于土地的其他用途价值。因此，当不存在限制性合同时，地主必须作出选择：

（1）以竞争性价格出售土地，然后看着一个或多个竞争者进入杂货业；

（2）自己利用土地，例如通过使用佃农。

由于规模不经济，后一个选项可能并不可行。如果它确实不可行的话，对限制性合同的禁止就相当于对价格歧视的禁止。

学徒

学徒在合同中承诺：在学徒期结束后的七年里，不与他的师傅竞争。

当师徒之间存在竞争时，合同的作用就不那么明晰了。如果伦敦有 100 个师傅，一共培训 100 个学徒，那么从师傅 A 处毕业的学徒（学徒期满的学徒）在伦敦从事所学的行业，这会提高 A 面临的竞争程度吗？从经济学的角度看，答案是否定的。如果法律给出的答案是肯定的，那么限制性合同只是给学徒增添了不必要的负担，而师傅却并没有得到什么报酬：培训期满后，学徒不得不转移到其他市场，即使他的师傅并没有因为任何竞争减少而获利（100 个相互竞争的师傅和 100 个学徒就足以达到这个结果）。[②] 如果法律并不禁止其他伦敦师傅的学徒与一给定师傅竞争，那么这个师傅就完全无法控制来自前学徒的竞争。在竞争条件下,师傅们不会得益于限制性合同。

现在我们假设师傅们在其市场中拥有垄断利润。在签订限制性合同的条件下,学徒挣取通常在竞争性劳动市场中学徒能得到的工资,加上另一笔报酬,该报酬等于学徒期满后离开伦敦的成本。学徒在培训期满后必须迁移到其他地点。[3] 现在假设取消限制性合同。学徒现在期望在完成学徒培训期后能分享一部分垄断收益,因此做学徒比起从事其他职业更具吸引力。学徒的候选人为获得学徒资格会展开竞价(通过更低的工资要求),直到他们的预期收益(包括未来的垄断收益)的现值等于在其他行业预期收益的现值。师傅们在带学徒期间可以获得更多收入,而学徒期满后所得会较少;如果学徒们竞价比较合适的话,师傅们收入增加和收入减少的现值相等。因此,师傅们并不在乎是否存在限制性合同。

那么,为什么限制性合同还会出现呢? 最简单的原因如下:一些学徒打算在其他地方工作,还有一些并无此打算。垄断的师傅如果能够区分这二者的话,他会向二者支付不同的工资。但是他无法区分(因为很明显,未来的竞争者可以谎报自己的打算)。限制性合同确保了垄断。不愿意接受限制性合同的学徒可以为他得到的垄断利润份额作出支付。允许限制性合同实际上就是允许垄断师傅的价格(工资)歧视。我们可以比较未被要求迁移的学徒的工资与被要求迁移的学徒的工资来检验上面的解释。

注 释

① 美国政府诉 Addyston Pipe & Steel 公司案,85 Fed.271(1898)。

② 因此,学徒的数量会较少一些,考虑到无意义的学徒市场地点转移,学徒的预期收入应当与其他可选择的职业相等。

③ 当学徒在其他地方工作了七年以后有可能返回伦敦,对此情形的分析与下面的不存在限制性合同时一样。但是如果师傅们不能组织工人移入伦敦,那么他们的垄断权力又来自何处呢?

21

反托拉斯法的经济效应*

　　我的任务在于形成一个关于反托拉斯法的效应的定量概念。这一任务是令人望而生畏的。倾向于接受学者建议的国会不应该让一群特殊的产业免受《谢尔曼法》的规制（历史实践正是如此），而应当随机地抽取一些产业。更愿意接受学者意见的世界应该出现许多联合的州，其中有些州采取反托拉斯政策（我们的联邦国家本来已经接近于支持学者意见，但是州的反托拉斯法已经被联邦法律推入了几乎让人遗忘的境地）。在我们这个缺乏统计效率的国家中，检察官必须理清在过去 75 年里影响美国经济的一营部队**的效应。

　　许多学者曾承担过与我们相同的任务，在文献中你可以找到各种对反垄断法律效应的估算。这些估算一律都是通过相同的过程来完成的。学者研究政策的历史，并且根据他对我们的经济的了解——也许还包括其他经济——他能作出一个比较概括的判断。这一过程的缺陷在于经验综述与结论之间没有清晰的联系，所以不同的学者得出了不同的结论。但

　　* 原载于 *Journal of Law and Economics*，Vol. IX，October 1966。我要感谢克莱尔·弗里德兰（Claire Friedland）帮助完成了大部分统计工作；Belle Cole 夫人、Ruth Westheimer 和 Barry Herman 也作出了重要贡献。
　　** 指产业群体。——译者注

是,度量过程的基本特征应当是:不同的人使用该过程都可以得出相类似的结论。除非能够得到这样的过程,否则度量不会有改进——每个人的工作仍然独立于所有其他人的工作。本章的主要目的就在于寻求可改进的过程。

简单的反托拉斯法

我们首先来考虑一个容易评估的反托拉斯法。《巴拿马运河法》(Panama Canal Act)规定:违反《谢尔曼法》的公司禁止通过运河运输商品。[①]我们认为这一法案对垄断者使用的运输方法没有任何影响,更不要说对竞争程度的影响了,原因如下:

1. 如果发生了法律执行的事例,一定会引起广泛的关注,因此我们可以认为没有发生过这样的事例;

2. 众多《谢尔曼法》的违反者没有一个曾使用过运河,这是难以想象的;

3. 总检察官曾向运河当局解释了该条款,这一解释意味着该法律规定可以被忽略。[②]

我并不想与这一普遍看法(即该法律规定从未影响垄断商品的运输)展开争论。我只是想强调这一看法并不能代替证据。这一法律规定可能对垄断者有威慑作用,促使其使用铁路。排除这一可能性的唯一方式就是通过比较企业受到反托拉斯法起诉的运输和未受到反托拉斯法起诉的运输。也许这一问题太小,不值得作出这么大的研究努力,但是除非我们完成了这一研究,否则我们只是拥有臆测,而非发现。反垄断学术研究的主要缺陷就在于过于依赖臆测——并且更加关注重要的但是不确定的情况,而不是像我一样首先讨论小问题。

一个更为重要的反托拉斯法为:如果两家公司中至少一家的资产为100万美元以上,并且两家公司相互竞争,那么一人不可同时兼任两家公司的董事。[③]这一法律的逻辑为:联合董事比起合谋的经理或董事更加容易实施两家公司的合谋方案。

从历史上来看,到1965年1月为止,根据该法律共提起了23次正式诉讼。④其中一个导致法院判决的案例涉及悉尼·温伯格(Sidney Weinberg)，他既是 Sears，Roebuck & Co.公司的董事，又是 B.F. Goodrich Co.公司的董事，这两家公司都零售一系列类似的消费品。⑤这个案例的经济价值微乎其微。

我现在开始对反托拉斯法的影响进行实证研究。英国没有这样的法律。但是，同一产业公司的联合董事的数目是极少的(参阅表 21.1)。

表 21.1　联合董事，英国，1964 年

产　　业	公司数目	董事数目	联合董事数目
飞机	13	130	1
靴和鞋	50	290	0
橡胶产品：轮胎	8	63	0
水泥	29	194	1

资料来源：*The Stock Exchange Official Year-Book*(1964).

我将要得出结论：禁止联合董事对公司董事会并没有显著影响。因此没有必要考察这个更加基本的问题：许多联合董事的存在导致了竞争水平的下降吗?⑥

对集中度的影响

我们现在转而讨论反托拉斯法的首要目的，即防止垄断。这一目标通过两条途径来实现：《谢尔曼法》第 2 部分对垄断企图的禁止；以及对会降低竞争水平的兼并的禁止。我们既需要集中度的测度，而且——当我们考虑兼并时——需要兼并对集中度影响的测度。我们采用了赫芬达尔指数——每个企业拥有的产业产出份额的平方和。它是一个易于理解的企业规模测度(垄断的指数为最大值 1，而 n 个等规模企业的指数取最小值 $1/n$)。我们将进一步说明赫芬达尔指数适合于对兼并的研究。

我们先考虑一个简单的测度兼并对产业集中度影响的方式。⑦例如，选取最大的企业以不同日期通过兼并而得到的产业产出百分比来计算其增长。如果我们假定被并购企业在没有兼并的情况下可以保持其产业产出份额,那么我们就可以直接计算居领导地位企业的内部增长和由兼并带来的增长。例如,居市场领导地位的英国水泥生产企业联合波特兰水泥有限公司在 1900 年到 1960 年间共并购了约 125% 的产业产能,但是它在 1960 年的市场份额为 70%。我们可以计算出内部增长为产业产出的 -55%。

所有企业通过兼并获得的产业产出份额之和只是一个没有什么意义的数字。存在重复计算的问题:设 A 拥有 40% 的产业产出,B 为 20%,C 为 10%。如果 B 并购了 C(10%),然后 A 并购了 B(30%),企业并购份额之和(40%)大于 A 直接并购 B 和 C 时的份额。当然,如果每个企业只能计算一次,这样的重复计算是可以避免的。更为重要的是,这些数字没有标度。如果有 1 000 个完全相同的企业,其中有 100 个企业,每个企业都并购了 9 个其他企业,那么被兼并的份额之和为 90%,尽管集中度是微乎其微的(最大的四个企业只有 4%)。或者如果两家企业各有 10% 和 90% 的份额,每家企业都并购了一个份额为 10% 的企业,那么对兼并影响的度量将是相同的。

赫芬达尔指数可以由成功合谋的概率导出[8],它是对产业兼并活动总和更合适的测度。如果份额分别为 p_1 和 p_2 的企业合并了,赫芬达尔指数将增加

$$(p_1 + p_2)^2 - p_1^2 - p_2^2 = 2p_1 p_2$$

在上面的有 1 000 个企业的产业的例子中,在 900 个企业被兼并之后,赫芬达尔指数从原来的 0.001 上升到 0.01。如果一个有 90% 产出份额的企业并购了一个 10% 产出份额的企业,赫芬达尔指数则从 0.82 上升到 1,提高了 0.18,而对于两个份额都为 10% 的企业的兼并,指数只提高了 0.02。

对防止垄断和高集中度政策有效性的基本检验必须为:政策是否使美国产业集中度降低了?可以有三种方式来回答这一问题:美国与无反托拉斯法的其他国家的比较;反托拉斯法实施前后的比较;受反托拉斯法律制约的产业和不受其制约的产业之间的比较。

与英国的比较

英国经济是一个没有防止产业集中控制的公共政策的经济。否则的话,

英国经济也会在与美国相似的法律环境下和几乎相同的技术状态下运行。由于英美两国的企业最优规模大致相同,而英国经济的规模较小,这会导致比美国更高的产业集中度。[⑨]由于我们的经济在 1900 年可能只有英国经济的两倍,而到 1965 年增长至英国经济的四倍,所以我们应当预期美国的全国集中度相对英国较低,而且还会下降。但是,对于水泥和钢铁产业,地区性数据是可以得到的,所以我们比较了美国的一个地区和英国来减弱规模上的偏差。在这一领域还需要做更多的工作。[⑩]

我们比较了美国和英国的七个产业从接近 1900 年开始的集中度的历史。通过七个产业很难得出任何一般性的结论,并且这一比较主要是方法论意义。产业样本之所以这么小,是因为对所有的英国产业和一些美国产业来说,很难得到比较可靠的估算数据。例如,每个美国汽车公司的产出长期以来都几周报告一次,而在英国,即使是估计的产出的定期报告也实行不到 20 年。

有关这些产业(汽车、水泥、香烟、平板玻璃、肥皂和洗涤剂、钢铁、轮胎)的数据资料在本章附录中给出;图 21.1 简单地描绘了这些产业的情况。

1. 在我们所考察的整个时期,美国的汽车产业都比英国更加高度集中。

2. 水泥产业在英国的集中度比在美国(Lehigh Valley)高得多。在美国,集中度并没有随时间而提高。

3. 香烟产业在美国是很集中的,但是自从美国烟草公司解体以后,集中度就低了许多。从 1911 年开始,英国的集中度就比美国高许多。

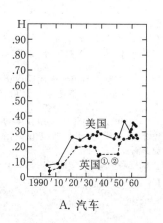

A. 汽车

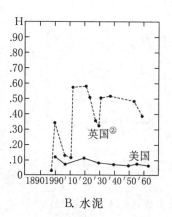

B. 水泥

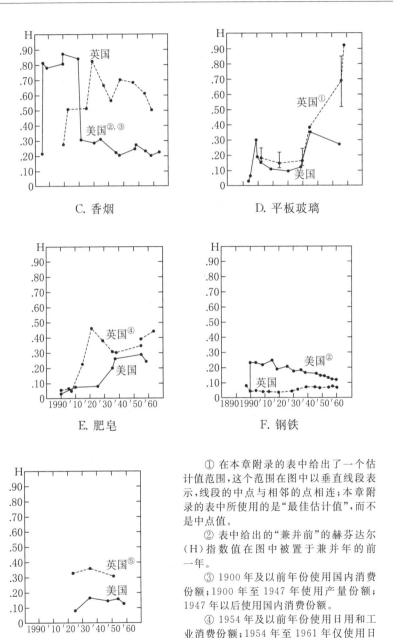

C. 香烟

D. 平板玻璃

E. 肥皂

F. 钢铁

G. 轮胎

① 在本章附录的表中给出了一个估计值范围,这个范围在图中以垂直线段表示,线段的中点与相邻的点相连;本章附录的表中所使用的是"最佳估计值",而不是中点值。

② 表中给出的"兼并前"的赫芬达尔(H)指数值在图中被置于兼并年的前一年。

③ 1900 年及以前年份使用国内消费份额;1900 年至 1947 年使用产量份额;1947 年以后使用国内消费份额。

④ 1954 年及以前年份使用日用和工业消费份额;1954 年至 1961 年仅使用日用消费份额。

⑤ 根据表 21.A15 中的国内消费值。

图 21.1

资料来源:表 21.A1 至表 21.A15。

4. 在 20 世纪 50 年代,美国玻璃产业的集中度比英国低(在英国就是一个垄断企业)。但是从 20 世纪 20 年代开始,美国的集中度就在上升,已经达到了一个较高的水平。

5. 英国肥皂产业的集中度比美国高出许多,但是在美国的集中度也是相当高的。

6. 美国钢铁公司成立以后,美国的钢铁产业(钢锭)是相当集中的,但是其集中度已经稳步地、大幅度地下降了。尽管如此,其集中度还是高于英国。

7. 橡胶轮胎产业在英国有很高的集中度,但是正在下降;而美国的集中度就低得多,而且从 20 世纪 30 年代开始就没有表现出任何变化趋势。

这些例子与如下的假说(我现在也支持这一假说)是一致的:《谢尔曼法》对于高集中度只有中等程度的威慑力。[11]统计表格(参见附录)表明实现高集中度($H>0.3$)的兼并在英国比在美国更为常见。这些假说当然最终可以由更大范围的数据来检验:检验是可改进的。

横向兼并的衰退

我们使用第二组更全面的数据来考察 1950 年《克莱顿法》的反兼并修正案的影响。这些数据反映了 200 家制造业和采矿业最主要公司参与的横向兼并的数目。基本数据如表 21.2 所示。

表 21.2 大型制造业和采矿业并购的分布(按照并购类型和时期)

兼并类型	1948—1953 年		1954—1959 年		1960—1964 年	
	数目	百分比(%)	数目	百分比(%)	数目	百分比(%)
横向兼并	18	31.0	78	24.8	42	12.0
纵向兼并	6	10.3	43	13.7	59	17.0
综合兼并:						
市场扩展	4	6.9	20	6.4	24	6.9
产品扩展	27	46.6	145	46.2	184	52.9
其他	3	5.2	28	8.9	39	11.2
总计	58	100.0	314	100.0	348	100.0

资料来源:Bureau of Economics, Federal Trade Commission.

这些兼并数据表明1950年的反兼并法是强有力的阻止横向兼并的工具。大型企业横向兼并的比例降到了较低水平。即使是联邦贸易委员会对横向兼并的计算数字也严重偏向这种类型的兼并:两个公司即使有很小部分的产品销售相同,也会被视为处于相同的产业和市场。在表21.A1到表21.A14中,我们可以看到,从1950年开始,美国的七个产业就没有发生过重要的兼并。

遗憾的是,早期的横向兼并的程度并没有测度——所有形式的兼并都被归入标准的兼并系列,虽然这有些难以置信,但确是如此(在我们列出的七个产业中,横向兼并在1950年前比在1950年后发生更频繁,也更重要;参见表21.A17)。对兼并历史统计的不足当然是可以补救的。

被豁免的产业

免受反托拉斯法律约束的产业是另一个潜在的信息源,但却是一个难以处理的信息源。大多数被豁免的产业都受到其他类型的规制,而且具有与非豁免的不受规制的产业不同的经济特征。

保险产业是被豁免产业的一个简单例子。豁免并不是绝对的,但是保险公司从未由于兼并而被起诉,而且1950年兼并法的影响是微乎其微的。[12]但是,保险产业中的人寿险和火险及意外险的集中度都较低,而且兼并活动较少。表21.A18给出了火险和意外险保险公司的数据资料;这些数据可以被简要归纳为:

年份	赫芬达尔指数	由兼并引起的指数变化
1945	0.016 3	
1953	0.016 4	0.000 0
1963	0.018 9	0.002 4

在典型的保险产业发达的州中,我们也发现了几乎相同的低集中度。[13]

这些证据的模糊之处在于我们缺乏一个具有可比性的非豁免产业的标准。另外,保险产业的集中度水平和兼并水平都很低,在非豁免产业根本不可能设想出一个模式(集中度迅速下降的模式),使得保险产业也能支持我们先前关于1950年兼并法的巨大影响的发现。

对合谋的影响

《谢尔曼法》的主旨在于防止行业限制中的合谋，而对该法案成功与否的评价也必须主要基于是否实现了这一目的。在所有的立法中，禁止某些行为发生的法律的效果是最难度量的，这是因为这些行为可以是暗中进行的。

1963 年，商业清算所（Commerce Clearing House，CCH）蓝皮书报告了约 957 个已经完成的反托拉斯案例，其中一些是起诉合谋的。[14] 在这些案例中，司法部胜出的正好占了 756 例，略微超出了总数的 3/4。另外，该书还包括了大量的与合谋有关的联邦贸易委员会案例。我们既可以将这么多的案例（以及这么多的胜诉）视为《谢尔曼法》的有益影响的证据，也可以视作《谢尔曼法》失败的证据。当然，我们需要的是对合谋的统计调查，包括已发现的和未发现的，存在反托拉斯法和不存在反托拉斯法的。

我们的根本困难在于：我们没有一个普遍接受的寡头垄断理论。如果我们有这样一个理论，它能告诉我们成功合谋的决定因素，那么我们就可以研究《谢尔曼法》对这些决定因素的影响。如果我们要研究的事件本身就是秘密的，我们就不能指望直接的观察。

我相信我的寡头垄断理论为这一研究提供了有用的工具，这正是由于我的理论试图分离成功合谋的决定因素和形式——或者换种说法，成功欺骗和不成功合谋的决定因素。问题的关键在于获得合谋协议的可靠信息：发票、卖方、买方，甚至实物运输都可能存在欺骗。如果一个协议不能被强制执行，那么它就不可能被遵守。

按照这种观点，某些合谋方法是非常有效率的。最有效率的方式是联合销售机构，因为如此一来，削价是不可能的，而且秘密地运输商品也几乎是不可能的。欧洲卡特尔的实践支持了这一似乎合理的观点：

> 这一方法（通过这一方法卡特尔可以获得每个成员的记录），无论执行得多么严格，也不能完全保证不会出现逃避卡特尔政策的现象。人们

常常不断抱怨有些违反卡特尔政策的情况不可能被发现,特别是秘密削价。这使得成员数目不断增加的卡特尔仍然需要建立共同销售机构作为唯一完全可靠的防止逃避政策的工具。这并不是个别事件,而是非常典型的现象。厚玻璃板辛迪加是奥地利历史最久、组织最好的卡特尔之一,当一个共同销售处建立的时候,该辛迪加解释说:如果不使用这一工具,即使是最严格的控制也无法防止削价或超出配额。[15]

根据 1920 年的海运法,海事保险可以免受反托拉斯法的约束,这与我们的研究是有相关性的。国内公司和一些外国公司组建了一个辛迪加,各公司的业务都被统一纳入辛迪加,每个成员保险公司都得到一定的配额。成员公司不能直接在市场中交易,除非得到辛迪加(严格的联合销售机构系统)的批准,并且按照辛迪加确定的保险费率收费。[16]

效率较低一些的合谋可以通过分配客户来实现,无论是逐个分配,还是按照地域分配,或者是其他方式。可能仍然存在秘密削价的诱因是:从长期来看,受到优惠照顾的客户相对于从遵守卡特尔价格的卖方那里采购的竞争对手来说,可能会发展壮大。向不属于自己的客户实际运输货物通常是会被发现的,就像联合销售机构的情形一样。

买主对联合销售机构和客户分配都是很清楚的,因此这两种合谋方式很可能会引起反托拉斯司的注意,一旦受到怀疑,合谋的存在很容易被证实。而一些次要的合谋形式就不那么容易被发现了,例如价格协议,但是这些次要的合谋形式也更难以执行。[17]

那些我认为有效率的合谋类型(联合销售机构和客户分配)比其他合谋类型更容易被发现违反了反托拉斯法。这一看法一定是正确的,因为有效率的合谋类型本身就是违法的,而无效率的合谋类型则包含了许多合法的行业协会活动和其他一些不确定的合法行为。实际上,我们很容易检验这一假说:我们分析了两种类型案例的小样本,结果则显示在表 21.3 中。样本很小,因此检验力度较弱(这些结果出现的概率为 0.2),但是该样本很容易扩大。

上面的论述可能如我希望的一样,具有一定合理性,但是它却不能让人完全信服。我们还需要做两件事:第一是对作为上面论述基础的寡头垄断理论的实证检验,到目前为止,我还未进行系统的实证检验;第二是要证明

表 21.3   合谋案例分析（按照类型和结果进行划分） *

类 型	政府胜诉	被告胜诉	合 计
高效率	9	4	13
低效率	9	8	17
合 计	18	12	

* 案例在商业清算所中的编号如下（对于紧密联系的一类案例，仅选取其中一例）：“高效率”案例编号分别为 14、18、24、34、83、239、240、254、277、282、348、349 和 355；“低效率”案例编号分别为 21、66、76、215、218、227、241、243、244、246、248、265、273、274、284、331 和 343。

资料来源：The Federal Anti-Trust Laws，with summary of cases instituted by the United States（1951）；supplementary information necessary for assigning cartels to "efficient" and "inefficient" classes was obtained from U.S. Courts，*Federal Anti-Trust Decisions*（Vols.1—12）。

“无效率的”合谋形式比“有效率的”合谋形式的效率要低得多。我认为，通过下面的程序，我们可以部分地解决后一个工作。

由于各种各样的原因而出现了一系列的卡特尔案件，其中有些类似的起诉是由于大型产业中突出案件的传染性所引起的。我假设，对于更有效率的工具来说，从合谋计划的产生到其被发现的时间间隔将更短。如果是这样的话，反托拉斯法降低了比较收益，因此也降低了这些合谋形式发生的比较频率。我们分析了少量的案例，得出的模式与假说一致。[18]

合谋类型	数目	嫌疑合谋从产生到被起诉的时间期间
高效率	7	21.6（±3.9）个月
低效率	10	56.7（±2.4）个月

如果能收集到更多这样的案例（许多案例还是可以得到的）并且对寡头垄断理论进行更多的基本严格检验，那么上述论断就会更加坚实有力。

结论

本研究的实质发现略显贫乏，且力度不足：

1.《谢尔曼法》在降低集中度方面只有较小的作用。

2.1950 年的兼并法对于大公司的横向兼并有很强的反面影响。

3.《谢尔曼法》减少了最有效率的合谋方法,因此减少了合谋的数量和影响。

当一个学者缺乏想象力来设计强检验,并且缺乏勤奋来整理大量的证据时,他通常会转而讨论方法论。我很抱歉也只能沿袭这一传统。我并不认为任何有理性的人都必须接受上述结论,因为即使是最强的结论(关于反兼并法的效果)也无法强过大量中肯的证据。我想说的是,每一项发现都是可改进的,并且随着这一研究工作的深入,相对立的观点就会越来越少。

本章附录

下面各表中所列的集中度数据资料都来自产业历史统计、行业期刊和金融出版物等等。表 21.A18 以后所给出的参考文献仅限于主要文献。特别是在早些年里,大量的间接估计是很有必要的,因此数字仅为近似值。对中小公司份额的估计是非常粗略的;但是,这些公司份额估计的误差对产业赫芬达尔指数的影响是微乎其微的。最大公司在末年的份额出现在这样的表格中,这些表格的起始年份为公司份额超过 25% 的最早年份。

这里兼并被定义为:一家公司获得另一家公司 50% 以上的普通股,并且建立了正式的联合销售机构。除非另有说明,年度的赫芬达尔指数都是基于在该年内所有兼并发生以后的公司份额计算的。

除了水泥产业和钢铁产业这两个例外是使用产能份额,我们尽可能都根据公司的国内消费份额(由产量加进口减出口来近似得到)来计算赫芬达尔指数。如果有必要使用其他的计算依据(例如产量份额),那么我会在脚注中说明进口或出口的数量级(如果数量很大的话)。

表 21.A1　美国汽车产业集中度测度和由兼并导致的集中度测度的变化[a]

年份	H 指数	通用汽车公司（GM）份额 1931—1964 年	兼并对 ΔH 的影响	补充说明 *
1904	0.076			
1908			0.017 9	GM 成立
1909—1910	0.090		0.002 2	U.S. Motors 成立
1912			0.000 1	Chevrolet-Little
1916			0.009 0	GM-Chevrolet
1917			0.000 1	Maxwell-Chalmers
1918			0.002 0	GM-Scripps Booth
1920	0.279			
1922			0.001 8	Ford-Lincoln
1925	0.243			
1928			0.005 9	Dodge-Chrysler
			0.000 2	Hupp-Chandler
1929				
1931	0.284[b]	0.433		
1932	0.261	0.412		
1935	0.292	0.384		
1937	0.283	0.406		
1938	0.307	0.448		
1939	0.297	0.437		
1948	0.253	0.406		
1950	0.298	0.454		
1952	0.275[b]	0.418		
1953			0.000 4	Kaiser-Willys
1954			0.000 6	Hudson-Nash
			0.000 8	Studebaker-Packard
1955	0.363	0.508		
1960	0.286	0.436		
1961	0.315	0.466		
1962	0.352[b]	0.519		
1963	0.342	0.510		
1964	0.331	0.491		

注：a. 1925 年以前基于产量份额；1925 年以后（包括 1925 年）基于新车登记份额，包括进口。

b. 基于产量份额计算的赫芬达尔指数（因此可以和英国的数字相比较）如下：1929 年为 0.218（出口＝产量的 10％，进口忽略不计）；1952 年为 0.278（出口和进口分别为产量的 4％和 1％）；1962 年为 0.383（出口和进口分别为产量的 3％和 5％）。

---

* 表 21.A1 至表 21.A18 中的补充说明主要反映公司成立和公司兼并以及分解等情况。——译者注

表 21.A2　英国汽车产业集中度测度和由兼并导致
的集中度测度的变化(基于产量份额)[a]

年份	H 指数	Morris-BMC 公司份额 1924—1964 年	兼并对 ΔH 的影响	补充说明
1905	0.02—0.05			
1910			0.001 2max.	BSA-Daimler
1912	0.065			
1913	0.084			
1919			0.000 8max.	Talbot & Darracq 合并为 STD
1921			0.001 8	
1924	0.202	0.305		
1926—1927			0.013 3	Morris-Wolseley
1928			0.000 6	Humber-Hillman
1929	0.212	0.350		
1931			0.000 2max.	Rolls-Royce-Bentley
1932	0.208	0.334		
1935	0.198	0.315	0.002 6max.	Rootes-STD
1937	0.147	0.233	0.001 6	Morris-Riley
1938	0.160	0.235		
1945			0.003 0	Standard-Triumph
1947			0.000 2max.	Aston Martin-Lagonda
1952	0.158(兼并前) 0.235(兼并后)	0.197 0.394	0.077 6max.	Austin 和 Morris 合并为 BMC
1955	0.253	0.390	0.000 7	Rootes-Singer
1960	0.253[b]	0.365		
1961	0.275	0.385		
1962	0.261	0.377		
1963	0.273	0.385		
1964	0.253	0.368		
1966			0.016 8[c]	BMC-Jaguar

注:a. 出口占产量的百分比如下:1913 年,6%;1924 年,10%;1929 年,13%;
1932 年,16%;1935 年和 1937 年,14%;1938 年,13%;1952 年,61%;1955 年,
38%;1960 年,40%;1961 年,36%;1962 年,43%;1963 年,38%;1964 年,
36%。净进口占产量的百分比分别为:1913 年,16%;1924 年,9%;1929 年,12%;
在上面给出赫芬达尔指数的每一个以后的年份中,净进口都小于 5%。

b. 1960 年,排在前两位的公司和排在前五位的公司的国内销售份额分别为
70% 和 90%;上面所使用的产量份额对于排在前两位的公司和排在前五位的公司
分别为 67% 和 96%。

c. 根据国内市场份额计算。数据资料来源:*Wall Street Journal*,July 12,1966,
p.1.

max.表示最大估计值,即当没有更多信息时,各公司的规模被认为是相等的。

表 21.A3　美国水泥产业（LEHIGH VALLEY[a]）
集中度测度和由兼并导致的集中度测度的变化（基于工厂生产能力）

年份	H 指数	兼并对 ΔH 的影响	补充说明
1900[b]	0.132		
1902		0.020 3	Lehigh-Saylor
1904		0.008 3	Atlas-Keystone
1905		0.002 5	Alpha-National
1907	0.092		
1912		0.001 9	Alpha-Catskill
1920	0.118		
1924		0.005 8	Lehigh-Tidewater
1925		0.000 4	North American(Security)-Helderberg
		0.000 8	Dexter-Penn-Allen
1926		0.005 7	Lehigh-Bath
		0.004 0	Penn. Dixie-Penn. Cem.
		0.000 7	North American(Security)-Acme
1928[c]		0.002 2	International-Phoenix
1929	0.086		
1939	0.079		
1948	0.072		
1954		0.002 5	Martin-Lawrence
1955	0.080	0.002 4	Allentown-Valley Forge
1963	0.072		

注：a. Eastern Pennsylvania，New York east of Buffalo，New Jersey，Maryland and extreme eastern West Virginia.

b. 在大多数情况下，生产能力的计算居于首次出货日期和 1907 年之间。

c. FTC 对于 International-Phoenix 的日期控制始于 1925 年。

表 21.A4　英国水泥产业集中度测度和由兼并导致的
集中度测度的变化（基于工厂生产能力）

年份	H 指数	APCM公司份额 1900—1959 年	兼并对 ΔH 的影响	补充说明
1900	0.028（兼并前）	0.088（白色）		APCM 公司成立前
	0.359（兼并后）	0.594	0.331 7	APCM 公司成立后
1907	0.142	0.361		

（续表）

年份	H 指数	APCM 公司份额 1900—1959 年	兼并对 ΔH 的影响	补充说明
1912	0.119（兼并前）	0.322		BPCM 公司成立前
	0.565（兼并后）	0.750	0.444 6	BPCM 公司成立并被 APCM 公司并购
1922	0.576	0.753	0.047 5	APCM-Kent
1924	0.501	0.700	0.046 6	APCM-Humber
1928	0.368	0.580	0.019 9	Red△ 成立
			0.000 4	East-Lewes
1931	0.331（兼并前）	0.549		在 Red△ 被并购前
	0.498（兼并后）	0.701	0.167 3	在 Red△ 被并购后（以及 Tunnell-Clyde 的合并,影响＝0.000 4）
1933—1934[a]			0.014 7	Alpha 公司成立
1936[a]			0.000 2	Rugby-Bachelor
1938	0.512	0.700	0.165 0	APCM-Alpha
1955	0.480	0.667	0.002 2	Rugby-Nelson
1959	0.395	0.598		

注:a. 使用了 1938 年的份额。

表 21.A5　美国香烟产业集中度测度和由兼并导致的集中度测度的变化（基于国内香烟消费数量）[a]

年份	H 指数	Reynolds Tob 公司份额 1921—1963 年[b]	兼并对 ΔH 的影响	补充说明
1890	0.207（兼并前）		0.605 0	Allen & Ginter,
	0.234[a]（兼并前）		0.691 1[a]	W.S.Kimball, Good-
	0.812（兼并后）			win, Kinney, W.Duke
	0.925[a]（兼并后）			组建了 Amer.Tob.公司并
				收购了 S.F.Hess
1891	0.779			
1892			0.090 6	S.Hernsheim-Amer.
1894			0.039 1	H.Ellis-Amer.
1898			0.091 2	Drummond-Amer.
1899			0.148 2	Amer. 收购了 Monopol, National, W. R. Irby, 和 Liggett & Myers

（续表）

年份	H 指数	Reynolds Tob 公司份额 1921—1963 年[b]	兼并对 ΔH 的影响	补充说明
1900	0.809		0.008 2	S. Anargyros-Amer.
	0.860[a]		0.012 1	J. Bollman-Amer.
1901			0.023 0	Brown-Amer.
			0.010 9	C. V. Winfree-Amer.
1903			0.033 8	Wells，Whitehead-Am.
			0.010 4	Craft-American
1911[a]	0.831		−0.529 2	Am. Tob. 公司解体
1912[a]	0.302		0.000 3	Tob. Products 公司成立
1916[a]			0.000 4	Schinasi-Tob. Products Corp.
1917[a]			0.000 4	Prudential-Tob. products Corp.
1918[a]			0.000 4	Falk-Tob. Products
1921[a]	0.286	0.354		
1923[a]			0.018 6	Tob. Products Corp.-American
1925[a]	0.318	0.416		
1935[a]	0.212	0.282		
1937[a]	0.197	0.281		
1944[a]			0.002 1	Axton-Fisher-Phillip Morris
1947	0.242[a]	0.283		
	0.256	0.301		
1954	0.216[a]	0.247	0.001 1	Benson &· Hedges-
	0.221	0.251		Phillip Morris
1958	0.198[a]	0.281		
	0.202	0.287		
1963	0.221	0.344		

注：a. 1911 年至 1944 年的数字是根据总产出份额计算的。在其他年份，如果数字是基于总产出计算的，则以"a"标示；出口占总产出的百分比如下：1890 年，11％；1900 年，31％；1912 年，14％；1921 年，14％；1935 年，3％；1947 年，9％。

b. American Tobacco 公司的份额在 1947 年和 1954 年略高于 Reynolds Tobacco 公司，它在 1890 年（兼并后）至 1911 年（解散前）间产量份额一直在 80％到 96％之间。

表 21.A6 英国香烟产业集中度测度和由兼并导致的集中度测度的变化
（基于国内消费量份额）[a]

年 份	H 指数	Imperial 公司份额 1900—1959 年	兼并对 ΔH 的影响	补充说明
1900[b]	0.281	0.516（Wills）		Imperial Tobacco 公司成立前
1901—1902[b]			0.225 9	Imperial 公司成立并收购了 Ogden
1903[bc]	0.507	0.710		Imperial 公司成立后
1915[c]	0.507	0.710		
1920	0.830	0.910		
1926			0.023 5	Imperial-Ardath
1928	0.670	0.814		
1932[d]			0.049 4	Imperial-Gallaher
1933[d]	0.565	0.738		
1934[d]			0.039 8	Imperial 通过 Gallaher 兼并 Jackson group
1937[d]			0.003 4	Imperial 通过 Gallaher 兼并 Robinson
1938[d]	0.712	0.841	0.033 6	Imperial-Walters
1946[d]			−0.085 7	Imperial 对 Gallaher 的股权持有量降低至小于 50%
1947	0.690	0.824		
1952			0.000 1max.	Carreras-Dunhill
1952—1953			0.013 6max.	Imperial-John Wood, Charlesworth & Austin, Express Tobacco（via Ardath）
1954	0.612	0.772		
1955			0.000 3max.	Gallaher-Benson & Hedges
1958			0.000 2	Carreras-Rothmans
1959	0.496	0.652		
1960			0.004 4	Imperial-Phillips（via Ardath）
1961			0.016 8	Gallaher-Wix

注：a. 1947 年以前（包括 1947 年）的份额主要基于消费磅数计算；以后年份则是基于消费值计算。1954 年，以重量计算，香烟占所有英国烟草产出的 84%；以价值计算，香烟占所有烟草产值的 86.7%。

b. 基于 1903 年的估计份额，因此 1900 年与 1903 年 H 指数之间的差异应全部归因于 1901—1902 年间的兼并。

c. 1903 年和 1915 年相同的 H 指数估计值反映了不变的 Imperial 公司份额，以此来对那些小公司的份额进行估计只能得到近似值。

d. 从 1932 年至 1946 年，Imperial 公司拥有 Gallaher 51% 的股份，而 1946 年后所持股份则少于 50%（1956 年为 42.5%），据此，我们认为 Imperial 公司于 1932 年收购了 Gallaher 公司，而又于 1946 年将其剥离出去。若 Imperial 公司和 Gallaher 公司在整个期间被认为是相互独立的，那么 1933 年的 H 值为 0.516，1938 年的 H 值为 0.641；并且从 1932 年至 1946 年，在兼并影响一栏中的输入值仅为：0.001 9 Jackson-Gallaher，0.000 2 Robinson-Gallaher，以及 0.031 8 Imperial-Walters。

max.表示在得不到准确信息的情况下使用被收购公司份额的最大估计值。

表 21.A7　美国平板玻璃产业[a]
集中度测度和由兼并导致的集中度测度的变化（基于产值份额）[b]

年份	H 指数	L-O-F 公司份额[c] 1935—1954 年	PPG 公司份额[c] 1900—1954 年	兼并对 ΔH 的影响	补充说明
1895	0.035（兼并前）			0.030 6	PPG 与另外四家
	0.066（兼并后）				玻璃板公司合并之后，但是在 American Glass 公司成立之前
1895—1999				0.237 6	American Glass 公司成立
1899	0.304				
1900	0.192		0.242	−0.054 5	American Glass 分解为 Amer. Window Glass 公司和其他独立公司
1901				0.018 2[d]	Independent Glass 公司成立
1902	0.158[e]		0.225	0.005 6[d]	Federation(Coop) 公司成立
1904				[d]	Indep. & Federation(Coop) 分解
				0.000 6	Mississippi Glass Co.-Appert Glass and Rolland Glass
1909	0.106		0.234		
1910				[f]	
1912				0.011 9	Johnston Brokerage Agency 成立
1913				0.005 9	U.S. Window 公司成立以及与 PPG 公司的销售合同
1919	0.094		0.229		
1920				0.002 7	National Plate 公司成立
1925				0.000 3	Libbey-Owens-Fairfield
1928				0.002 7	Libbey-Owens-Adamston
1929	0.136	0.298			
1930				0.010 4	L-O 和 Edw.Ford 合并为 L-O-F
				0.010 9	PPG-Standard
1931				0.013 8	L-O-F 并购 Ottawa, Ill. Nat'l Plate 的工厂
1932				0.001 7	Mississippi-High-land-Western
1933				−0.004 9	L-O-F 剥离了 Adamston
1935[g]	0.346	0.424	0.399	0.002 4	Fourco 公司成立
				0.013 1[g]	L-O-F 并购了 Vitrolite 并获得与 Blue Ridge 的销售合同

（续表）

年份	H 指数	L-O-F 公司份额[c] 1935—1954 年	PPG 公司份额[c] 1900—1954 年	兼并对 ΔH 的影响	补充说明
1936				0.000 5	Amer.-Baker Bros.
1948				−0.000 6	Blackford 从 Fourco 剥离出来
1954	0.280	0.380	0.340		

注：a. 包括薄玻璃板、厚玻璃板和轧制玻璃；不包括多层玻璃和玻璃制品。

b. 1935 年以前我们不得不使用一个复杂的间接过程。公司生产能力被用来估计公司的薄玻璃板、厚玻璃板和轧制玻璃的份额，而各种生产能力又分别由生产过程（手工方式与机器方式，Colburn 与 Fourcault 机器等）数据来估计。

直接由产量来计算的 1902 年赫芬达尔指数估计在 0.164 和 0.176 之间。

1935 年在薄玻璃板和厚玻璃板生产方面存在大量闲置产能，按照以前年份的方式估算出来的赫芬达尔指数约等于 0.260。

进口占产量的百分比如下：1895 年约等于 17%；1899 年为 8.4%；1909 年为 5.0%；1919 年可忽略不计；1929 年为 5.0%；1935 年可忽略不计；1954 年为 5.5%。出口在 1919 年为 5.0%，而在其他给出 Herfindahl 指数的年份中小于 5%。

c. 由于 L-O-F 和 PPG 的份额在 1935 年和 1954 年几乎相等，所以在这两个年份两家公司的份额都显示出来了。American（Window）Glass 公司在其占主导地位的时期的份额如下：1899 年为 0.499；1900 年为 0.359（剥离出一些独立公司之后）；1902 年为 0.256。

d. 由于没有足够的信息来估计 1904 年两家公司解散的影响，所以表 21.A7 没有计算 1901 年和 1902 年兼并的影响。

e. 参见上面的注释 b。

f. 我们省略了 1909 年 4 月成立的 Imperial Window Glass 公司，是由于它于 1910 年 11 月就解体了，因此只持续了 1909—1910 年的短暂时间。

g. L-O-F 和 Blue-Ridge 的销售合同的准确日期是不可知的；1935 年是已知的最早年度。

表 21.A8 英国平板玻璃产业
集中度测度和由兼并导致的集中度测度的变化（基于国内消费量份额）

年份	H 指数	Pilkington 公司份额 1904—1955 年		兼并对 ΔH 的影响	补充说明
1901				0.005 1	Pilkington-Ravenhead
1904	最佳估计：	0.190	0.288		
	范围[ac]	0.170—0.232	0.216—0.360		包括向英国出口平板玻璃的大陆公司卡特尔[d]
1913	最佳估计：	0.154	0.364		
	范围[ac]	0.121—0.221	0.273—0.455		上面的卡特尔解体了[d]

（续表）

年份	H 指数	Pilkington 公司份额 1904—1955 年		兼并对 ΔH 的影响	补充说明
1930 最佳估计:		0.168	0.373		
范围[a]		0.135—0.256	0.255—0.492		包括比利时 sheet & plate 卡特尔和德国 sheet & plate 卡特尔, 以及捷克 sheet 卡特尔[d]
1935		0.370[b]	0.584		同上[d]
1954 范围[ab]					
max. est.		0.725—0.834	0.844—0.912	[d]	
范围[ac]					
min. est.		0.533—0.748	0.699—0.859	[d]	
1955[e]		0.904	0.950	0.179 3—0.069 9[ab] 0.351 2—0.155 7[ac]	Pilkington-Chance

注:a. 由于不知道轧制玻璃的公司份额信息,只好使用上下限值来估计。

b. 以出口价格计算产出。

c. 以进口价格(包括关税)计算产出。

d. 进口占消费的百分比如下:1904 年,75%;1913 年,68%;1930 年,33%;1935 年,30%;1954 年,可忽略不计。

e. Pilkington 购买 Chance 的股票始于 1936 年;1955 年实现了完全所有。实现多数股权的准确年份无法知晓;但是 Pilkington 的董事首次出现在 Chance 董事会是 1951 年。

表 21.A9 美国肥皂产业[a]
集中度测度和由兼并导致的集中度测度的变化(基于产值份额)

年份	H 指数	宝洁(P&G) 公司份额 1935—1958 年	兼并对 ΔH 的影响	补充说明
1900	0.030			
1903			0.004 6	P&G-Schultz&Co.
1909	0.068			
1910			0.004 9	P&G-D. S. Brown
1919			0.000 2	Palmolive-Crystal
			0.000 2	B. T. Babbitt-Mendelson
1925	0.088			
1926			0.005 1	Palmolive-Peet
1927			0.012 4	P&G-Wm. Waltke

（续表）

年份	H 指数	宝洁（P&G） 公司份额 1935—1958 年	兼并对 ΔH 的影响	补充说明
			0.001 9	P&G-Rub-No-More
1928			0.029 0	Colgate-Palmolive Peet
			0.003 3	P&G-Globe
1929			0.004 3	P&G-Duz Co.
1930			0.008 2	Colgate-Palm-Peet-Kirkman
			0.010 6	P&G-James S. Kirk
1933			0.000 7	P&G-Hewitt Brothers
1935	0.198	0.357		
1936			0.002 4	P&G-Cincinnati Soap Co.
1937	0.259[b]	0.432		
1939			0.011 2	Lever-Gold Dust
1951	[b]			
1954	0.288	0.500		
1955			0.000 2	Purex-Old Dutch
1956			0.000 4	Purex-Manhattan
1957			0.008 8	Lever-Monsanto's "All" division
1958	0.253	0.452	0.000 2	Purex-Wrisley
1964			0.000 8	Purex-Fels

注：a. 1957 年 SIC 定义，但是不包括碱性清洁剂和甘油。1937 年以前（包括 1937 年）还包括剃须泡沫等。1909 年以前（包括 1909 年）还包括甘油，而 1900 年以前则包括蜡烛，因为当时蜡烛也由大公司的肥皂厂生产。

b. 1951 年基于家用肥皂和清洁剂产出（即不包括工业用皂）份额而计算出的 H 值为 0.314；1937 年的可比数字为 0.245。

表 21.A10　英国肥皂产业集中度测度和由兼并导致的集中度测度的变化
（基于国内消费吨数份额）[a]

年份	H 指数	Lever 公司份额 1915—1961 年	兼并对 ΔH 的影响	补充说明
1899			0.002 4	Lever-Benj. Brooks
1900	0.057			
1905	0.063			
1906			0.004 0	Lever-Vinolia

年份	H 指数	Lever公司份额 1915—1961 年	兼并对 ΔH 的影响	补充说明
			0.004 0	Lever-Hodgson & Simpson
1907	0.045			
1908			0.014 2	Lever-Hudson
1910—1912[b]			0.045 9	Lever-Thomas, Cook & Others
1911			0.002 7	Crosfield 和 Gossage 合并为 Crossage
1913[c]			0.089 6	Lever-Crossage
1915[c]	0.228	0.460		
1917			0.060 3	Lever-Watson
1919[c]			0.012 8	Lever-Price(Gibbs)
1920			0.038 4	Lever-Knight
1921	0.462	0.670		
1925			0.092 2	Lever-BOCM
1929	0.376	0.600		
1935	0.308	0.535		
1938	0.300	0.515		
1954[d]	0.350	0.523		
	0.391[e]	0.543		
1961[d]	0.432[e]	0.594	0.004 4	Lever-Pinoya

注：a. 参见表 21.A11 从 1900 年到 1921 年基于产出吨数份额计算出的数值。

b. 不包括 Knight 公司和 Watson 公司，因为 Lever 在 1910—1912 年间的产业份额还不足 50％。

c. Lever 和 Crossage 的兼并实际发生于 1913 年，该年度 Lever 获得了 50％的产业份额；如果兼并的日期为 1919 年（Lever 获得了完全的市场控制），那么 1915 年的 H 指数为 0.170，兼并的影响为 0.137 8。

d. 1954 年和 1961 年基于价值份额估算的 H 值分别为 0.384 和 0.430（根据 Edwards 和 Puplett"肥皂同等物"概念，合成洗涤剂的权重为 1.5）。

e. 仅依据家庭消费份额，而不包括工业用皂。

表 21.A11　英国肥皂产业集中度测度和由兼并导致的集中度测度的变化
（基于 1900—1921 年间产量吨数份额）

年份	H 指数	Lever 公司份额 1915 年和 1921 年	兼并对 ΔH 的影响[a]	补充说明
1900	0.059			
1905	0.078			
1907	0.056			
1911			0.013 0	Crosfield 和 Gossage 合并为 Crossage
1913[b]			0.172 9[b]	Lever-Crossage
1915max. est.	0.364	0.593		
min. est.	0.313	0.548		
1921	0.535	0.725		

注：a. 基于产量份额计算仅适用于与 Crosfield & Gossage(Crossage) 有关的兼并，即除了拥有大量外贸的 Lever 公司以外的公司。参阅表 21.A10 中其他的兼并影响。
b. 如果兼并的日期为 1919 年，则兼并影响为 0.211 2。参阅表 21.A10 的脚注 c。

表 21.A12　美国钢铁产业：克利夫兰-底特律、芝加哥、匹兹堡-扬斯敦和东部地区[a]
集中度测度和由兼并导致的集中度测度的变化（基于钢锭生产能力[b]）

年份[c]	H 指数	美国钢铁公司份额 1901—1960 年	兼并对 ΔH 的影响[d]	补充说明
1899	0.084[e]		0.000 1	Republic 公司成立
1900			0.000 3	Crucible 公司成立
1901	0.021（兼并前）	0.206(Carnegie)		
	0.233（兼并后）	0.472	0.211 7	U.S. Steel 公司成立[f]
1902			0.024 8	U.S. Steel-Union Steel
1903			0.000 10	U.S. Steel-Troy Steel
1904	0.232	0.471	0.013 0	U.S. Steel-Clairton Steel
1908	0.225	0.463		
1911			0.000 3	Crucible-Midland
1916	0.240	0.475	0.001 7	Bethlehem-Pennsylvania
1917			0.000 2	Bethlehem-American
1919			0.000 2	Wheeling Steel & Iron-LaBelle Iron Works Whitaker Glessner

（续表）

年份[c]	H 指数	美国钢铁公司份额 1901—1960 年	兼并对 ΔH 的影响[d]	补充说明
1920	0.178	0.405		
1922			0.004 3	Bethlehem-Lackawanna
1923			0.007 7	Bethlehem-Midvale Steel & Ordnance（Coatesville & Johnston plants)
			0.001 8	Youngstown Sheet & Tube-Brier Hill Steel-Steel & Tube Co. of Amer.
1926	0.206	0.419		
1927			0.000 2	American Rolling Mill-Forged Steel Wheel
1928			0.000 4	Republic Iron & Trumbell Steel
1929			0.000 2	Amer. Rolling-Ashland
			0.000 4	Nat'l Steel 公司成立：Weirton Steel，Great Lakes
1930	0.177	0.377	0.003 8	Republic Steel 公司成立：Republic Steel & Iron, Central Alloy Steel, Donner Steel & Bourne Fuller
			0.000 3	Amer. Rolling Mill-Sheffield Steel
1934			0.000 2	Amer. Rolling Mill-Scullin Steel
1935	0.183	0.382	0.002 3	Republic-Corrigan-McKinney
1936			0.000 1	Amer. Rolling Mill-Rustless Iron & Steel
1938	0.163	0.350		
1942			0.001 4	Jones & Laughlin-Otis
1944			0.000 3	Jones & Laughlin-Electric Weld Tube Division
1945	0.156	0.336		
1946			−0.012 4	U.S. Steel divestiture of Farrell & Mingo works to Sharon Steel & Wheeling Steel resp.
			0.000 5	Republic-Defense Plant Corp. So. Chicago plant
1948	0.143	0.312		

（续表）

年份c H指数	美国钢铁公司份额 1901—1960 年	兼并对 ΔH 的影响d	补充说明
1951 0.138	0.304		
1954 0.130	0.291		
1957 0.125	0.276	0.000 3	Jones & Laughlin-Rotary Electric
1960 0.122	0.266		

注：a. 美国钢铁研究院在其 *Directory of Iron and Steel Works of the United States and Canada*（1954，1957）中根据钢生产州所服务的主要地区市场将美国划分为六个区。我们已经排除了一些南部和东部地区的钢铁厂，这些地区包括如下各州：亚拉巴马、阿拉斯加、科罗拉多、加利福尼亚、佐治亚、内布拉斯加、北卡罗来纳、俄克拉何马、俄勒冈、南卡罗来纳、田纳西、犹他、弗吉尼亚，以及运河区。1911—1960 年间州的生产能力的数据资料来自美国钢铁研究院的 *Annual Statistical Report*（1911—1960）。美国钢铁研究院 1901 年、1904 年和 1908 年的 *Directory of Steel Works and Rolling Mills in the United States and Canada* 提供了州的总量数据。在必要的年份我们会插入州的产能数据。

下面几个公司不包括南部和东部的一些工厂：

1. 美国钢铁公司：从 1907 年开始，Tennessee Coal, Iron & Railway 公司的钢锭生产能力被排除在外，1930 年以后是 Columbia Steel Co.，1946 年以后是 Geneva Steel Co.。

2. Bethlehem：从 1930 年开始，不包括 Pacific Coast Steel Corp. 和 Southern California Iron and Steel Manufacturing Co. 的钢锭产能。

3. Republic：1901 年和 1904 年不包括在亚拉巴马州伯明翰市的工厂，1937 年以后不包括 Gulf States Steel Co.。

4. Armco：从 1945 年开始，企业总量中不包括 Sheffield Steel Corp. 公司在俄克拉何马州桑德斯普林斯市和得克萨斯州休斯顿市的工厂。

b. 也就是说，基于以吨数表示的生产能力份额。

c. 我们对 1900 年至 1960 年间的所有年份都计算了赫芬达尔指数，在这些年份，美国钢铁研究院都发布了《钢铁公司指南》。

d. 我们对如下产业中最大企业的兼并活动作了记录：美国钢铁、Bethlehem、Republic、Young stown Sleet and Tube、Jones and Laughlin、National、Inland、Wheeling、Crucible、Pittsbungh、Armco 和 Sharon。

e. 1899 年的赫芬达尔指数是根据 1901 年的指南中的产能数据计算的。但是它反映的公司的规模是在美国钢铁公司（1901）、Crucible Steel Co.（1900）和 Republic Iron and Steel Co.（1899）成立以前，而在 Federal Steel Co.（1898）、National Steel Co.（1899）和 American Steel & Wire Co. of N.J.（1899）成立以后。

f. 合并了下面的钢铁制造公司：Carnegie、Federal Steel、National Steel、American Steel and Wire Co.、National Tube、American Steel Hoop Co.、American Sheet and Steel Co.、American Bridge Co.。

表 21.A13 英国钢铁产业
集中度测度和由兼并导致的集中度测度的变化(基于钢锭生产能力)[a]

年份	H 指数	兼并对 ΔH 的影响	补充说明
1900	0.036		
1902		0.002 2	Guest Keen-Nettlefords Alfred Baldwin-Wright Butler John Brown-Thomas Firth
1903	0.040	0.003 0	Dorman Long-Northeastern Steel Stewarts &. Lloyds 公司成立
1905		0.006 0	Beardmore-Mossend Steel Works South Durham-Cargo Fleet
1908	0.035		
1910		0.005 6	South Durham-Palmers Shipbuilding &. Iron
1913	0.032		
1915		0.002 6	David Colville-Clydebridge Steel &. Glengarnock Iron &. Steel
1916		0.000 7	Steel, Peech &. Tozer-Samuel Fox
1917		0.002 1	Steel, Peech &. Tozer-Frodingham Richard Thomas-Cwmfelin Iron &. Steel
1918		0.003 4	United Steel Cos. 公司成立 Baldwins-Brymbo Steel John Summers-Shelton Iron &. Steel Guest, Keen &. Nettlefords-John Lysaght Stewarts &. Lloyds-Alfred Hickman
1920	0.037	0.001 2	
1925		0.001 7	Richard Thomas-Grovesend Steel &. Tinplate
1928	0.042		
1929		0.001 5	English Steel 公司成立 Lancashire Steel 公司成立 Colvilles 公司成立
1930		0.006 1	British(Guest, Keen &. Baldwins) Iron &. Steel 公司成立 Dorman Long-Bolchow Vaughan
1932	0.051		
1936		0.007 0	Colvilles-Lanarkshire Steel &. Steel Co. of Scotland
1938	0.067		
1944	0.068	0.003 0	Richard Thomas &. Baldwins 公司成立
1947[b]	0.070	−0.003 3	通过 Guest, Keen &. Baldwins 剥离出 Margum &. Port Talbot 而成立 Steel Co. of Wales 公司
1953		0.000 3	Firth Brown-Beardmore

（续表）

年份	H 指数	兼并对 ΔH 的影响	补充说明
1954[b]	0.068	0.000 5	Tube Investments-Parkgate Iron & Steel
1957	0.067		
1960	0.065		

注：a. 除了 1900 年和 1913 年使用产出吨数份额以外，公司的份额都是基于熔炉一次熔炼的生产能力计算的，这里没有对每年操作周数或每周熔炼次数的差异进行调整。

b. 1947 年的数字是国有化以前的。1954 年的数字是基于各公司 1954 年的份额，这些公司在 1935 年至 1957 年间实行了非国有化。

表 21.A14　美国橡胶轮胎（包括外胎和内胎）产业
集中度测度和由兼并导致的集中度测度的变化
（基于国内消费值，加上出口）[a]

年份	H 指数	兼并对 ΔH 的影响	补充说明
1912		0.022 6	Goodrich-Diamond
1915		0.006 1	Fisk-Federal
1923		0.000 7	Lee-Republic
1925	0.089		
1926		0.000 2	Seiberling-Portage
1929		0.003 0	Goodrich-Hood
1930		0.009 6	Goodrich-Miller
1931		0.037 3	U.S. Rubber-Gillette
			U.S. Rubber-Samson
1935	0.168	0.011 9	Goodyear—Kelly-Springfield
1939		0.011 6	U.S. Rubber-Fisk
1945		0.000 7	General-Penna
1947	0.163		
1954	0.165		
1958	0.141		

注：a. 以产值百分比表示的出口如下：1925 年，3.7％；1935 年，3.5％；1947 年，8.3％；1954 年，4.4％；1958 年，3.7％。

表 21.A15 英国橡胶外胎和内胎产业集中度测度和由兼并导致的
集中度测度的变化(基于国内消费值,加上出口)[a]

年份	H 指数	Dunlop 公司份额 1924—1952	兼并对 ΔH 的影响	补充说明
1912				大规模的轮胎生产开始了
1924	0.363	0.584		在征收进口关税之前
1925			0.089 9	Dunlop-Macintosh
1927				征收进口关税
1933			0.007 0	BTR-IRGP & T(Palmer)
			0.017 1	Dunlop-India
			0.000 9	BTR-Stepney
1935	0.355	0.571		
1938			0.000 1	North British-U.S. Rubber(Dominion)
1947			0.000 7	Dunlop-Tyres(Scotland)
1952	0.271	0.465		
1953			0.005 6	Dunlop-Simons(Tyresoles)

注:a. 进口加上英国产量。出口占产量与进口之和的百分比如下:1924 年,16%;1935 年,22%;1952 年,25%——参阅表 21.A16 基于国内消费得到的数字。

表 21.A16 英国橡胶外胎和内胎产业
集中度测度和由兼并导致的集中度测度的变化(基于国内消费值)[a]

年份	H 指数	Dunlop 公司份额 1924—1952	兼并对 ΔH 的影响	补充说明
1924	0.334[b]	0.557		
1925			0.081 3	Dunlop-Macintosh
1933			0.009 5	BTR-IRGP & T(Palmer)
			0.012 1	Dunlop-India
			0.001 4	BTR-Stepney
1935	0.355[bd]	0.571		
1938			0.000 1	North British-U.S. Rubber(Dominion)
1947			0.000 4	Dunlop-Tyres(Scotland)
1952	0.301[c]	0.497		
1953			0.007 0	Dunlop-Simons(Tyresoles)

注:a. 进口加上产量减去估计的出口。

b. 英国公司在 1924 年和 1935 年的出口被认为是与产量成比例的。

c. 1952 年的数字是实际国内市场供应,也就是说,并没有像其他年度一样估计出口额;与 1935 年和 1924 年可比的 1952 年的数值为 0.271。

d. 表 21.A15 中 H 值是基于进口加上英国产量份额计算的,其值与这里忽略进口时相同。

表 21.A17　由兼并和内在增长导致的集中度测度的变化；美国和英国比较

	(1)时期[a]	(2)ΔH	(3)兼并对 ΔH 的影响	(4)内部增长对 ΔH 的影响等于第 (2)栏减去第(3)栏
汽车,美国	1904—1920	0.203	0.031	0.172
	1920—1939[b]	0.018	0.008	0.010
	1939—1952	−0.022	0.000	−0.022
	1952—1964	0.056	0.002	0.054
英国	1905—1924[c]	0.167	0.003	0.164
	1924—1938	−0.042	0.018	−0.060
	1938—1952	0.075	0.081	−0.006
	1952—1964	0.018	0.001	0.017
水泥,美国	1900—1920	−0.014	0.033	−0.047
	1920—1939	−0.039	0.020	−0.059
	1939—1955	0.001	0.005	−0.004
	1955—1963	−0.008	0.000	−0.008
英国	1900—1922[d]	0.548	0.824	−0.276
	1922—1938	−0.064	0.414	−0.478
	1938—1955	−0.032	0.002	−0.034
	1955—1959	−0.085	0.000	−0.085
香烟,美国	1890—1921[e]	0.052	0.631[g]	−0.579
	1921—1937[e]	−0.089	0.019	−0.108
	1937—1954[e]	0.019	0.003	0.016
	1954—1963[f]	0.000	0.000	0.000
英国	1900—1920	0.549	0.226	0.323
	1920—1938	−0.118	0.150	−0.268
	1938—1954[h]	−0.100	−0.072	−0.028
	1955—1959	−0.116	0.000	−0.116
平板玻璃,美国	1895—1919[d]	0.059	0.232	−0.173
	1919—1935	0.252	0.053	0.199
	1935—1954	−0.066	0.000	−0.066
英国	1904—1935[i]	0.180	0.000	0.180
	1935—1955[j]	0.534	0.070—0.351	0.183—0.464
肥皂,美国	1900—1925	0.058	0.010	0.048
	1925—1937	0.171	0.078	0.093
	1937—1954	0.029	0.011	0.018
	1954—1958	−0.035	0.010	−0.045

（续表）

(1)时期[a]	(2)ΔH	(3)兼并对ΔH 的影响	(4)内部增长对ΔH 的影响等于第(2)栏减去第(3)栏
英国 1900—1921	0.405	0.272	0.133
1921—1938	−0.162	0.092	−0.254
1938—1954	0.050	0.000	0.050
1954—1961[k]	0.037	0.004	0.033
钢铁,美国 1899—1920	0.094	0.253	−0.159
1920—1938	−0.015	0.022	−0.037
1938—1954	−0.033	−0.010	−0.023
1954—1960	−0.008	0.000	−0.008
英国 1900—1920[l]	0.001	0.027	−0.026
1920—1938	0.030	0.016	0.014
1938—1954	0.001	0.000	0.001
1954—1960	−0.003	0.000	−0.003
轮胎,美国 1925—1935	0.079	0.062	0.017
1935—1954	−0.003	0.012	−0.015
1954—1958	−0.024	0.000	−0.024
英国[m] 1924—1935	−0.008	0.115	−0.123
1935—1952	−0.084	0.001	−0.085

注：a. 表中的数据资料可以被归入四个时期：

1. 初始赫芬达尔年份至最早的一战后年份。但是也存在例外：如果产业的重要兼并发生于 19 世纪 90 年代，那么初始年份为 1900 年，或者此后可以计算赫芬达尔指数的最早年份。

2. 最早的一战后年份至最迟的二战前年份。

3. 最迟的二战前年份至 20 世纪 50 年代中期。

4. 20 世纪 50 年代中期至终止的赫芬达尔年份。

b. 参见表 21.A1 的注释 a。

c. 1905 年的 H 指数为最小估计值和最大估计值的平均值。

d. 在初始年份中使用了兼并前的数字。

e. 根据香烟产量份额计算。

f. 根据香烟国内消费量份额计算。

g. 对于 1890 年 American Tobacco 公司的成立使用了产量份额数字。

h. 参见表 21.A6 的注释 a。

i. 在表 21.A8 中，1904 年使用了"最佳估计"。

j. 在表 21.A8 中，1955 年的兼并使用了上下限估计。

k. 通过使用 1954 年含工业用皂的 H 指数与不含工业用皂的 H 指数之比将 1961 年的数字调整为与以前年度一致。

l. 参见表 21.A13 的注释 a。

m. 根据表 21.A15 中的国内消费加出口值计算。

资料来源：表 21.A1 至表 21.A16。

表 21.A18 美国火灾和意外伤害险公司，股份式和互助式集中度测度和由兼并导致的集中度测度的变化，1945—1963 年，根据净保费计算[a]

年份	H 指数	兼并对 ΔH 的影响	补充说明
1945	0.016 3		
1947		0.000 002	Employers Mutual of Wausau-Hudson Mohawk
1951		0.000 3	Nationwide-National Casualty
1953	0.016 4		
1954		0.000 002	Employers Group-Halifax Insurance
		0.000 11	Fireman's Fund-National Surety
		0.000 006	Fire Ass'n of Phila.-Eureka Cas.
1956		0.000 27[b]	Continental Cas.-Nat'l Fire of Hartford
		0.000 12	Amer. Ins. Of Newark-Amer. Auto Insurance
		0.000 007	Fire Ass'n of Phila.-Gen'l Cas. of Wisc.
1957		0.000 63	America Fore-Fireman's(Loyalty) Group
1958		0.000 10	America Fore-Loyalty-Yorkshire
		0.000 005	Fire Ass'n of Phila.-Hoosier Cas.
1959		0.000 04	Commercial Union-North British
		0.000 002	Northern Ins.-Maine Bonding and Casualty
1960		0.000 01	Employers-Northern Assurance
		0.000 004	Springfield-Monarch-Standard Ins. of Tulsa
		0.000 006	Springfield-Monarch-Freeport Ins.
1961	0.015 4[c]	0.000 002	Reliance-Standard Fire of New York
		0.000 06	Reliance-Standard Accident
		0.000 08	Royal-Globe-London and Lancashire
1962		0.000 03	General Accident-Camden Fire
		0.000 005	St. Paul F&M-Birmingham Fire and Cas.
		0.000 07	U.S. Fidel. & Guar.-Merchants Fire Assurance
		0.000 03	Nationwide-Commercial Standard
1963	0.018 9[d]	0.000 03	James S. Kemper-Economy Fire and Cas.
		0.000 25[b]	Cont'l-Nat'l Fire-American Casualty
		0.000 47	Fireman's Fund-Amer. Ins. of Newark
		0.000 007	Great Amer.-First Ins. of Hawaii
		0.000 07	Maryland Casualty-Northern Insurance

注：a. 不包括 Factory Mutuals、Reciprocal 和 Lloyds 公司。

b. 如果事故和健康险被排除在外，则为 0.000 12。

c. 如果事故和健康险被排除在外，则 1961 年的 H 指数为 0.016 8。

d. 1963 年伊利诺伊州的可比数字为 0.023 2。

表 21.A1 至表 21.A18 的主要资料来源

美国汽车产业：

Automotive Industries(期刊)

Automotive News and Automotive News Almanac(期刊)

Edwards，Dynamics of the United States Automobile Industry(1965)

Epstein，The Automobile Industry：its Economic and Commercial Development(1928)

Federal Trade Commission，Report on Motor Vehicle Industry(1939)

Kennedy，The Automobile Industry：the Coming of Age of Capitalism's Favorite Child(1941)

Seltzer，A Financial History of the American Automobile Industry(1928)

Temporary National Economic Committee，Investigation of Concentration of Economic Power，Monograph No.27，The Structure of Industry(1941)

Ward's Automotive Year Book(各年度)

英国汽车产业：

Andrews and Brunner，The Life of Lord Nuffield(1955)

Buchanan，Mixed Blessing：the Motor in Britain(1958)

Maxcy and Silberston，The Motor Industry(1959)

Silberston，The Motor Industry 1955—1964，27 Bulletin-Oxford University Institute of Economics and Statistics 253(1965)

Society of Motor Manufacturers and Traders，Ltd.，The Motor Industry of Great Britain(各年度)

Youngson，The British Economy，1920—1957(1960)

美国水泥产业：

American Portland Cement Association，Directory of Portland Cement

Manufacturers in the U.S. Federal Trade Commission, Report of Federal Trade Commission on price bases inquiry: Basing point formula and cement prices (1932)

Lesley, History of the Portland Cement Industry in the United States (1924)

Pit and Quarry(期刊)

Federal Trade Commission, Cement Industry(1933)

英国水泥产业:

Davis, Portland Cement(1909)

Cembureau, World Cement Directory(1961)

美国香烟产业:

Cox, Competition in the American Tobacco Industry, 1911—1932(1933)

Jacobstein, The Tobacco Industry in the United States(1907)

Jones, The Trust Problem in the United States(1924)

Nicholls, Price Policies in the Cigarette Industry(1951)

Printer's Ink: Jan.28, 1944; Feb.2, 1945; Feb.1, 1946; Jan.31, 1947; Jan.23, 1948; Apr.1, 1949; Jan.13, 1950; Jan.5, 1951; Nov.18, 1952; Jan.9, 1953; Jan.15, 1954; Dec.31, 1954; Dec.30, 1955; Dec.28, 1956; Dec.27, 1957; Dec.26, 1958; Dec.25, 1959; Dec.23, 1960

Bureau of Corporations, Report of the Commissioner of Corporations on the Tobacco Industry pts. I, II and III(1909, 1911 and 1915)

英国香烟产业:

Gt.Brit. Monopolies Commission, Report on the Supply of Cigarettes and Tobacco and of Cigarette and Tobacco Machinery, Cmd. No.218(1961)

Gt. Brit. Board of Trade, Standing Committee on Trusts, Tobacco Industry, Cmd. No.558(in vol.23 of Parliamentary Papers)(1920)

美国平板玻璃：

Glass Factory Year Book and Directory(1927，1930，1963，1965)

American Glass Trade Directory(1909—1913)

Davis，The Development of the American Glass Industry(1949)

Fortune，May，1955 and May，1956

National Glass Budget，Nov.11，1899；Oct.19，1901；Oct.26，1901；Jan.25，1902；Mar.22，1902

Glass Factory Directory(1916，1919，1939，1943)

Stocking and Watkins，Monopoly and Free Enterprise(1951)

Tariff Commission，Flat Glass and Related Glass Products(1937)

英国平板玻璃：

Barker，Pilkington Brothers and the Glass Industry(1960)，and correspondence with Professor Barker

Pilkington Brothers Ltd.，correspondence

美国肥皂产业：

1925 年以前(包括 1925 年)：

Bureau of the Census，Census of Manufactures 1910 and 1925. Establishment data adjusted to company basis employing information on establishment locations from various industrial manuals and company histories

1935 年以后(包括 1935 年)：

A.C.Nielsen Co. data-Advertising Age，Mar.30，1964；Oct.24，1963；Nov.30，1963；Jan.28，1963；Dec.26，1960

Lief，It Floats(1958)

Procter and Gamble Company，Into a Second Century with Procter and Gamble(1955)

英国肥皂产业：

Corlett，The Economic Development of Detergents(1958)

Gt. Brit. Parliament，Standing Committee on Trusts，Report on the soap industry，Cmd. No.1126(in vol.16 of Parliamentary Papers)(1921)

Puplett，Synthetic Detergents(1957)

Redfern，The Story of the C.W.S.(1913)

Wilson，The History of Unilever(1954)

美国钢铁产业：

American Iron and Steel Institute，Directory of Iron and Steel Works in the United States and Canada(各年度)

英国钢铁产业：

1938 年以前(包括 1938 年)：

Burn，Economic History of Steelmaking，1867—1939(1940)

Iron and Coal Trades Review，Supplement，Mar. 30，1900 and Feb. 12，1904

Ryland's Directory of Ironmongers of Great Britain(各年度)

1939 年以后(包括 1939 年)：

British Iron and Steel Federation，Statistical Year Book. 1954 年后书名改为 Iron and Steel：Annual Statistics

美国轮胎产业：

Allen，The House of Goodyear(1936)

Gaffey，The Productivity of Labor in the Rubber Tire Manufacturing Industry(1940)

Lief，The Firestone Story(1951)

Sobel，Economic Impact of Collective Bargaining Upon the Rubber Tire Industry(1951)(unpublished dissertation in University of Chicago Library)

Wolf and Wolf，Rubber；A Story of Glory and Greed(1936)

Ziegler，Current Cases in Business(1964)

英国轮胎产业：

Allen，The Industrial Development of Birmingham and the Black Country，1860—1927(1929)

Allen，The House of Goodyear(1936)

Donnithorne，British Rubber Manufacturing(1958)

Dunning，American Investment in British Manufacturing Industry(1958)

Gt. Brit. Monopolies Commission，Report on the Supply and Export of Pneumatic Tyres(1955)

History of the Rubber Industry(Schidrowitz and Dawson，eds.，1952)

Palmerton，Market for Rubber Products in the United Kingdom(1922)

美国火险和意外伤害险产业：

Best's insurance reports，fire，marine and miscellaneous(各年度)

Insurance year book(各年度，直到 1955 年)；Insurance by states of fire and marine，casualty，surety and miscellaneous lines(1955 年以后)

The Spectator Desk Directory of Insurance(1964)

一般参考文献

美国：

The Structure of American Industry(Adams ed.，3d edition，1961)

Federal Trade Commission，Report on Corporate Mergers and Acquisitions (1955)

Bureau of the Census，Census of Manufactures(各年度)

Department of Commerce，Foreign Commerce and Navigation of the United States(各年度)

Commerce Clearing House，records of antitrust cases[Record in United States v. Procter and Gamble Co.，356 U.S.677(1957)]

Temporary National Economic Committee and Bureau of the Census， various concentration studies

英国:

Allen，British Industries and Their Organization(3d ed.1951)

National Institute of Economic and Social Research，Economic and Social Study No.15(Burn ed.1958)

Cook，Effects of Mergers(1958)

Evely and Little，Concentration in British Industry(1960)

Fitzgerald，Industrial Combination in England(1927)

Gt.Brit. Board of Trade，The Report on the Census of Production(各年度)

Gt.Brit. Customs and Excise Dept. Statistical Office，Annual Statement of Trade of the United Kingdom with foreign countries and British possessions(各年度)

Macrosty，The Trust Movement in British Industry(1907)

Maizels and Leak，The Structure of British Industry，108 J. Royal Statistical Soc'y(Series A) 142(1945)

Mennell，Takeover；The Growth of Monopoly in Britain，1951—1961 (1962)

Rees，Trusts in British Industry，1914—1921(1922)

注 释

① 37 Stat.567(1912)，15U.S.C. § 31(1964).

② 30 Ops. Att'y Gen.355(1915).

③ 38 Stat.732(1914)，15 U.S.C. § 19(1964).

④ Staff of Subcomm. No.5，House Comm. on the Judiciary，89th Cong.，1st Sess.，*Interlocks in Corporate Management* 57(Comm. Print 1965).

⑤ *United States* v. *Sears，Roebuck & Co.*，111 F.Supp.614(D.C.N.Y. 1953).

⑥ 即使是协调两个企业的活动,联合董事也只是一个拙劣的手段。因此,我认为联合董事是否存在与企业间的竞争程度没有显著关系。

⑦ 参阅 George J.Stigler，"The Statistics of Monopoly and Merger"，*Journal of*

Political Economy，Vol. LXIV（1956），p.33。

⑧ 参阅我的文章，"A Theory of Oligopoly"，*Journal of Political Economy*，Vol.LXXII（1964），pp.54 f。

⑨ 至少，P. S. Florence，*The Logic of British and American Industry*（1953），pp.22—29 论述了两个国家的相对最优规模。

⑩ 1954 年时美国与英国的产业规模比率为：汽车，8.8（1955 年）；水泥，1.0；香烟，3.6；玻璃，7.0；肥皂，8.9；钢铁，5.1；轮胎，6.0。

⑪ 支持《谢尔曼法》降低了集中度这一说法的产业有水泥产业和香烟产业，而玻璃、肥皂和轮胎产业的集中度并没有因为《谢尔曼法》而明显降低。对于汽车产业和钢铁产业来说，结论正好相反。从 1911 年开始，兼并已经不是美国产业高集中度的主要原因。

⑫ 保险产业得到豁免的条件为：（1）由州来规制该产业；（2）某些行为是被禁止的，例如联合抵制。反垄断部认为，只要州的法律中包括了所谓的"小克莱顿法"，那么保险公司的兼并就会被豁免。参阅 Hearings Pursuant to S. Res. 57 Before the Subcommittee on Antitrust and Monopoly of the Senate Committee on the Judiciary，*The Insurance Industry*，86th Cong.，1st sess.，pt.2，at 931（1960）。

⑬ 因此，伊利诺伊州 1963 年火灾和意外伤害险产业的赫芬达尔比率为 0.023 2。

⑭ 迈克尔·马克斯（Michael Marks）在一篇未发表的论文中列举了这些案例。

⑮ Kestner，*Die Organizationszwang*（1912），p.153.

⑯ Hearings Pursuant to S. Res. 57，supra note 12，at pts.2 and 9. The cartel agreement is reprinted in pt.9 at 5555 to 5633.

⑰ 有一个重要例外。政府作为买主时通常使用招投标技术，这使得秘密削价不可能。因此，针对政府买家时，合谋系统运作得最好。

⑱ 我们所分析的案件具有商业清算所（CCH）的案件编号：18、24、34、83、277、348 和 349 属于有效率的类别；66、76、215、218、244、265、273、274、284 和 343 属于无效率的类别。

22

兼并和预防性反托拉斯政策[*]

反托拉斯法可以分为两种：预防性的和纠正性的。预防性的反托拉斯法宣布那些降低或消除竞争的行为形式为非法。纠正性的反托拉斯法试图消除已经存在的托拉斯权力，或者至少约束这种权力的执行。毫无疑问，还有许多政策居于这两者之间，但通常政策差异还是比较明显的。

在美国，几乎所有的反托拉斯法都是纠正性的。《谢尔曼法》明显如此，并且我认为《克莱顿法》也差不多。后者禁止价格歧视和搭售条款（tying-clauses），这部分地是出于防止托拉斯的出现和扩散，但是很明显，两种类型的政策都只能在托拉斯权力已经形成之后才出现。没有哪个竞争性的卖方会不断地接受某些买方的低价，而不转向其他开出更高价格的买方。[1]也没有哪个拥有充分替代供应源的买方会接受搭售或总量要求合同的限制而没有得到降价补偿。《克莱顿法》的第7节，[2]即反兼并小节，是唯一一个重要的预防性反托拉斯法的例子。[3]在简单讨论预防性反托拉斯政策的一般问题之后，我再来讨论这一小节。

---

* 原载于 *University of Pennsylvania Law Review*，Vol. 104，No. 2（November 1955）。

预防性反托拉斯政策的一般讨论

按照事物的性质,预防性反托拉斯政策的涉及面不能过宽。使用反托拉斯政策的社会是希望由竞争性的市场,而不是由强大的私人或公共机构来规制大部分经济活动。许多商业活动都会导致托拉斯。有一些,例如创新,受到广泛的赞誉;还有一些,例如广告,褒贬不一;另一些,例如迁移到低工资水平的地区,则受到广泛的反对。如果一个社会干预每一项经济活动并且可能导致竞争水平降低,那么规制将变得无处不在,支持竞争的公共政策的整个目标都会落空。

竞争政策是基于如下的假定:竞争力量会朝着保持竞争性经济的方向前进,因此仅需要适度的预防性(和纠正性)反托拉斯行动来实现比较满意的竞争水平。这一假定今天几乎成了美国的托拉斯产品;大部分欧洲国家相信竞争是自我毁灭的,它们在抑制竞争方面所作出的巨大努力并没有减弱这一信念。但是我认为这一假定符合基本事实;20世纪美国的经济史证实了适度的反托拉斯计划就足以防止竞争水平的大幅度下降。

因此,预防性的反托拉斯政策应被应用于看起来有降低竞争水平倾向的活动,并且仅针对这样一些活动。对竞争企业的兼并在符合这一条件的程度方面是独一无二的。根据定义,兼并至少会引起短期的产业中独立企业数目的下降。这也正是兼并的主要目的;从历史上来看,(大企业的)兼并的其他目的显得并不重要。④从1890年开始的对兼并的控制应当会使产业结构比今天大为分散。

唯一的另一个适用预防性反托拉斯政策的商业活动是产业中企业间的合作——从经济学角度看是兼并的不完全形式。但是与兼并相对,这里的困难在于有许多合作形式是合理的,还有许多合作是不正当的。如果一个产业要标准化其产品,或者进行合作研究,或者阻止其他产业的进攻(例如人造黄油和黄油),那么就没有必要提出任何反托拉斯问题。事实上,从经济学的角度来看,这样的合作几乎等同于外部采购:产业可以搜集自己的市场信息,它也可以从麦格劳希尔(McGraw-Hill)公司购买信息。从预防性反托

拉斯政策的角度来看,降低竞争程度的合作形式和无损于竞争的合作形式
之间没有明显的分界线。⑤总检察官委员会相信每一类(尽管不是每一例)
贸易联合会活动都应被分别评判⑥,这很可能是正确的。

除了这些一般类型的预防性反托拉斯政策,还存在许多临时性的政策,
这些临时的特殊政策大多数都源于政府的经济活动。因而政府的工厂布局
方案、外国专利的使用权转让、军事采购政策以及各种其他政府政策都比较
注意竞争的保护。这样的政策可能还有很多很多,例如,联邦政府的大量研
究支出现在主要流向了大型企业,这些企业被允许拥有由政府资助的研究
形成的专利。这一方案对于竞争和其他社会目标是否给予了足够的关注并
不十分清楚。但是这些政策相对于实际问题来说,提出了较少的原则问题。
我们不打算在这里对这些政策展开研究。

兼并

修正后的《克莱顿法》第 7 节是未经检验的一部分反托拉斯法,并因而向
反托拉斯机构提出了特别棘手的问题。这些机构害怕指明一个特定的(具
体的、有意义的)标准来确定降低竞争程度的兼并是否违反了法律。由于在
执行方面缺乏广泛的经验,这些机构很容易设计出有巨大漏洞的标准,或者
阻碍无害的甚至合意兼并的标准。出于这些方面的考虑,执行机构在标准
方面所采取的模糊不定的行动也就有了理由,甚至有了部分合理性。

但是这些考虑并不能决定总检察官委员会的《报告》也同样如此模糊不
定,毕竟总检察官委员会没有司法权,也没有行政权力。但是《报告》列出了
数页在判断兼并合法性时应当考虑的"因素"。下面是这一列表的典型
样例:

> (a)公司在市场中购买和销售什么,量有多少,它们之间有什么重要
> 差别:(i)大型、中型和小型(市场份额,或大公司的排列级别等等);(ii)
> 纵向一体化的程度;(iii)产品的用途;(iv)所研究的产品在不同公司的产
> 出或购买中所占的重要性。⑦

忽略某些明显模棱两可的表述,比如说(iii),我们将发现关于这些因素

是如何起作用的并未述及。例如,对于大型买主的出现或纵向一体化的存在是否会支持或反对存在争议的兼并并未提及。

在新的第 7 节的执行方面一定会存在一些令人难解的边界情形;认为必须以纯粹就事论事的方式来解释和执行第 7 节又是另一个非常不同的事情。我们不能仅仅因为执行机构按照规定应当按公共利益行事,就相信它们能够很好地执行一般法律。我打算讨论一些在反兼并小节的执行方面可能存在的标准和问题。

横向兼并

许多关于第 7 节的讨论都隐含地假定其主要的适用领域是这样的企业:连续进行兼并,每一次兼并都使自己的产业产出份额提高较小的百分比。每一次兼并对竞争的影响这一问题就成为:哪一根稻草压垮了骆驼的背?这是一个实际问题,[8]但是其重要性显然被夸大了。常常一次兼并就能极大地减弱竞争:有些骆驼试图拖运钢琴。

事实上,新的第 7 节的主要贡献在于:消除了一定会(或接近于一定会)大大减弱竞争的兼并。当然,许多这样的兼并都属于《谢尔曼法》处理的范围,但是《克莱顿法》的标准相对较宽,这会极大地简化禁止兼并的任务。另外,修正后的第 7 节对司法部也是一个督促,司法部几乎完全忽略了执行《谢尔曼法》对未遂托拉斯企图的禁止[9]这一任务。

在设计第 7 节适用性标准时,最大的困难在于:兼并相对于产业来说不够大,无法成为可能的或明显的《谢尔曼法》案例。这里,你可以沿着两条不同的(但并不是不可调和的)路线进行分析。

第一条路线使用法律标准。如果一个产业在行业限制性合同中出现大量的合谋或合谋企图,那么任何两个或两个以上大规模企业的合并都应当被禁止。如果一个产业中的企业较少并且领导企业较大,那么行业限制的合谋就更容易形成,合谋的运作也更有效。合谋的历史记录表明,企业数目很少,或某些企业规模相对较大会进一步削弱竞争力量。

这一托拉斯历史标准是强有力的。例如,它决定了,由于钢铁和水泥产业曾经使用基点定价系统进行合谋,所以应该禁止这些产业的大公司兼并。它还决定了,经常违反反托拉斯规定的产业也不应该出现兼并,例如各种电灯、影视放映和研磨料产业。仅当合谋企图是荒唐的、不现实的,而且早早就被市场否定时,我们才不会认为产业中已经存在过度集中或刚刚出现过度集中。

第二条分析路线是直接与经济学相关的。对不合意的兼并的最基本的检验为:如果兼并企业持续这一类型的兼并活动,竞争会显著减弱。只需要简单考虑,我们就会发现这一基本检验不容易被转变为可管理的客观标准。即使是较低的兼并率,如果持续时间足够长,也会导致较高的集中度,并极大地减弱竞争。如果兼并企业开始提高价格,通常其他企业会被吸引到该产业,因此,难道你不应该也预测一下新企业的进入率吗?除了兼并和企业进入的历史问题——这些问题当然也是足够麻烦的——我们必须决定如下问题:(1)集中度的临界水平;(2)我们使用的时间范围;(3)过于积极地与兼并作斗争的成本。

经济学家仍然无法准确确定严重威胁竞争的集中度水平。我们都认识到,在一个正确定义的产业中,如果最大企业的产出份额小于10%,竞争将是有效的——在没有合谋的情况下,合谋本身在集中度较低时也不太可能发生。当一家企业拥有40%或50%或更多的产业产出份额,或者两家到五家企业拥有75%或更多的产出份额,竞争将很难遍布产业。在这些分散的限度之间,危险竞争的集中度水平会随着下面的因素而变化:新企业进入产业的难易,产业的增长率,其他产业产品的替代程度,其他产业的竞争性组织以及其他因素。

在这样不确定的领域,我们必须加上用来外推集中度近期趋势的时间区间。如果我们使用很长的时期,几乎所有的兼并都值得怀疑;如果我们使用很短的时期,我们将仅讨论一个兼并,因而只是将竞争削弱作为一个事件,而忽略其作为过程的可能性。但是,我想这只是一个小问题。寻求产业支配地位的企业通常动作很快,几年时间——比如说,五年——应该足以发现它们的计划。

我们不可能禁止所有类型的可能削弱竞争的兼并,而又不会干预合法和合意的兼并,这些兼并对竞争没有副作用,或仅有可忽略的一点影响。另外,我们有必要认识到这样一种可能性:有些提高集中度或减少已经很小的企业数目的兼并会提高竞争程度。当产业中的小企业相对低效率,而且不能独立生存下去时就会出现这种情况。如果这些小企业能够通过合并而生存下来,产业中的有效竞争者数目就会增加。[10]根据这一思路,近期汽车产业小企业的兼并得到了反托拉斯机构的默许。

但是,既提高集中度又提高竞争的兼并是罕见的。为了实现有效率的或可盈利的生产技术,有些产业必须生产五分之一或更多的国民产出,在这些产业中无论是否允许兼并,竞争都会很弱。如果规模经济不是很大,那么正确的社会政策应当是分拆巨型企业,而不是允许小企业的合并;如果规模经济巨大,那么就不应当以竞争来规制产业。

关于反兼并法执行的提议应当考虑执行机构进行调查的实际局限性。希望这些机构详细调查每年成百上千个跨州的兼并是荒谬的。调查中的大多数兼并应当被制止,但是这种制止应当建立在推定的合法性和无重大经济影响的基础上,而不是——如同目前一样——基于随意性很强的坏名声。

我认为可以如下的一组规则来最好地满足上面的考虑:

1. 应当存在这样一个假定:每个占产业产出份额比例小于5%—10%的企业(兼并之后)可能参与了兼并。在这一范围内,产业越大,比例应该定得越低。

2. 企业在每次兼并之后,如果产出占了产业的1/5或以上,兼并就应被视为违反了法律。[11]

3. 对于那些处于这些界限以内的情形,如果兼并企业的年度总销售额在兼并后超出某一绝对水平——比如说,500万美元——那么执行机构就应当对兼并展开调查。[12]对其合法性的判断应该按照上面讨论的分析路线。

这样一组规则服务于双重目的:给予商界关于兼并的先进公共政策知识,以及实现立法的重要目标。

纵向一体化

前面的讨论仅涉及横向一体化,即相同产业类型的企业兼并。《报告》和反托拉斯文献都对另外两类兼并形式给予了大量关注:企业的纵向一体化和混合企业(conglomerate firm)。

纵向兼并与反托拉斯之间是否存在直接关系并不是十分清楚的事情。假设在某一纺织品的纺纱、纺织和印染的三个连续过程中各存在 100 家企业(规模相近)。每个过程的组织都是竞争性的。假设存在普遍的纵向一体化,那么我们现在就不是有 300 家企业(每个过程 100 家),而是 100 家企业,每家企业的生产包括了所有的三个过程阶段。为什么所有过程合在一起就不能仍然具有竞争性呢?我们刚刚说过,如果一个产业有 100 家企业,就足以形成竞争。除了一些在实证方面不重要的例子,我们没有理由预期纵向一体化具有托拉斯的含义,只要每一生产阶段都是竞争性的。[13]

当然,即使在某一生产过程阶段出现了可察觉的市场控制,纵向一体化也难保清白。通过提高进入联合纵向生产过程的资本要求,纵向一体化可能成为排斥新竞争者的武器;或者,它也可以成为一种价格歧视的工具。[14]在这些情况下,新的纵向兼并并不是合意的,我们的规则还应当补充一条:

4. 如果一家企业的产出占一个产业的 1/5 或更多,并且这家企业从与其有买卖关系的产业所购买的产出能力超出了 5%到 10%的范围将被视为违反了法律。

这条规则是由规则 1 和规则 2 改编而成。

混合兼并

当前人们对混合(conglomerate)兼并的兴趣,甚至这一概念的提出都要归功于科温·爱德华兹(Corwin Edwards),他将混合兼并描述为危险而飘移不定的组织形式。[15]就我理解,这种类型企业的实质在于:尽管这种企业在任一市场都不需要可观的市场控制,但是由于它在多个市场经营并拥有大量资源,它还是得到了以有利条件销售和购买的权力。我必须承认,通过怎样一种运作机制,使得一家混合型企业拥有的全部权力大于其(在各个市场中的)各部分之和的运作机理是我所未知的,而且,我也不确定是否存在符合混合企业条件的公司。爱德华兹的概念与杜邦公司的结构之间有一定的相似性,但是杜邦公司在许多市场都有托拉斯权力,因此,我们并无必要使用混合企业形式来解释杜邦公司的权力和繁荣。

如果存在混合型企业的话,我怀疑这些企业的主要罪过与积累财富有关。但是反托拉斯法并不是用于对付非托拉斯财富集中的武器。

作为兼并形式的专利购买

《报告》既没有在兼并章节也没有在专利章节提及：从竞争者处购买专利是否被《克莱顿法》第7节所禁止。对兼并的控制自然应当扩展到企业对任何形式财产的积累，只要这种财产所有权的集中会削弱重要市场中的竞争。因此，它也应当扩展到专利的蓄积。《报告》提到《谢尔曼法》限制有托拉斯企图的专利蓄积，⑯但是竞争者的专利是他的部分"资产"，因而也受制于《克莱顿法》中禁止购买"任何部分的资产"的规定。《报告》的含糊措辞要求我们比在一般兼并情况下更清楚地表明专利购买对竞争的破坏，但是我们没有理由重视专利权更甚于反托拉斯目标（反托拉斯目标占据了《报告》的第5节），而且我怀疑是否有人能给出理由。

很明显，反兼并法是预防性反托拉斯政策的基本组成部分。据保守估计，属于《谢尔曼法》处理的主要案件有一半是由于我们过去没有一个有效的反兼并政策。反托拉斯机构应当将这个教训牢记于心；新的反兼并法应居于美国反托拉斯政策中的至高位置。

注　释

① 在总检察官全国委员会讨论研究反托拉斯法的过程中，甚至许多非经济学专业的学者也反对这一观点，这给我留下了深刻的印象。反对的主要原因是由于非经济学者仅关注名义价格，而经济学者使用"价格"来表示所有的销售条件，例如，包括客户的信用评级。部分原因是由于对偶发性的和系统性的价格歧视的（有时可能是故意的）混淆。司法部长的全国委员会的反托拉斯法研究报告（1955年）（此后简称《报告》）也未能避免这样的混淆。参见报告的第218、336页。

② 38 Stat.731(1914)，修订后为 15 U.S.C.§18(1952 年)。

③ 也许 FTC 消除不公平竞争方法的命令也有相同的作用；但是不公平的竞争方法在小企业中至少与大企业一样盛行，FTC 的通常案例类型也仅与托拉斯有一些中等程度的相关。

④ 最近，避税成为兼并的重要动因。参阅 Butters, Lintner and Cary, *Effects of Taxation: Corporate Mergers*(1951)。税收虽然常常是出售成功企业的动因，但是它并不是向竞争企业出售的原因。

⑤ 当然，某些立即降低竞争程度的合作形式还是可以区分的，但是对这些合作

形式的控制是纠正性反托拉斯政策的分内之事。

⑥《报告》的 19—24 页。

⑦ 同注⑥,第 126 页。

⑧ 参见下文。

⑨ 26 Stat.209(1890), 15 U.S.C. § 2(1952)。

⑩《报告》提到了另外两种类型的兼并,这两种兼并可能是合意的。首先,"……兼并可能缓解在市场竞争中落败的公司并且防止潜在的破产。"(《报告》第 124 页)至于为什么并购企业的支付水平高于破产价格,并没有得到解释,除非该企业同时得到市场控制权。第二,"……(兼并)可以通过分摊一般管理费用而刺激经济运行……"(《报告》第 125 页)这只是不精确的计算;被兼并的企业的一般管理费用是成员企业的总和但是却没有更高的产出。无论如何,分摊(或累积)一般管理费用并不能刺激(或抑制)经济的运行。

⑪ 最近对 Schenley Industries 有限公司并购 Park & Tilford 公司的起诉是很有意思的,合并后的企业接近于 1/5 的界限。根据起诉的内容,合并后的企业将拥有 20.5％的生产能力,26％的产量,17％的瓶装威士忌酒,19％的存储能力,22％的存货和 19％的销售额(美元表示)。*United States v. Schenley Industries, Inc.*, Civil No.1686, D. Del., Feb.14, 1955。

⑫ 这样一个临界点既有行政管理方面的合理性,也有经济方面的合理性。拥有小的绝对规模的托拉斯者比拥有大的绝对规模的托拉斯者通常更快地遭遇新的竞争对手的侵入。参阅我的介绍: *Business Concentration and Price Policy*(1955)。

⑬ 纵向一体化可能对竞争存在一个非直接的影响。对于某些产业来说,最有可能进入这些产业的企业是那些向这些产业出售或采购的企业。那么纵向一体化会减少潜在进入者的数目,并且在边界情形下(也就是没有什么实证意义的例外情况),削弱给定的生产阶段的竞争。

⑭ 参阅 George J.Stigler, "The Division of Labor Is Limited by the Extent of the Market", *Journal of Political Economy*, Vol.LIX(1951), pp.190—191。

⑮ 参阅 Corwin Edwards, "Conglomerate Bigness as a Source of Power", *Business Concentration and Price Policy*(1955)。

⑯《报告》:227 n.21。

附　录

垄断竞争回顾[*]

在大萧条——割断黑暗和黎明的裂痕——出现之前,经济学家通常将经济视为由接近完全竞争的产业和"垄断"产业组成的混合体。人们相信,竞争性产业可以由竞争理论圆满地进行分析;尽管"垄断企业"在结构和权力方面各不相同,经济学家可以通过垄断理论的单独使用对它们进行分析。经济学家们在看待两组产业的相对重要性方面分歧很大,但是在分析经济事件的合适的分析方法方面却惊人的一致。这并不是说分析方法的细节是确定的,或被认为是确定的:实际上分析系统的某些部分,比如说双头垄断,被公认为远未成形。

然后出现了罗宾逊夫人(Mrs. Robinson)和张伯伦教授的作品,他们批评了上述观点并要求新的思考方向。由于他们作品的高水准,并且由于当时是"30年代",人们热情地接受了他们的观点。那时,他们的文章看来是彼此支持的,但这只是表面现象,张伯伦教授,可能也只有张伯伦教授,很快发现了这一点。

这里我不必详细介绍罗宾逊夫人的作品。时隔多年再重新读她的作品,结论再清晰不过了:她的文章决不是革命性的,尽管有时她的语言很激进。她的两个基本论点为:(1)价

---

[*] 原载于 *Five Lectures on Economic Problems* (London School of Economics, 1949)。

格理论可以变得更加优美并且更具逻辑性;(2)如果实际情况不完全满足完全竞争的假设,垄断理论就是合适的分析工具。如果她无法给出证据来支持第二个论点(后面我还会讨论),那么她实际对第一个论点的实现作了大量工作。她的作品与新古典经济学传统并没有明显分离;实际上我认为,她不加批判地接受了大量的正统内容。

张伯伦教授是一个真正的革命者。他没有简单地将观察到的市场结构归入某个专门类别,例如竞争或垄断。他告诉我们:我们应当抛弃过去的理论,并且清楚如实地反映我们所看到的世界。然后我们将发现不存在简单的二分法能够合适地处理丰富多样的产业组织。当然,也有(非常少的)产业接近于完全竞争经济学家研究的产业。而且,也存在(也许更多)企业具有新古典经济学所描述的垄断性质。但是,更多时候企业表现出混合性质:一方面,通过实际的或想象的产品差异将自己与竞争对手区分开来;另一方面,由以下两点实现间接竞争:(1)某些消费者转变所购产品的意愿;(2)企业改变产品的能力。因此,存在着无法解释的重要(实际上是非常典型的)现象,如果硬要使用新古典理论来解释经济现实的话,那么这些现象只能是变得面目全非。

我们现在来更详细地说明张伯伦的世界观。假设我们的主要研究兴趣为(或者我应当说,起初为)纽约市工作人口的住房问题。随意地观察一下住房市场,我们都能发现两个突出的特点:(1)产品的多样性;(2)这些产品间的"非系统化的"(或不规则的、随机的)关系。具体分析如下:(1)住房条件差别很大,从豪宅到贫民窟统统包括在内。每个单元房从严格的技术意义上说都是独一无二的。更重要的是,成千个种类的住房的租金并不严格按照出现大量空房或排队候房的情况成比例变动。而且,住房的服务对象还可以更广。它们已经直接延伸到几个州的范围,并且通过夏季和冬季旅游地以及其他渠道,最终向全球提供服务。住房服务很可能延伸至汽车、皮衣和国外旅行等,因为这些产品和各种住房之间的竞争比起某些种类的住房之间的竞争更为激烈。(2)这些产品集合的排列是不系统的。产品间壁垒的高度和厚度是不同的,产品的出现也不存在明显的顺序。公寓 A 和公寓 B 不直接竞争,但是两个都与汽车展开激烈竞争,这不是不可能的。许多类似的且紧邻的公寓的出现是与普遍的双头垄断相一致的。

上面的经济生活图景从根本上说并不新鲜，但是张伯伦教授的反应则是全新的。上面的图景通常会导致形成某种形式的"制度"经济学——宏大的方法论与贫乏的就事论事分析的奇怪组合。但是，张伯伦坚持构建能为人所识的分析系统来研究经济图景：他的图形的坐标轴为价格和数量，而不是教会和政府。

张伯伦明显使用了法律视角来看待经济生活。你可能会争论说张伯伦的观点与单纯的观察更一致，并且在这个意义上更加"现实主义"。但是，尽管你这样的看法使得张伯伦的理论大受欢迎，看法本身也不是一点不重要，在这里却完全没有相关性。这是一个意义不大的问题：张伯伦是从这一观点出发而发展了关于经济事件的逻辑一致理论的吗？而这才是极为重要的问题：包含了这种观点的理论比新古典理论有更准确或更全面的含义吗？我希望重点分析第二个问题，这是因为一个理论的假设前提符合现实（如果这么做有意义的话）并不意味着它的推论也符合现实，后面我还会回到这一主题。

现在让我们回到张伯伦的经济图景。他是如何使用可管理的系统来分析如此惊人的多样性和复杂性而又不失经济图景的本质特点的？

初次尝试：张伯伦

你不可能长时间同时对康涅狄格州的庄园、纽约布鲁克林区无电梯的公寓、新泽西州的旅馆侃侃而谈——更不要说皮衣和欧洲旅行了。张伯伦教授是这样介绍"群组"（group）的：

> 这里考虑的群组通常被认为组成了一个不完全竞争市场：许多的汽车制造商、炊事用具的生产者、杂志出版商或鞋子零售商。①

群组这一概念的模糊性并没有因为上面的列举或提及了相互竞争的垄断者而得以消除。我们留下的印象是：马歇尔式的产业又一次出现了，而且我们不能理解它的新作用，因为新的经济图景表现出了多样性。但是我们的描述并不是一个分析系统；因此，我们有必要使用张伯伦式的概念来确定产业在他的分析系统中的作用。

下面的分析表明群组是相当近似的替代品(的生产者?)的集合。张伯伦至少有一次提到"彼此互为近似替代品的产品群组"。更正式地,群组可以定义为企业的集合,这些企业的需求交叉弹性超出了某一预先给定的值。我们必须在看到张伯伦使用该概念得到的结果以后才能对于这一概念的有用性作出评价,但是我们应当立即注意这个定义的几个直接含义:

1. 按照张伯伦对经济生活的描述,群组仅包含一家企业,或者相反,包括了经济中的所有企业,这都是完全可能的。后一种可能性来自于企业间的替代关系的不对称性:以任何一个产品作为我们讨论的出发点,每个替代产品又有自己的替代品,以此类推,当我们按照技术水平或地域而逐渐远离"出发点"企业时,相邻的交叉弹性不会减小,甚至会增加。

2. 多样性和非系统性也很可能使得当群组包括若干企业时,从技术角度看,产品是异质的。

3. 多样性和非系统性的图景还决定了群组外部的企业往往在确定群组内部的价格和利润方面发挥了较大的或支配性的作用。

群组概念对于垄断竞争理论的重要性必须加以强调。张伯伦给读者提出了一个问题:传统的垄断理论不能用于分析垄断竞争问题吗? 答案是:不能。"垄断竞争不仅仅要考虑个体均衡问题(一般的垄断理论),而且要考虑群组均衡(相互竞争的垄断者组成的群组内部经济力量的调整,而垄断者群组通常仅被视为一群竞争者)。"群组并不是仅仅用于开始分析的权宜手段,它是张伯伦的产品相互依赖理论的重要工具。

那么,我们对于群组中的(可能)100 种产品——住房和豪华轿车能说些什么呢? 进一步的简化显然是必要的,张伯伦引入了他称之为"同一性"(uniformity)的假定:

因此我们的分析是基于下面的大胆假定:整个群组中的所有"产品"的需求曲线和成本曲线都是相同的。

我们必须再次停下来解释:同一性假定是暂时性的,但是即使是暂时的假定也应当有意义。不同的产品怎么会有同一的成本和需求? 不同的产品曲线图的数量轴所表示的意义根本不同:一个计算三室公寓的数量,另一个计算四室房,更有甚者计算饭店的饮食(厨房的绝好替代品)。我们不能通过价格比率来对这些数量进行换算,因为这些数量是我们构建的用以解释价格的工具。我们并不是想说两个在结构上相似的公寓"真的"是相同的。如果它们的价格不同,它们就是不相同的,但是可能即使价格相同,[②]它们也是不同的——这是基本的情形。我们想说,饭店的饮食,再加上一间卧室,作为曼哈顿地区公寓的替代品比作为布鲁克林地区公寓的替代品更合适——这也是基本情形的一部分。

然而,通过同一性假定,张伯伦隐含地将群组定义为实体方面相同的产品的集合。否则,成本和需求的完全相同就变得毫无意义,并且他基于"竞争者的价格总是相同"这一假定而作出的企业需求曲线也会毫无意义。如果我们说实体方面各不相同的产品具有相同的价格,那么这种说法就是毫无意义的。这种实体上的同质性可能会破坏,至少是暂时地破坏张伯伦式的垄断竞争(除了地域分布不同的企业),因为为了进一步简化分析,他还假定购买者拥有完美知识。在完美知识和同质产品的条件下,每个企业面临的需求曲线为什么不一定是具有无限弹性(infinitely elastic)的呢?我们得回忆一下,同一性假定只是暂时性的。

我们拥有 100 个不同种类的产品(忽略不一致的地方)或拥有 100 个同一种类的产品,但是产品具有向下倾斜的需求曲线(放弃完美知识的假定),那么又会出现什么情况呢?我们在这些产品之间的关系中将不太可能发现对称性、连续性或任何种类的顺滑性(smoothness)。为了解决这个问题,张伯伦引入了一个假定,我将称其为"对称性"假定:

> 特别地,我们暂且假定一个生产者的价格或"产品"调整造成的影响扩散到许多竞争者身上,以至于任何一个企业所感觉到的影响都微乎其微,因此企业不会对自身的情况作出任何再调整。

虽然并不是我们的主要兴趣所在,我们还是需要注意张伯伦在其整卷书中作出的更多假定:(1)产品间的唯一关系是替代关系——互补关系"超出了我们问题的范围";(2)马歇尔式的成本工具是全部被接受的:多样性和非系统性图景并未扩展至资源市场。[③]

但是现在我们已经完全抛弃了我们设计分析工具来研究的图景:不存在多样性,并且产品之间仅存在一种可能的相互关系类型。我们可能得到了一个马歇尔式产业。我们也可能得到向下倾斜的产品需求曲线,这是由于我们的经济图景和群组并不总是符合同一性假定。我们现在推导出来的平

均成本和需求曲线的切线对我们来说并不重要,后面我将指出,这一为我们
所熟悉的竞争理论结论并没有什么丰富含义。也许更加重要的是:我们发
现了即使在这些极端条件下,我们的新变量,即"产品",不能"被沿着坐标轴
度量",也就是说,不能被度量。每次在讨论"产品"时,我们都知道要选择产
品来最大化利润,而无其他。④ 因此,出于实践目的,垄断竞争理论只考虑在
产品间转移的消费者,而不考虑在消费者中间转移的产品。

在下面的小节中,我们分别(是单独一个一个来,而不是一起)放松同一
性和对称性假定。如果对称性假定不成立,寡头垄断可能,也许将总是会出
现,然后我们又会面临熟悉的关于假定和结论的不确定性,我们只能保留这
样的结论:价格可能比在竞争条件下高。需求和成本条件的多样性产生的
影响甚至更糟糕:均衡时,整个群组都可能存在垄断利润,但是也可能并不
存在。实际上,尽管张伯伦教授没有说明这种可能性,我们甚至不清楚均衡
是否可以得到:在这些模糊的条件下,价格可能继续变化,新企业可能继续
进入而老企业继续离开"群组"。如果我们看到了随时间而不断发展的多样
性,这种不确定性是非常可能的,张伯伦教授显然应当加上消费者对新奇食
物的爱好。他将多样性的影响总结如下:

> 作为对这一阶段问题的总结,我们必须修正关于群组问题的论述,
> 也就是要承认需求曲线不是被一致地调整到与成本曲线相切的位置。
> 由于在整个产业中或产业的一部分中利润高于一般竞争水平,新的竞争
> 者在可能的情况下将进入产业并降低产业利润。如果如同我们到现在
> 为止一直假定的,这种情况总是可能发生,那么曲线将总是相切,垄断
> 利润也会被消除。事实上这仅存在部分可能性。结果是某些(或所有
> 的)曲线可能位于切点右侧不同距离处,使垄断利润遍布整个群组——
> 并且遍布整个价格系统。

我们注意到现在垄断竞争理论不包含任何均衡条件,而只是有一个均衡
定义。

因此,在一般情形下,对于我们要分析的世界中发生的经济事件,我们
不能作出任何评述。许多这样的论述是张伯伦给出的,但是没有一个是严
格从本身就不十分明晰的工具中推导出来的。例如,所有与竞争情形的比
较都是在同一性和对称性前提下进行的。⑤ 实际上,这些比较也是建立在更

多的技术上无法达到的假定之上,即企业的成本曲线在竞争和垄断竞争条件下是相同的,尽管并不存在这样的假定:"群组"的规模在两种条件下(如果它们真是不同的话)将是相同的。⑥

第一次尝试就这样失败了。⑦张伯伦没能将其经济现实图景转化为一个可行的分析系统。

第二次尝试:张伯伦-特里芬

随着时间流逝,争议渐生。张伯伦教授指出放弃群组这一概念可能是合意的,群组概念在他的分析系统中实际上是不合时宜的新古典经济学的残余。当讨论另一个紧密联系的概念——新企业进入(群组)时,他说道:

> 这个问题的要害看来是:这一与垄断竞争有关的概念并不是很有用,甚至会产生严重误导作用。在现实中,这通常是一个与确定商品(definite commodity)的市场相关的概念。根本的困难在于在垄断竞争条件下,除了单个企业生产的产品,并不存在这样的商品。

但是他并没有沿着这条思路来得出结论:

> 但是上述论述并不意味着完全放弃"产业"这一概念。当存在许多联系时,限定经济系统的一部分并且在某种程度上与其他部分相隔离来研究它是非常有用的。如果我们能这么做,那么,尽管市场进入绝不是"自由的",从"产业"中特定产品的替代品生产的相对容易性角度来看,谈及企业进入这一特定产业的相对容易性并不是毫无意义的。但是,对产业进行任何分类的尝试都具极度任意性。从可能要研究的实际问题角度按照"常识"对产业下的定义更多地是基于技术标准而不是基于市场替代的可能性。

除了最后一句间接地接受了整个马歇尔体系,⑧上面论述的要旨是必须放弃群组概念。

我们回忆一下,垄断竞争理论与垄断理论的区别就在于垄断竞争理论包括了群组均衡,现在要放弃垄断竞争中的群组概念,这就是一个令人十分困惑的事情。"对于我们通常设想和定义的垄断来说,垄断竞争包括了群组并且将其作为出发点"。但是如果群组概念是可疑的,充其量它只是一个"并非毫无意义的"概念,那么垄断理论看来也是最终目标。

罗伯特·特里芬(Robert Triffin)博士是一个颇有才能的学者,他对分析技术作了进一步的改进,详见《垄断竞争与一般均衡理论》(*Monopolistic Competition and General Equilibrium Theory*,1940)。他成功地使分析工具能够真实地描述经济中的多样性和非系统性。每个企业的成本、需求以及利润都是经济中所有价格的函数,即企业 i 的利润$=\phi(P_1,P_2,\cdots,P_n)$,这里 n 取值很大。企业将在寡头垄断的不确定环境下最大化利润——也就是说,他将使边际收益等于边际成本。

那么对群组该如何处理? 我们必须放弃它,因为它与基本的经济图景不一致。"在一般纯价值理论中,群组和产业都是无用的概念"。"产品区别使得产业概念既不具有确定性,又不具有适用性"。那么,我们该如何分析企业间的相互关系呢? 显然我们无法进行这样的分析。特里芬博士在《垄断竞争与一般均衡理论》的第 3 章中讨论了外部互相依赖性理论,但也仅仅是对相互依赖的类型作了较好的划分。

特里芬博士并非未能得出这样的结论:垄断竞争并不涉及企业的相互依赖。这实际上被认为是对马歇尔理论的发展。这种观点的基础值得我们注意。特里芬博士认为该学科由两种不同类型的研究组成:"一般纯价值理论";以及对实际经济问题的考察研究——例如,纽约的住房问题:

> 将研究范围限定为一群竞争者(我们称之为一个群组或一个产业)有什么好处吗? 在实证的统计研究中,我们的答案是肯定的:我们可以使用这种方式将研究工作范围减小至可管理的程度,这样做不会对问题研究的精确性或全面性产生重大损害。在一般价值理论中,答案是否定的:当以一般抽象术语来讨论竞争时,我们可以使群组(或产业)与整个经济共存。问题是相同的,但复杂性并没有增加。

换句话说,群组划分仅具有实证研究价值:以一般抽象的形式来讨论"产业"或"群组"没有什么意义,但是在讨论石油产业、煤炭产业、钢铁产业等时则非常有用。

特里芬博士在作结论时继续说道:

> 我们的理论并没有建立在任意的假定基础之上,因为这些假定过于

简单并且被不适当地扩展至整个经济生活领域。我们的理论使用了更为常见，但是更富有成果的方法。我们将认识到所有实际案例的丰富性和多样性，并且具体问题具体对待。我们将使用各种相关实际信息，而不是仅仅依靠一般理论假定的万能钥匙。

我要强调特里芬提出的这两种经济分析的相互独立性：一般理论和特别的经济研究之间既不是替代关系也不是互补关系。特定问题的研究无助于理论的发展，这是因为这些问题各不相同，不可能进行一般性的归纳。[9] 反过来，一般理论也无法使特定问题研究从中受益，因为理论无法提供工具来提出相关问题、指明相关的事实类型，或者指导经济学家来处理实际资料，得出有意义的结论。

赋予一般理论这样一种职能是根本错误的。经济理论的研究并不是为了符合审美要求——它在优美性方面很难与大学二年级学生所学的数学或物理相比。理论研究只是为实际问题提供帮助，理论的好坏也只是看它是否成功地完成了这一职能。特里芬博士的建议实际上是要放弃理论，"具体问题，具体对待"。张伯伦所描绘的经济现实图景最终会导致为人们所熟悉的反应：就事论事（ad hoc）实证主义。

失败的诸原因

张伯伦教授没有能构建出能够用于研究他的经济现实图景的分析系统，其原因并不难解释。基本事实是：尽管张伯伦能够摆脱马歇尔经济生活观的束缚，但他却无法摆脱马歇尔的经济分析方法。马歇尔的方法适合于为它而设的问题：他的方法在研究竞争产业和垄断中表现出了一定的知识性和逻辑性。但是他的方法对于多样性和非系统性却无能为力，张伯伦同样如此。

另一方面，特里芬博士的失败在于他试图使一般理论变成所有现实的精确描述。这就好像要一个艺术家来画一座典型的摩天大楼：由于摩天大楼有宽有窄，高度不一，颜色各异，建筑设计也千差万别，艺术家能作出来的画只能是一片空白，因为如果画中包含了一点点可识别的细节，就会不符合现实。特里芬博士在试图一般化瓦尔拉斯一般均衡理论时就应当小心为是。这一理论相对来说没有说明什么问题,即使方程数和未知数一样多;当未知数成倍增加而方程数减少时,该理论就更没有什么用了。

结束语

在结束时,我想评价一下构建垄断竞争理论的尝试的净贡献。在作出评价之前,我还有必要提出一定的方法原则。[10]

经济学研究的目的是使我们能够预测在特定的条件下经济现象的表现。对经济理论有用性的唯一检验为:理论预测与观察到的事件相一致。但是,一个理论遭到批评或摒弃往往是由于它的假定"不符合现实"。这种看法一度为人们所接受,它使得理论又平添了一个功能,即具体描述的功能。这是给理论添加的最没有道理的负担:具体描述的作用在于特殊化,而理论的职能则是一般化——不考虑无数的差异,而抓住不同现象中的重要共同元素。

人们的上述看法也是自相矛盾的:人们通常不可能确定假设 A 是否比假设 B 更符合现实,除非比较根据假设前提得出的推论与观察到的实际事件之间的一致性。实际上,人们只能通过表明理论预测是错误的来证明理论是不符合现实的。

我们应当使用垄断还是竞争来分析纽约住房市场? 答案为:同时使用二者。如果我们对租金上限和通货膨胀的影响感兴趣,竞争理论可以提供有效预测。如果我们想了解为什么一个地点的租金远高于另一地点,垄断理论则能提供有益的指导。具有特殊性假定的不同理论可以被应用于相同的现象,回答不同的问题。

上面的论述尤其适用于垄断竞争理论。对这一理论的大力支持来源于对"现实"和假设前提一致性的错误要求。垄断理论进一步受到如下错误观点的支持:如果竞争理论的假设前提脱离了现实(在描述现实方面),理论的含义一定是错误的。[11]张伯伦教授对此是要承担一些责任的。

由此我可以总结垄断竞争理论的特殊贡献:在同一性和对称性条件下,对制造(技术上)单一产品的多企业(每个企业的需求曲线向下倾斜)产业的分析。张伯伦对这一情形的分析基本上是正确的,并且许多经济学家都希望将其纳入新古典理论。把张伯伦的分析纳入新古典理论不能是因为它对产业的描述更加"符合现实",而是由于它包含了与竞争理论不同的预测或比竞争理论更准确的预测(由实际观察来检验)。我个人认为,这一标准垄断竞争模型的预测与竞争理论的预测只在小的方面存在不同,原因是前提条件使得每个企业都面临很高的需求弹性。但这是一个实证问题,只有通过对两种理论含义的实证检验才能解决(垄断竞争理论的支持者尚未完成这一任务)。

另一方面,垄断竞争理论的一般贡献在我看来是无可争议的:它导致了我们对垄断思考的重新定位和改进。我们现在在考虑产业和商品定义的逻辑细节时会更加小心谨慎。在运用垄断理论时我们也会更加注意是否合适。商标和广告的重要性、对产品结构和演变的研究的必要性都得到了更加广泛的认同。这些进步和其他进步可能会使满怀希望的新理论支持者感到失望,但实际不应如此。这正是科学前进的方式。我们从人类思想的历史长河中所学到的重要一课为:新的思想不会导致对历史遗产的摒弃;新思想会融入到已存的思想大河中,这使得旧思想略显不同,有时会变得更好。

注 释

① Chamberlin, *Theory of Monopolistic Competition*, 5th edition。我们这里感兴趣的是早期版本,除了两点例外,第一版和第五版中引言的内容是完全相同的,而且页码也完全相同。第一个例外出现于上面的引言中:"通常"在早期版本中并不是斜体。

② "……价格的普遍一致无法证明脱离了垄断因素的自由竞争"。

③ 尽管按照严格的逻辑一定有:不存在由消费者排他采购的消费品。

④ "以图形表示'产品'的变化存在许多困难,这使得准确定义均衡点的任何尝试都存在风险。看来我们最多只能说均衡点由下面两个特征来刻画:(1)成本和价格相等;(2)任何人不可能调整'产品'来提高利润"。这显然只是一个问题的陈述,而不是提供问题的解答。

⑤ 这是在一个脚注中被提出来的,在脚注中,作者还指出如果不存在相切,企业在垄断竞争时的产出将超过竞争时的产出。由于"下面的与群组问题相关的考虑",这被视为一个不重要的例外。当作者在对称性和同一性条件下

讨论群组时,他重提了这一脚注,但是并没有详细阐述。当成本和需求的多
样性出现时,这一例外却被遗忘了,尽管成本和需求曲线的相切已经不见
了,并且例外的发生随之变为可能。

⑥ 忽略成本差异基于两个原因:(1)许多产业是恒定成本产业——这一结论来
源于马歇尔的分析,而在张伯伦的群组中却没有这一假定;(2)存在这样的
信念:即使是成本递增或递减的产业,"与纯竞争理论范式的差异也总是属
于同一类型"。但是这一信念缺乏基础。

⑦ 由于我的讨论主题是垄断竞争,而不是张伯伦教授经济学,所以我省略了销
售成本理论。我们只需要注意的是,销售成本在我们的讨论中只起到了一
个作用:人们援引销售成本的存在作为对完全竞争理论的批评,因为如果是
完全知识的话,根本就不需要销售成本。张伯伦教授的总结是正确的:完全
竞争是分析销售成本的拙劣工具。但是,如果他选择放弃经济是静态的假
定,而不是放弃经济是竞争性的假定,他的结论可能更能说明问题。

⑧ 上面所引用的文字是对最初文章的修订,在最初文章中,最后一句更为显
著:"基于技术标准的产业分类比基于市场替代可能性的产业分类更加容
易,理由也更加充分"("Monopolistic or Imperfect Competition?" *Quarterly
Journal of Economics*,Vol. LI[1937],568n.)。

⑨ 因而,特里芬博士在研究了市场进入的自由度之后,得出结论:"在任一特定
情形下,何种市场进入形式占优只能通过调查研究实际情况来确定和'解
释'。如果基于一般性的、总是有效的假定进行分析推理来得出答案,这样
的分析推理将是软弱无力的"。

⑩ 对这些原则的解释应归功于米尔顿·弗里德曼教授;参阅 Talcott Parsons,
The structure of Social Action。

⑪ "在所有的产业中,即使产品具有最少量的独特性,竞争形态也与高度有组
织的同质产品市场的纯竞争不同"。

图书在版编目(CIP)数据

产业组织 / (美)乔治·J.施蒂格勒著 ；王永钦，
薛峰译. -- 上海 ：格致出版社 ：上海人民出版社，
2025. -- (当代经济学系列丛书 / 陈昕主编). -- ISBN
978-7-5432-3640-0

Ⅰ. F260

中国国家版本馆 CIP 数据核字第 2024DV1961 号

责任编辑　郑竹青
装帧设计　王晓阳

当代经济学系列丛书 · 当代经济学译库

产业组织

[美]乔治·J.施蒂格勒 著

王永钦　　薛峰 译

出　　版　格致出版社
　　　　　上海三联书店
　　　　　上海人民出版社
　　　　　(201101　上海市闵行区号景路 159 弄 C 座)
发　　行　上海人民出版社发行中心
印　　刷　上海商务联西印刷有限公司
开　　本　710×1000　1/16
印　　张　21
插　　页　2
字　　数　318,000
版　　次　2025 年 3 月第 1 版
印　　次　2025 年 3 月第 1 次印刷
ISBN 978 - 7 - 5432 - 3640 - 0/F · 1611
定　　价　108.00 元

The Organization of Industry

上海市版权局著作权合同登记号：

图字 09-2024-0741